应急管理学术论文汇集

黄宏纯　著

北京理工大学出版社
BEIJING INSTITUTE OF TECHNOLOGY PRESS

版权专有　侵权必究

图书在版编目（CIP）数据

应急管理学术论文汇集 / 黄宏纯著. —北京：北京理工大学出版社，2018.10
ISBN 978-7-5682-6042-8

Ⅰ.①应…　Ⅱ.①黄…　Ⅲ.①突发事件–公共管理–文集　Ⅳ.①D035.34-53

中国版本图书馆 CIP 数据核字（2018）第 219043 号

出版发行 / 北京理工大学出版社有限责任公司
社　　址 / 北京市海淀区中关村南大街 5 号
邮　　编 / 100081
电　　话 /（010）68914775（总编室）
　　　　　（010）82562903（教材售后服务热线）
　　　　　（010）68948351（其他图书服务热线）
网　　址 / http://www.bitpress.com.cn
经　　销 / 全国各地新华书店
印　　刷 / 北京富达印务有限公司
开　　本 / 710 毫米×1000 毫米　1/16
印　　张 / 13.25　　　　　　　　　　　　　　　责任编辑 / 梁铜华
字　　数 / 237 千字　　　　　　　　　　　　　　文案编辑 / 梁铜华
版　　次 / 2018 年 10 月第 1 版　2018 年 10 月第 1 次印刷　　责任校对 / 杜　枝
定　　价 / 70.00 元　　　　　　　　　　　　　　责任印制 / 李　洋

图书出现印装质量问题，请拨打售后服务热线，本社负责调换

作者简介

黄宏纯：男，管理学博士，武汉理工大学管理学院（武汉理工大学中国应急管理研究中心）工商管理专业博士后，广西财经学院管理科学与工程学院教师、副研究员、经济师，民政部紧急救援促进中心广西分中心（广西紧急救援促进中心）副主任（兼），广西经济社会发展战略研究会（广西经济社会发展战略智库工作站）副会长，广西科学决策研究会副会长，广西经济体制改革研究会项目策划部部长，中国管理科学研究院人文科学研究所特约研究员，武汉理工大学中国应急管理研究中心公共安全政策顾问，广西经济社会发展战略研究会专家团专家，广西经济体制改革研究会特聘专家，防城港市人民政府应急管理专家，南宁市中盛职业培训学校副校长，知名经济整合专家，战略规划专家，曾任南宁富裕达混凝土有限责任公司副总经理、广西公路沥青管理处高富合作项目部副经理、防城港市发展与改革委员会综合科副科长、挂任自治区北部湾办公室政策研究与宣传处副处长、广西—东盟经济技术开发区管委会经济发展局局长、民政部紧急救援促进中心广西分中心副主任（副处级）、挂任中国·城乡小康广西发展中心理论研究室副主任（副处级），有多年国有企业、事业单位、科研单位、机关单位工作经历，擅长宏观经济管理与战略规划、项目管理。

主要从事宏观经济规划与战略管理、项目管理、应急管理、项目可行性研究与投资评价研究和教学工作，主要参与国家社会科学、自然科学课题3项，承担省部级课题2项，主要参与省部级课题10项，厅级校级课题15项，横向课题40多项，已在《中国科技论坛》《人民论坛》《生态经济》《传媒》《改革与战略》《中国应急管理》等各类刊物上发表学术论文40多篇，出版专著4部，参与编辑书籍8部，获得2017年中国博士后论坛三等奖，参与了自治区党委、政府和防城港市市委、市政府多项重要文件的起草工作，是《国务院关于进一步促进广西经济社会发展的若干意见》《关于自治区成立50周年大庆成就展筹备工作方案》《广西壮族自治区人民政府关于加快广西北部湾经济区大文化发展的实施方案》《广西壮族自治区人民政府关于加快发展健身休闲产业的实施意见》《广西壮族自治区人民政府办公厅关于制定和实施老年人照顾服务项目的实施意见》《防城港市"十一五"发展规划纲要中期评估报告》《中共防城港市委员会关于加快推进县域重点工作的若干意见》《中共防城港市委员会关于实施刻苦攻坚跨越发展三年计划的决定》《防城港市关于设立东兴国家沿边重点开放开发试验区建议报告》《防城港市应对金融危机情况汇报》《崇左市国民经济和社会发展第十二个五年发展规划纲要》等重要文件的主要撰写者。《抓住机遇　科学谋划总体思路　加快广西中医药健康服务业发展》《构建广西立体化治安防控体系　全面提升社会治安防控能力》等多篇决策要参获自治区省级领导批示,《发挥优势　科学谋划　做大做强广西医养大健康产业》等多部决策咨询报告被自治区政府发展研究中心采纳。

前　　言

经济全球化和国际经济关系日益紧密，使得突发事件的发生日益复杂化、国际化，造成的经济损失和人员伤亡越来越大，严重威胁到世界各国人民的身体健康和生命安全，对世界各国加强应急管理建设提出了严峻挑战。有效地预防各种突发事件的发生或减少各种突发事件造成的损失，最大限度地保障人民群众的健康权益，已成为广大民众的基本诉求。因此，开展应急管理深入研究意义重大且极为迫切。

本书系作者近5年来从事应急管理研究的学术成果汇集，收录了作者已在各大期刊上发表的应急管理相关学术论文15篇，收录作者尚未发表的应急管理相关学术论文10篇。将25篇应急管理相关研究成果汇编成册，体现了作者在应急管理领域的研究价值，也对从事应急管理研究的相关学者提供了专业知识借鉴。

本书在撰写和出版过程中，得到了武汉理工大学中国应急管理研究中心、武汉理工大学管理学院、广西财经学院、民政部紧急救援促进中心广西分中心（广西紧急救援促进中心）、广西经济社会发展战略研究会（广西经济社会发展战略智库工作站）和有关单位领导的大力支持，得到了作者博士后合作导师国家石油储备中心特聘专家组组长、安全预警与应急联动技术湖北省协同创新中心执行主任、武汉理工大学中国应急管理研究中心主任宋英华教授和作者博士生导师湖北省统战部常务副部长、湖北省社会主义学院院长冯艳飞教授及武汉理工大学中国应急管理研究中心副主任张乃平教授、首席责任教授庄越的悉心指导，湖北师范大学颜永才博士/副教授，广西壮族自治区人民政府北部湾办公室向万宏博士、黄志文经济师也倾力帮助，在此表示深深的敬意和感谢！

应急管理研究是一个管理、经济和社会等多学科交叉的研究领域，目前国内外相关研究成果不多。本书中许多研究成果是作者的探索，由于作者水平有限，经验欠缺，书中的缺点和不足在所难免，恳请各位读者和同人提出宝贵意见。

黄宏纯

2018年7月于南宁

目 录

服务型政府
　　——政府公共危机管理的制度创新 ……………………………………… 001
构建巨灾保险制度　增强我国风险管理能力 …………………………………… 010
突发公共事件应急响应机制构建与完善研究 …………………………………… 017
应急管理技术创新体系对提升应急管理能力的经济学分析 …………………… 023
基于危机周期理论的应急管理技术创新体系 …………………………………… 032
应急管理战略研究
　　——应急管理全新研究领域 ……………………………………………… 039
基于应急管理过程论的应急管理科技支撑体系建设研究 ……………………… 045
快速城镇化背景下突发事件应急管理技术创新能力模糊灰色综合评价研究 … 052
应急管理科技支撑能力模糊灰色综合评价研究 ………………………………… 060
突发事件应急管理机制研究
　　——基于地缘政治格局变迁 ……………………………………………… 070
基于危机周期理论的应急管理能力体系构建与评价研究 ……………………… 077
中小企业财务风险控制策略研究 ………………………………………………… 088
应急管理学科建设研究 …………………………………………………………… 093
新闻媒体报道突发事件应急管理能力模糊灰色综合评价研究 ………………… 098
基于系统论的城市灾害预警能力体系建设研究 ………………………………… 107
基于模糊综合评价法的煤矿安全事故应急管理能力评价 ……………………… 111
实施"全面应急管理"提升政府应急能力 ……………………………………… 125
突发事件的全面应急管理模式研究
　　——以湖北省为例 ………………………………………………………… 130
重视重大经济波动下的社会应急处置
　　——在股市热潮中的逆向思维 …………………………………………… 144
突发事件应急管理战略理论发展研究 …………………………………………… 151

中国国家石油储备应急动用机制构建与完善研究……………………… 164
创新环境与企业应急管理技术创新绩效的关联性研究……………… 172
基于系统论的应急预警能力体系构建与评价体系研究……………… 182
新闻媒体报道突发事件应急管理能力评价研究……………………… 192
科学定位应急管理专家角色充分发挥应急管理专家专业能力……… 199

服务型政府

——政府公共危机管理的制度创新

黄宏纯

武汉理工大学管理学院　湖北　武汉　430070

[摘要] 本文从现代社会公共危机的基本特征入手，分析了公共危机中政府的基本职能：服务职能和管理职能，并对服务职能和管理职能进行了模型分析，提出了公共危机中政府服务的内容与方向，以及构建服务型政府应对公共危机的对策建议。

[关键词] 公共危机管理；服务型政府；制度创新

中图分类号：D631.13　　文献标识码：A

1. 引言

人类进入 21 世纪以来，接连出现的"9·11"、SARS（严重急性呼吸综合征）、禽流感、印度洋海啸等震惊世界的突发性公共事件对社会造成的损失和带来的影响越来越严重。各类危机与灾害不仅造成社会资源的巨大损失，而且严重影响到社会的稳定与发展。如何应对各种人为的和自然的危机，有效地化解和处理危机，成为各级管理者的重要职责和必需的技能。为了更有效地防范各种危机与灾害，需要各级政府更有效地履行其行政职能，提高应急事件的处理能力[1]。本文在分析了现代公共危机的基本特征的基础上提出了政府如何通过强化服务职能，提高应急反应能力，从而在现代危机管理中发挥不可替代的重要作用。

本文已发表于《南宁职业技术学院》学报 2007 年第 3 期

2. 现代社会公共危机频发的现实特征

对于"危机"的定义，学术界普遍倾向于采用美国著名学者罗森塔尔（Rosenthal）的观点，即危机是指"对于一个社会系统的基本价值和行为准则构架产生严重威胁，并在时间压力和不确定性极高的情况下必须对其做出关键决策的事件"[2]，而本文认为公共危机是某种超出人类的认识能力或控制能力的有害力量的肆虐性发展，是人类和自然之间或人类社会内部矛盾的对抗性爆发。公共危机具有以下特点：① 突然性。它们一般是在人们毫无准备和防范的情况下发生的。② 不可预见性或难以预见性。危机之前人们难以察觉、预测，即便预测到往往也不准。③ 威胁性。危机的出现会威胁到一个社会或者组织的基本价值或者目标。④ 强大的物理破坏力和心理冲击力。危机一旦发生，便往往具有广泛的和强大的破坏力，其灾难性后果大大地超出了人们的各项承受能力，造成了社会财富、物质资源和精神财富的巨大损失，甚至可能导致政府的瓦解和社会的崩溃。⑤ 连续性或连锁性，即危机不一定局限于某一部门、行业或地区，常常会波及其他部门、行业或地区，甚至波及整个国家，危害面广泛而且深重。⑥ 时间的有限性。对于危机情形的处理，在决策上只有有限的反应时间，决策者面临巨大的压力和不确定性。⑦ 危机的双重效果性。危机会带来各种损失，但危机也是机会和转机，如果决策者直面危机，危机可以促进制度的革新和环境的变革。

国际经验表明，一个国家人均 GDP（国内生产总值）达到 1 000～4 000 美元时是各类重大突发和危机事件发生的高峰期[3]，中国正处于这一时期。如何预防各种突发事件、减少灾后损失、保障公共安全、维护经济和社会的可持续发展，已经成为各级政府不可回避的重大挑战。为此全面提升政府的公共危机管理能力已刻不容缓。

3. 公共危机中政府的职能分析

从 20 世纪 70 年代开始，出现了政府治理模式的变革，给世界带来了构建服务型政府的大潮。基于公共行政学发展的逻辑要求，提升政府化解公共危机的能力，保障公民、社会和国家的利益，对于现代危机与灾害的应急管理具有重大的意义。

3.1 公共危机下强化政府服务职能的必要性

一般而言，服务于公民和社会是政府职能的基本构成部分。我国奉行"一切权利属于人民"的基本价值观；并基于社会主义民主政治发展、经济体制改革需要行政管理模式变革的迫切要求，以及克服现阶段我国政府中官僚主义作风和反腐败的需要，强化政府的服务职能、建设服务型政府就更具有紧迫性[4]。

具体到公共危机情况，公民和社会独立的认知能力、抗御能力极其有限，易损性较大，相当脆弱，独立承担、克服危机的能力不足，因此更需要特别的保护。而政府的职能就是保护公民和社会。我国政府正在从管理型政府向服务型政府转型，建设全面的服务型政府成为时代的主题。为此，在突发危机时，政府最主要的服务职能就应该是保护民众的生存和健康，强化政府对他们的安全、生存等的服务职能，想方设法缓解或终止危机的扩展和加重。

3.2 公共危机下政府服务与管理的关系

在我国，发生了SARS疫情后，很多讨论政府危机管理的文章认为我国政府危机应对的主要问题是管理问题——如管理体系不健全、管理手段落后等，因此加强政府危机管理建设是最主要的任务。这些看法总体来看是合理的，相应的举措是必要的，但是，如果忽视危机下政府服务性建设，那么这些看法既是片面的，也可能是危险的。

首先，在危机下政府的管理和服务职能中，要把服务摆在第一位，用服务来统领管理、制约管理和促进管理。危机下政府的服务职能是管理职能的目的、导向和前提，它对于保障管理的方向、提高管理的水平和效率具有重要的作用，具体而言，呈现出以下关系。

3.2.1 危机管理的出发点和落脚点应该是服务于民众

危机管理的出发点和落脚点应该是为了保护民众的生命财产的安全，保证社会公平，保护人民群众不受非法侵害，维护社会的可持续发展。

因此，危机管理的目的不能是保护政府的权威、权力，不能设定为消除政府的政治危机，而必须定位为保护民众的权利和权力，消除民众中的危机和隐患。危机下政府的管理必须以社会和公众的需求为导向，以服务的绩效质量为标准，以最大限度保护民众生命和财产安全为目标。

3.2.2 危机管理的内容、措施应该从服务的角度自然引出

危机管理内容不是政府从自身需要引导出的，而是要满足危机下广大群众的要求，想群众所想，急群众所急，做群众需要做的。由于危机事件属于非常规状态，很多人认为政府应对危机事件必须有更大的权利，如采用包括戒严、军管、宵禁、中止民众某些法定权利等措施；而且认为似乎采取了非常措施就会达到非常的疗效。其实这种理解是机械的，并不是所有公共危机都需要非常的手段，也不是所有非常手段都能起到良好作用。危机管理是否采用非常措施，需要参照危机的具体情形、听取民众意见，以符合服务的大方向。

3.2.3 危机管理的依据上、程序上、后果上都应按照法治的要求，遵循法律，受人民监督

危机管理的依据上、程序上、后果上都应按照法治的要求，遵循法律，不能因为"非常时期"而采取违法的、不受民众监督的举措。学者们的研究指出，服务型政府的根本原则是民主、法治、公开、负责。按照这些原则，危机下的管理也必须受限制，不能随意扩充权力、限制公民的法定权利和自由等。服务性是危机管理中政府合法性的核心，只有源于服务、用于服务的管理措施才是合法的。事实上，危机下加强政府的服务职能，不但可以保障管理的方向正确，而且会大大促进危机管理的水平和效率。因为第一，政府的服务意识制约着它对危机的回应、反应的速度和程度，服务意识越强，反应越迅速，重视程度越高；而服务差，就会对危机的发生及其危害漠不关心，采取的措施不利和被动。第二，服务意识强、与民众的愿望相契合，政府措施会更好地为民众所认同、支持，即便有矛盾也较好沟通，起到良好的社会动员效果，落实起来更迅速，效力更优良。危机管理中政府行为要获得人民更多的认同和支持，人民认同后政府管理才有力量，才能有效地化险为夷。第三，在危机处理过程中，仅仅依靠政府的力量是不够的，不管政府拥有多大的力量都很难做到高效、快速、协调、灵活地应对危机，因此需要全社会的广泛协助与参与。现代各国危机管理的经验都是最大可能地吸纳各种社会力量，欢迎各类非政府组织、企业以及公众自身的危机参与。而社会能否广泛参与和协助，和政府服务性关系很大[5]。

3.3 公共危机下政府服务与管理两种职能关系的模型分析

首先，要明确政府的职能主要有两种：服务职能和管理职能。不管是在正常态势下还是在非常态势下，即在公共危机情况下，政府都在实施这两种职能，只是侧重不同而已。政府服务资源和管理资源的关系如图1～图3所示。

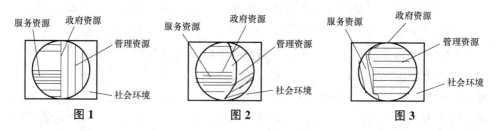

图1 图2 图3

政府的全部资源是有限的，其社会资源是由其用于服务的资源和管理的资源构成的。当政府用于服务的资源和用于管理的资源大致相等时，服务资源和管理资源的关系如图1所示，政府管理形式为服务—管制均衡型；当政府用于服务的资源大于用于管理的资源时，服务资源和管理资源的关系如图2所示，政府管理

形式为服务型；当政府用于服务的资源小于用于管理的资源时，服务资源和管理资源的关系如图 3 所示，政府管理形式为管制型或控制型。下面我们来分析社会环境比较差，即突发公共危机出现时，政府可能会采用的管理形式。

  首先，政府绝不会采用服务—管制均衡型的，这种管理模式其实在现实生活中是不会出现的，因为政府设定的社会目标不同，采取的社会发展路径不同，用于服务的资源和管理的资源是不会一样的；接下来，我们分析政府可能会采用的两种管理形式：服务型和管制型。当突发公共危机出现时，政府恐惧危机信息的真实传播会引起社会动乱、民众恐慌，对新闻媒体进行必要管制，对突发公共事件的信息进行有选择的传播，并采用各种非常措施应对公共危机，可能会在一定的范围内剥夺公众的知情权，更有甚者，为了真正解决公共危机而践踏法律，这样用于管理的资源大大高于用于服务的资源，则政府采用管制型管理模式；而当突发公共危机出现时，政府本着民主公开的原则，强调法治的权威性，以"以人为本"、充分保障公众的法定知情权作为施政理念，第一时间公开危机真实信息，启用非常状态下的法治措施，并在强调保障灾民生命财产安全的救助理念下，采用各种应急措施应对公共危机，在民主的氛围下，实现政府与媒体的良性互动关系，这样用于服务的资源大大高于用于管理的资源，则政府采用服务型管理模式。

  由于近几十年来公众民主和法律意识的不断增强，维护自身利益的理念和参与社会公共事件的需求不断增强，公众的利益多元化，政府如果还沿用管制型管理模式应对公共危机将不适合社会发展的需要，处理不好，将会引起社会动荡，使政府公信力降低，执政基础削弱。而政府采用服务型管理模式应对公共危机，是在民主的氛围内，充分尊重民意的基础上的，并且第一时间公开危机真实信息，正确运用新闻媒体引导社会舆论，有利于团结社会全部力量，动员社会公众参与公共危机处理，这不仅有助于公共危机事件的解决，也有利于维护法治权威和社会团结稳定，使政府危机应对法制化和制度化。

3.4 公共危机中政府应急管理服务的内容与方向

  公共危机对社会的冲击很大，民众暴露出的脆弱的方面很多，因此向政府寻求的帮助是多方面的。可以说，相对于危机状态中民众、组织的每一个需求，都存在必要的政府服务内容或方向。概括而言，有以下几项内容。

3.4.1 心理服务

  公共危机通常都会造成社会心理问题——人们信念动摇、情绪脆弱、恐惧增加、易受暗示及诱导等。不但个体心理如此，集体心理也会无意识地出现这类问题。同时恐慌情绪往往会加重混乱，带来更剧烈的冲突。心理学认为，恐慌的出现往往是由于人们的无知。人们对危机的真相、原因、发展趋势不了解、没把握，就会变得更惊慌、更丧失理智。因此，消除危机下的恐慌情绪的最好办法，就是消除无知，用正式确切的知识填充无知的空白。所以危机之下政府发布一些必要的信息，广为传播相应知识等，对于缓解恐慌意义重大。人们的心理素质有很大差别，具体境遇也很不同。每次危机中也会有些人出现心理疾病或处在疾病的边缘上。因此，政府还需要派出心理专家，开辟心理热线，建设全社会的心理服务网络，对人们做心理咨询服务[6]。

3.4.2 信息服务

在危机状况下人们对于信息有特殊的渴求，信息的失真性、放大性加剧，虚假信息也容易产生、传播，恶意的虚假信息会使社会发生意想不到的变化，造成巨大危害。特别是在危机发生初期，人们通常面临着知识和信息的不完全性、不对称性，如果无法从正式渠道得到官方信息，各种信息就会通过"非正式"渠道迅速传播。因此危机情况下的信息服务对于缓解人们的恐慌情绪、稳定人心、统一人们的思想与行动、贯彻政府的行政意图等都具有重要意义。危机下的信息服务通常包括两方面内容：其一是关于危机的发生发展等危机自身的情况；其二是关于政府处理危机的各种政策、措施、科研攻关状况等应对危机的政务信息。其中第二方面内容更为民众所关注，意义更大。

3.4.3 教育和训练公民的应急能力，增强民众应对危机的意识和技能

公民应急能力教育主要包括危机意识教育、危机应对情境训练、危机专业知识教育、危机案例教育和有针对性的演习等，通过这些训练，普通民众能掌握一定的自我保护方法，缓解自身的脆弱性、易损性，养成抵御一定程度危机的能力。当前民众的危机素质普遍偏低，因此政府应该担负起公民危机素质培训的职能，在小学、中学乃至大学开设系统化的危机应对素养教育课程，或在有关学科中增加危机应对素养教育的内容，通过有组织、有计划的系统教育，提高全民的应急能力[7]。

3.4.4 为民众提供物资和技术，做好应对危机的救援工作

公共危机总是难免的，所以要做好应对危机的物资储备和技术准备，一旦危机爆发，便可以做到有备无患、临危不乱。很多危机下的困境是由于以往对公共事务投入不足，因而危机发生时缺乏必要的财政、人员、组织保障，面临危机手忙脚乱，无能为力。如果政府在危机出现之前实施了一系列应对措施，做好了物资、技术等方面的准备，危机发生时便可有较充足的救灾资金，能有效组织起救援队伍与组织，购买救援设备与药品，并可以对生活困难的居民、因灾受伤的群众等社会弱势群体，采用免费或补贴的形式提供预防药品、隔离治疗、医学观察等救助，达到良好的服务与解困效果。

3.4.5 对商户、企业等提供经济、金融服务，帮助它们渡过难关

公共危机对于工业、农业、交通、教育、餐饮、商贸、旅游等众多行业的经营都会造成重大伤害，危机之下或者厂房倒塌、企业停产，或者贸易停止、经济

萧条；甚至会出现企业破产倒闭、工人下岗失业的严重情形。特别是中小企业资金较少，抗风险能力差，受到危害最大。在这种情况下，政府需要建立起危机时期经济管理和调节机制：或者税收调节，出台税费减免和缓交等优惠政策，适当降低应税税率，把更多的收入留给企业和个人，增强其抗灾自救和再发展能力；或者扩大失业救济金的发放面积，对因为灾害绝产停产无收入来源的农民或工人进行救济；或者发放政府贴息贷款或过渡性贷款，对受影响严重的行业和企业提供救灾财政资助[8]。

3.4.6 为非政府性组织、个人等提供便利，整合各方力量抗灾救灾

20世纪90年代以来，全球公共管理改革的重心逐步从"统治"走向"治理"。"治理"的本质在于政府与公民对公共生活的合作管理，建立政府与公民良性关系。在危机情况下，各种非政府组织、国际组织，如社区、专家组、自愿性的公民团体、联合国、国际卫生组织、红十字会等，可以从事危机教育，组织救灾物资，开展科学研究，在各个不同层面上分担原来一直由政府独自承担的救灾责任；政府要与社会合作，欢迎社会参与，为其提供必要的条件。此外，加强危机立法、扶植安全与危机的科研和技术开发、完善危机与灾害预报预警系统、训练危机抢险救灾的专业队伍、强化社会危机的保险保障制度、开展好危机的善后处理都是政府危机服务的重要方面、方向和内容[9]。

4. 构建服务型政府应对公共危机的建议

加强危机下政府服务职能，需要政府从思想观念、体制、行政技术等方面进行转变，因为我国政府总体上来说还是管制型政府，与服务型政府存在较大差距。例如，服务行政理念并未真正形成；行政管理过程中仍然重管理轻服务，凡事管字当头；支撑服务型政府的政策法律等制度构件不够完善；公务员队伍素质有待提高等。为此，要加强危机下服务型政府建设需要做好以下三个方面的工作。

4.1 从宏观层面上加强危机下服务型政府建设

从宏观层面上，主要是加紧建设服务型政府，使政府的职能、体制在本质上一贯地转化到服务上去。为此，需要塑造"以民为本，依法行政"的政府服务理念；转变政府职能，明确角色定位（理清政府与市场、政府与社会的界限，充分开发、培育和鼓励第三部门、民营企业参与公共事业管理，政府职能和服务重心下移）；构建"顾客导向型"的服务模式（在行政决策中充分参与民意，推行阳光行政，实现政务公开；制定政府服务标准，规范服务流程，保障服务品质；加快电子政务建设，推行"单一窗口式"服务，创建高效政府；提供具有人文关怀的便民服务，塑造具有亲和力的政府形象）；完善政府部门绩效评估体系，建立责任

政府；由控制型政府转向调节型政府；由封闭型政府转向开放型政府；由对上负责型政府转向对上对下负责统一型政府；由无限型政府转向有限型政府；由专制型政府转向民主型政府；由高成本型政府转向高效型政府，以及加强服务立法、改革行政审批制度、加大政府的回应性，等等。有了这样的服务型政府，基于其惯性和制度设计，政府在危机下的服务便不成问题，人民的生命财产便有得力的保障。所以，宏观层面上的服务型政府的制度建设是强化政府危机之下服务性的最根本、最主要的措施。

4.2 从中观层面上加强危机下服务型政府建设

从中观层面上，要处理好宏观层面上的制度法规与微观层面上的各种具体的支撑体系和服务体系的对口及衔接，构成一个完整的纵向服务型政府体系，保证各种政策措施能够得到迅速准确的实施，制度法规能全面落实，对各个行业和部门的服务行为进行有效的规范和引导；同时，各个行业和部门在实施服务政策过程中的相关具体信息也能快速地通过中观层面的网络系统反映到决策层，从而有利于决策层准确快速了解政策实施情况，并且在构建中观层面服务系统之后，在政策实施过程中若资源不够用，则可以迅速地整合省际服务资源，实现资源和信息共享。总之，中观层面是连接宏观层面和微观层面的一座最重要的桥梁，如果没有构建和完善中观服务体系建设，整个国家的服务型制度和政策将无法有效实施。中观层面服务体系建设的主要内容有：构建县之间服务政策协调体系，信息资源共享体系；构建省际服务政策协调体系，信息资源共享体系，危机管理人才教育和培训中介互动体系；构建国家各部门服务政策协调体系，信息资源共享体系，等等。

4.3 从微观层面上加强危机下服务型政府建设

从微观层面上，要加强政府危机预警服务体系、危机教育服务体系、危机抢险服务体系、危机救援服务体系、危机物资保障服务体系、危机医疗服务体系、危机运输服务体系、危机心理服务体系、危机信息服务体系等的建设，尤其要针对民众危机下的需要，明确危机服务项目、组建危机服务组织机构、确立危机服务标准、制定危机服务程序、明确不同机构危机下的服务职责、健全危机服务绩效评估机制，确保服务的负责、全面、扎实、高效。

5. 结束语

现代公共危机普遍具有紧迫性、复杂性和扩散性的特征，为了提高对危机与灾害的应急反应能力，需要进一步提高政府的信息获取能力、快速反应能力、组织协调能力、决策指挥能力、防灾减灾能力、综合服务能力，建构城市和地区的安全与应急体系，从而有效地降低突发性灾害所造成的损失，实现社会和谐发展的目标。

参考文献

［1］刘熙瑞.服务型政府——经济全球化背景下中国政府改革的目标选择［J］.中国行政管理，2002（7）.

［2］扶松茂.责任政府与政府责任［J］.学术论坛，2002（1）.

［3］李文良.中国政府职能转变问题报告［M］.北京：中国发展出版社，2003.

［4］［英］诺曼·弗林.公共部门管理［M］.曾锡环，等，译.北京：中国青年出版社，2004.

［5］刘靖.政府创新［M］.北京：中国社会科学出版社，2002.

［6］张国清.公共危机管理和政府责任——以SARS疫情治理为例［J］.管理世界，2003（3）.

［7］姜晓萍，刘汉固.建设"服务型政府"的思路与对策［J］.四川大学学报（哲学社会科学版），2003（4）.

［8］胡仙芝.从善政向善治的转变［J］.中国行政管理，2001（9）.

［9］薛澜.危机管理［M］.北京：清华大学出版社，2003.

构建巨灾保险制度
增强我国风险管理能力

黄宏纯

湖北省危机与灾害应急管理研究中心　湖北　武汉　430070
武汉理工大学危机与灾害研究中心　湖北　武汉　430070

[摘要] 我国的保险制度尚在建立之初，保险体系尚未完善，巨灾保险制度尚未建立，巨灾风险给我国的经济发展造成了很大的隐患。因此，本文首先明确巨灾保险内涵及其制度建设的重要性，并指出我国巨灾保险制度缺失的原因，在借鉴国外巨灾保险制度建设的经验的基础上，提出我国巨灾保险制度建设的思路以供政府部门决策参考。

[关键词] 巨灾保险制度；风险管理；思路；能力

2001年以来，飓风、洪水和恐怖袭击等巨灾风险给许多国家社会带来了重大的财产损失与人员伤亡，致使世界各国，特别是发达国家对巨灾保险制度建设特别重视，不断地健全完善自身巨灾保险制度，形成了比较成熟的组织模式和运营经验，从而增强了应对巨灾风险的能力。而我国是世界上自然灾害最严重的少数国家之一，巨灾风险在我国的暴发情况十分严重；然而，我国的保险制度尚在建立之初，保险体系尚未完善，巨灾保险制度尚未建立，巨灾风险给我国的经济发展造成了很大的隐患，特别是今年年初我国南方特大冰雪灾害和"5·12"汶川大地震给地方经济造成了重大损失，甚至影响了全国正常的经济生活。因此，加快推进我国巨灾保险制度建设，增强我国风险管理能力，已成为一个亟待解决的问题。

本文已发表于《中国应急管理》2008年第8期

一、巨灾保险及其制度建设的重要性

（一）巨灾、巨灾保险及其制度

巨灾是指对人民生命财产造成特别巨大的破坏损失，对区域或国家经济社会产生严重影响的自然灾害事件。恐怖主义袭击、重大人为事故也逐渐被认为是巨灾。[1]巨灾保险是一种保险产品，其是对巨灾造成的经济损失进行承保，从而使受灾者减轻灾害损失的一种保险行为。巨灾保险制度，是指对由突发性、无法预料、无法避免且危害特别严重的如地震、飓风、海啸、洪水、冰雪等所引发的灾难性事故造成的财产损失和人身伤亡给予切实保障的风险分散制度。

（二）巨灾保险制度建设的重要性

1. 巨灾保险制度建设的必要性

我国是一个自然灾害非常频发的国家。据世界银行统计，20世纪世界范围内54次最严重的自然灾害有8次发生在我国。据民政部统计，每年自然灾害造成的直接经济损失超过2 000亿元。[2]自然灾害特别是巨灾对于我国的影响范围特别广，造成的损失大，但我国灾害保险制度却不完善，保险业支付的保险赔款一般仅占巨灾损失的1%～5%，远远低于36%的全球保险业的平均水平，保险业经济补偿和社会服务功能在灾害救援体系中的作用没有发挥出来。今年年初南方雨雪冰冻灾害和"5·12"汶川大地震给我国造成了巨大的损失，但我国保险救援体系不完善，进一步反映出保险业经济补偿和社会管理功能在国家灾害救助体系中的作用偏低，凸显了建立巨灾保险制度的重要性和必要性。

2. 巨灾保险制度建设的紧迫性

目前，我国应对巨灾的能力还很薄弱，而我国对地震等巨灾造成的经济损失的补偿与救助，实行的是国家财政支持的政府主导型巨灾风险管理模式。这种单一的政府财政补偿和救助巨灾风险损失的制度，很难应对自然灾害频发的形势和日益严重的巨灾风险。特别是我国尚未建立起灾后恢复的经济保障制度，导致了巨灾后的补偿或救助范围小或层次低。[3]由于巨灾保险制度在我国几近空白，特别是遇到灾难性事故时，整个保险业显得力不从心。就拿南方低温、雨雪冰冻灾害和"5·12"汶川大地震来说，尽管保险业积极主动赔付，可保险赔付金额尚不足损失总额的1%，而其他一些国家在发生巨灾后，保险赔款可承担30%以上的损失补偿，一些发达国家甚至可达60%～70%。我国保险的覆盖面还比较窄，其承载的保障社会稳定功能还有待提升。同时，随着我国经济逐年增长和财富存量的持续积累，地震等巨灾对经济和社会的威胁与破坏程度将不断上升。因此，我国建设巨灾保险制度已迫在眉睫。

二、我国巨灾保险制度缺失的原因

由上述分析可知，保险业经济补偿和社会管理功能在国家灾害救助体系中的作用偏低，巨灾保险制度严重缺失，探讨其原因，本文认为主要有以下几方面。

（一）国家层面

1. 巨灾保险制度的法律支撑体系不完善

从国际巨灾保险的成功经验看，为了确保巨灾保险的覆盖面，包括美国、日本等一些国家和地区都采用了一定程度的法律强制性保险制度，而我国目前尚缺乏相应的强制性保险法律制度，因此，巨灾保险在实施推进过程中缺乏有力的法律支持。

2. 缺乏巨灾保险制度的有效管理和运作机制

由于我国尚未建立巨灾保险制度，巨灾保险及保险业在灾害应急管理中的地位和作用，以及与政府之间的协调关系无法明确，加之巨灾的应急管理职能机构分散，相互间的沟通协调存在一定障碍，造成巨灾保险的监管、协调存在制度性真空。在巨灾保险的业务开发方面，存在一些技术性课题，有待深入研究，如保险公司对巨灾风险责任的界定、保险费率厘定、巨灾风险的概率和损失程度大小的评估、巨灾保险的再保险等。

3. 国家相关配套政策措施缺失

根据国际经验，巨灾保险制度是一项政策性保险制度，单纯依靠商业保险的运作，不足以支持巨灾保险的开展；国家需要参与和大力支持，同时出台相关配套扶持政策措施，以促进巨灾保险的发展。很多国家都在巨灾保险基金的设立、再保险安排、巨灾风险证券化等方面给予政策支持，以确保巨灾保险制度的正常运行。但我国的巨灾保险制度相关配套政策措施缺失，政府未给予巨灾保险基金立法、财政、税收方面的政策足够的支持。

（二）保险业方面

保险公司缺乏经营技术和水平，专业人才缺乏。不同于一般的灾害保险的风险评估，巨灾保险的风险评估可能涉及地质、地理、气象、土木工程等多学科的专业技术知识，技术门槛和专业人才培养投入成本相对较高，加之我国保险业对培训巨灾保险专业技术人才的投入力度还比较欠缺，造成保险公司普遍缺乏应有的巨灾风险评估技术和水平，无法对巨灾发生的危险性和可能造成的损失进行相对准确的衡量与把握，直接导致保险公司无法开发设计出种类丰富的巨灾保险产品，进而对开展巨灾保险业务产生消极思想，采取谨慎保守的态度。

（三）社会与民众方面

目前我国公民巨灾保险意识普遍较弱，缺乏对巨灾保险作用的全面认识，以致民众对巨灾保险的支持度不够，投保意识不强，这也是巨灾保险制度缺失的原因之一。同时，由于政府对巨灾保险制度缺乏大力支持，未能对巨灾保险进行大力宣传，使整个社会对巨灾保险有一个科学的认识，所以没有形成一个促进巨灾保险制度建立的社会氛围和良性发展的动因。

三、国外巨灾保险制度建设的经验借鉴

近十几年来，许多国家，特别是发达国家遭受飓风、洪水和恐怖袭击等巨灾，给社会带来了重大的财产损失和人员伤亡。为了减少巨灾造成的损失，发挥保险业在灾害救助体系中的作用，它们构建了符合本国国情的巨灾保险制度，形成了比较成熟的组织模式和运营经验。总结它们巨灾保险制度建设的经验，对我国的巨灾保险制度建设有非常重要的意义。

（一）相关法律支撑、配套政策措施支持完善

许多国家都是通过立法，实行强制性巨灾保险制度，在法律上对巨灾保险制度予以明确，为建立切实有效的巨灾保险体系提供基础和保证。同时，给予巨灾保险基金立法、财政、税收、金融方面的政策支持，形成一个支持巨灾保险制度建设的法律体系。

（二）构建完善的巨灾保险运行模式

当前国际上巨灾管理模式主要有两种：一是完全由国家政府筹集资金并进行管理的巨灾风险管理体系；二是政府和保险公司共同合作的管理模式。从发展趋势看，政府和保险公司合作进行巨灾风险管理的模式更符合发展需求，欧美与许多发展中国家和地区均选择这一模式。例如，美国的洪灾保险制度是从立法着手、由政府运作、依靠私营保险公司、通过商业手段逐步实施和发展起来的；土耳其则通过立法要求所有登记的城市住宅必须投保强制性地震保险，通过强制保险建立国家巨灾准备金。[3]

（三）建立巨灾保险基金制度

由于巨灾风险具有危害性强、影响面广以及损失金额巨大的特点，商业保险公司无法独立承保巨灾风险。因此，许多国家都建立了巨灾保险基金制度，由所

有保险公司共同参与，分摊巨灾赔款。巨灾保险基金实行统一管理、统一运作。一般是由专业再保险公司代为管理，统一安排国际再保险，运用风险证券化，如发行灾债等方式分散风险，实现成本效益的最优化。

四、我国巨灾保险制度建设的思路

针对目前我国巨灾保险制度缺乏的原因，借鉴国外的建设经验，结合本国国情，本文认为我国的巨灾保险制度建设应当是建立以政府为主导，以商业保险体系为框架，国家财政提供支持，全球再保险市场分散风险的多层次、多方位的保障体系。我国的巨灾保险制度建设具体应从以下几方面入手。

（一）建立健全巨灾保险制度的法律支撑、配套政策措施支持

国家应通过立法确立巨灾保险的政策性地位，在法律上明确巨灾保险的政策性保险地位和巨灾保险的强制性，规定各商业性保险公司必须把地震、洪水、冰雪、台风等巨灾保险责任从其他保险条款中剔除，列为综合性保险的承保责任。各商业性保险公司必须接受政府委托经办巨灾保险业务。同时，国家应对巨灾保险的保费收入免征营业税和所得税。政府给予巨灾保险基金立法、财政、税收方面的政策支持。[4]

（二）建立科学的巨灾保险制度

巨灾保险制度是一项政策性保险制度，单纯依靠商业保险的运作不足以支持巨灾保险的开展。因此，我国应以政府主导、市场运作的方式建立巨灾保险制度，由企业和个人购买巨灾保险，政府提供一定补贴，多家保险公司共同承保，并通过国内外再保险市场分散风险。

1. 建立政府与商业保险公司间的合理分担机制

我国应建立政府与商业保险公司间的合理巨灾赔款分担机制。政府和商业保险公司对于巨灾保险应采取限额承保方式，要明确企业财产的巨灾风险责任与家庭财产的巨灾风险责任分别由商业保险公司和政府承担。企业财产巨灾保险属于商业性保险，由商业保险公司自行全部承担；至于家庭财产巨灾保险则作为政策性保险，由政府承担大部分，未承担部分由家庭自己投保或自我承担。[4]

2. 建立专业巨灾保险基金

我国应由政府主导，所有保险公司共同参与，整合多方资源，建立专业巨灾保险基金，分摊巨灾赔款。专业巨灾保险基金实行统一管理、统一运作，推行政府、保险公司合作分担巨灾风险的机制。巨灾保险基金的资金来源有以下几个方面：① 每年的保费收入。② 国家每年从财政预算中按一定比例划入一部分。③ 降

低保险公司现行的营业税税率，国家每年另行向保险公司按应交营业税额的一定比例提取巨灾风险准备金。专业巨灾保险基金的管理和运作应不以营利为目的，并实行单独建账、单独管理，由专业再保险公司代为管理，统一安排国际再保险、运用风险证券化等方式分散风险，实现成本收益的最优化，确保专业巨灾保险基金的保值增值，为巨灾赔款提供充实的资金保障。

3. 发行巨灾债券，分散保险在金融市场上的风险

巨灾债券是一种场外交易的债权衍生物，是保险公司或者再保险公司通过直接发行公司债券、利用债券市场来分散风险的风险证券化形式。一般而言，资本市场为巨灾风险分散提供了重要的支持，许多新型风险管理工具均以资本市场为依托。通过巨灾债券可将巨灾风险转移给资本市场的投资者，增强社会危机处理能力，增强保险公司的承保能力。因此，我国应结合本国国情，在建立科学的巨灾保险制度时，可通过发行巨灾债券，分散保险在金融市场上的风险。

4. 建立巨灾保险的再保险体系

在充分借鉴发达国家再保险发展经验的基础上，建立我国巨灾保险的再保险体系，实行商业再保险和国家再保险结合的分保安排。国内外商业再保险公司作为主要的再保主体，对超过基金赔付额度的损失承担赔偿责任；对于超过再保险公司承保能力的部分，由政府或者其他国际组织给予财政担保或者再保。

（三）增强全社会防灾减灾意识

保险公司应划出一定比例的保费资金用于支持增强全社会防灾减灾意识的公益宣传和社会活动，通过多种方式帮助人民群众增强风险意识，提高防范风险技能，以减小巨灾造成的社会财产的损失和人员伤害。同时，政府应加大全社会防灾减灾意识的宣传力度，在政策、资金投入等方面给予大力支持，保障社会防灾减灾意识宣传活动的可持续发展，进而不断推进我国民众防灾减灾意识的提高及自救、互救理念的增强。[5]

五、结束语

巨灾保险制度建设本身是一项系统工程，涉及法律、经济、金融、保险、风险评估、政策制定等多个领域，需要长时间的不懈努力。[6] 但是，近年来从"非典"到"5·12"汶川大地震的一次次大灾、巨灾，已给我们上了深刻的一课，迫使我们必须加快巨灾保险制度的建设，同时也创造了良好的建设契机。通过制度建设，着力推动巨灾保险体系建设，以建立起保障有力的社会保险体系，从而不断提升我国抵御严重、巨大灾害和安全事故的能力。

参考文献

[1] 姚庆海. 巨灾损失补偿机制研究 [M]. 北京：中国财政经济出版社，2009.

[2] 舒高勇. 关于巨灾保险制度的建立和完善 [EB/OL]. 腾讯财经，http://finance.qq.com/a/20080527/ 002791.htm.

[3] 皮曙初. 建立巨灾保险基金制度 雪灾震灾疾呼巨灾保险 [N]. 经济参考报，2008-05-27.

[4] 樊新民，黄纯忠，黄小勇. 中国亟需建立巨灾保险制度 [N]. 中国经济时报，2008-06-03.

[5] 臧明仪. "5·12" 灾难推动中国地震保险制度建设 [N]. 财经时报，2008-06-25.

[6] 吴睿鸫. 汶川地震应催生巨灾保险体系构建 [EB/OL]. 新华网，2008-05-22.

突发公共事件应急响应机制构建与完善研究

黄宏纯

武汉理工大学管理学院　湖北　武汉　430070
湖北省危机与灾害应急管理研究中心　湖北　武汉　430070

[摘要] 本文应用突发事件应急管理基本理论，界定了突发公共事件应急响应机制含义，并提出了突发公共事件应急响应机制由应急响应程序、应急响应信息报告与发布机制、应急指挥与处置机制、应急动员保障机制四个要素构成，指出了中国突发公共事件应急响应机制建设现状及存在的问题，从而提出了构建与完善突发公共事件应急响应机制的建议。

[关键词] 突发公共事件；应急响应机制；构建；完善；研究

1. 引言

近年来，中国各级政府加强突发公共事件应急管理体系建设，基本构建了统一以"一案三制"为主（应急预案、体制、机制、法制）的突发公共事件应急管理体系，突发公共事件应急管理能力也得到了较大提高。[1] 但是，目前中国的突发公共事件应急管理体系建设依然存在诸多问题，仍需进一步完善，特别是仍未构建形成一套科学、有效的突发公共事件应急响应机制，应急指挥与处置能力不强。[2] 为此，本文从突发公共事件应急响应机制含义及要素构成入手，在分析当前我国突发公共事件应急响应机制建设现状及存在问题的基础上提出了构建与完善突发公共事件应急响应机制的建议。

本文已于 2011 年 11 月发表于《2011 信息科学与工程应用国际学术会议》。

2. 突发公共事件应急响应机制含义及要素构成

2.1 突发公共事件应急响应机制含义

突发公共事件应急响应是由突发公共事件发生后人们采取的一系列行动构成的，其主要目的是减轻突发事件造成的危害程度，防止事件的衍生或进一步扩大。突发公共事件应急响应是一个需要迅速做出反应，通过应急管理部门的组织、协调，启动应急处理程序，调动所需资源，稳定有序地处理突发公共事件的过程。[3]

突发公共事件应急响应机制是指政府应急管理部门为了更好地应对重大自然灾害和安全事故等各种突发事件而建立起来的一套行之有效的处置办法与制度安排。

2.2 突发公共事件应急响应机制要素构成

突发公共事件应急响应机制是一个包含决策、信息、执行、保障等系统的四位一体的构架体系，以及实施完成各种应对突发公共事件的方案和措施。[4]

按照系统论的思想，突发公共事件应急响应机制由应急响应程序、应急响应指挥与处置机制、应急响应信息报告与发布机制、应急动员保障机制四部分组成（图1）。通过突发公共事件的应急响应机制的运行，实现对突发公共事件响应启动、应急救援、应急保障，将突发公共事件造成的损失降至最低程度。

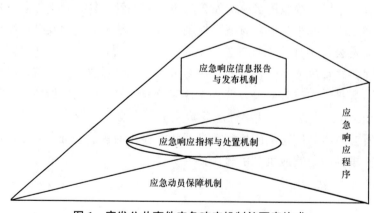

图1 突发公共事件应急响应机制的要素构成

其中应急动员保障机制是突发公共事件应急响应机制正常运行的保障力量，应急响应指挥与处置机制是突发公共事件应急响应机制的核心部分，应急响应程序是突发公共事件应急响应机制正常运行的程序依据，应急响应信息报告与发布机制是突发公共事件应急响应机制正常运行的关键部分，决定着突发公共事件应急响应机制运行的方向。

——应急响应程序。应急响应程序是指根据突发公共事件应急预案，对突发公共事件的性质、程度、潜在范围和影响进行预先判断，并在此基础上根据预案或紧急处理导则启动应急响应处理过程的一套工作程序。

——应急响应指挥与处置机制。应急响应指挥与处置机制是指为了应对突发公共事件、减少灾害损失而建立的一套科学的管理组织体系及保障组织体系正常运转、高效处置突发公共事件而制作的一系列运行机制。

——应急响应信息报告与发布机制。应急响应信息报告与发布机制是指在突发公共事件发生时，为了在第一时间主动、及时、准确地向公众发布警告以及有关突发公共事件和应急管理方面的信息，宣传避免、减轻危害的常识，提高主动引导和把握舆论的能力，增强信息透明度，把握舆论主动权而制定的一种工作机制。应急响应信息报告与发布机制包括应急响应信息报告机制和信息发布机制。

——应急动员保障机制。应急动员保障机制是为确保应对突发公共事件所需的物资、经费、应急动员等提供保障，建立应急预案，充分发挥应急动员工作而制定的一套制度安排和工作流程。

3. 中国突发公共事件应急响应机制建设现状

虽然目前政府加强突发公共事件应急管理体系建设，建立了一套完整的突发公共事件应急管理体系及其运行机制，但是由于现实状况的原因，中国突发公共事件应急响应机制仍然存在诸多问题，尚未确立起科学规范且具可操作性的突发公共事件应急响应机制。

3.1 应急响应程序不科学

目前，中国各级政府在应对突发公共事件时，应急响应机制组织体系不科学，应急响应的组织结构各异，机构间缺乏协调机制；应急响应机制分级响应标准和分级响应管理协调系统不科学；应急响应机制响应流程不合理，缺乏可靠的应急响应信息管理系统和决策系统，缺乏先进响应技术支撑，造成应急反馈落后，应急响应能力低下。

3.2 应急决策与处置未形成有效机制

目前，中国突发公共事件应急管理决策与处置组织体系不完善，职能部门责任未明确，应急管理效率低下，综合协调能力不强，缺乏持续性；同时，由于国家管理体制还不科学，部门之间职责交叉现象比较突出，有效的应急决策与处置机制未形成。

3.3 应急动员保障机制不健全

目前，中国突发公共事件应急管理法律保障体系不完善，应急预案不科学，社会应急动员保障体系不健全，缺乏良性的应急管理人才队伍培养机制，应急动员保障技术支撑体系较落后，未形成覆盖各类突发公共事件的应急培训和演练体系，缺乏应急科普、宣教、培训和演练基地。

3.4 应急响应信息报告与发布机制不健全

应急响应信息报告与发布制度不完善，缺乏综合性的信息平台，信息收集、整理、上报、发布渠道分散，与大众社会权威媒体良好合作关系缺乏，信息发布主体部门不明确，信息发布方式单一。

4. 突发公共事件应急响应机制的构建与完善

4.1 构建与完善突发公共事件应急响应程序

要根据突发公共事件应急预案，构建科学突发公共事件应急响应程序（图2），提高应急响应能力和效率。要健全应急响应机制组织体系及其协调机制，完善应急响应机制分级响应标准系统、分级响应管理协调系统、应急响应信息管理系统和决策系统，建立科学合理的应急响应机制工作流程，应用先进高端技术，提高应急响应能力。

4.2 构建与完善突发公共事件应急响应指挥与处置机制

要完善突发公共事件应急管理决策与处置组织体系，建立责任明确的科学高效决策机制——应急响应指挥与处置机制（图3）。要建立与完善快速决策机制、科学决策机制、依法决策机制；加快应急管理专家信息库建设，实现应急人才资源的共享；明确应急管理专家参与应急决策咨询的程序和规定；要加快突发公共事件应急决策的问责机制建设，建立健全突发公共事件应急决策的法规与制度，明确规定相关行政领导对于各类应急事件的决策权利与职责范围，以及责任追究的相关细则；要构建统一领导、分级负责的应急指挥和协调机制，明确职能部门责任，增强综合协调能力，提高应急管理效率。

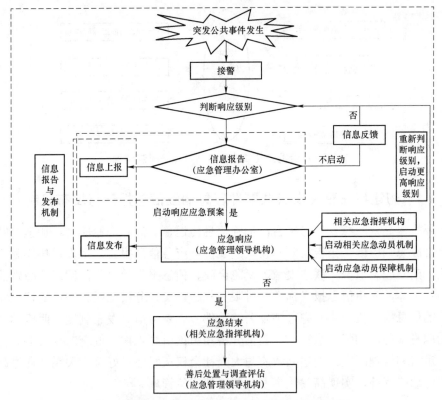

图 2 突发公共事件应急响应工作流程（虚线部分）

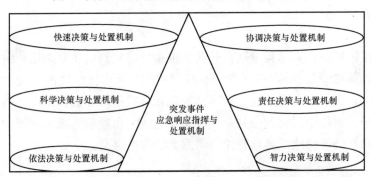

图 3 突发公共事件应急响应指挥与处置机制结构

4.3 构建与完善突发公共事件应急动员保障机制

要构建功能完善的突发公共事件应急动员保障机制（图4），进一步完善通信与信息保障体系、队伍与装备保障体系、应急技术支撑体系、处置与协调保障体系，构建完善的法律保障体系、公共财政应急保障体系、社会动员体系、宣传培训与演练保障体系，形成以政府为主导的专业化、社会化相结合的突发公共事件应急动员保障机制，实现应急管理保障工作的常态化管理。

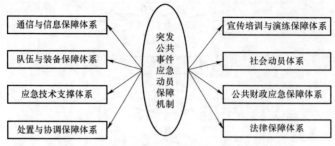

图 4 突发公共事件应急动员保障机制结构

4.4 构建与完善突发公共事件应急响应信息报告与发布机制

要构建高效的综合信息平台，加强信息传送、交流和沟通能力；加强突发公共事件应急响应信息报告机制建设。建立健全应急信息报告、举报、传递和共享机制，建立应急值班、联络渠道、紧急会商、信息报告等制度，明确各级别的信息报告主体，应急信息报告标准、时限和程序，实行分级上报、归口处理、同级共享的信息报告机制。要完善突发公共事件应急响应信息发布制度，明确信息发布的职责部门，加强信息发布、舆情分析和舆论引导工作，健全对相关信息的核实、审查和管理制度；要建立政府与大众社会权威媒体良好合作关系，通过政府与媒体职能互补，实现高效化突发公共事件应急管理。

5. 结束语

随着中国经济社会迅猛发展，公共灾害将日益频繁化和复杂化，突发公共事件应急管理面临新的挑战。[5]建立一套科学规范且具可操作性的突发公共事件应急响应机制，进一步完善突发公共事件应急管理决策与处置体系，提高科学决策与处置水平，增强中国突发公共事件应急管理能力和效率无疑对保障中国的国民经济发展和社会可持续发展具有深远而重大的战略意义。

参考文献

[1] 宋英华. 突发公共事件应急管理导论［M］. 北京：中国经济出版社，2009.

[2] 庄越. 安全事故应急管理［M］. 北京：中国经济出版社，2009.

[3] 宋英华. 突发公共事件与政府应急管理的制度完善［J］. 特别策划，2009（11）.

[4] 黄宏纯（黄玖）. 突发公共事件管理中政府与新闻媒体互动关系研究［J］. 当代经济，2007（10）.

[5] 黄宏纯（黄玖）. 构建巨灾保险制度，增强中国风险管理能力［J］. 中国应急管理，2008（06）.

应急管理技术创新体系对提升
应急管理能力的经济学分析

黄宏纯

武汉理工大学管理学院　湖北　武汉　430070

[摘要]本文基于经济学角度分析了当前我国应急管理技术创新体系促推应急管理能力提升存在的问题，运用创新成本边际分析的经济学模型分析了应急管理技术创新体系的体系构建成本与体系运行成本的关系，进而指出并分析了应急管理技术创新体系的总创新成本与应急管理能力提升的相互关系，从而提出了采用"重技术创新提升应急管理能力、兼顾资源整合与应用提升应急管理能力"的应急管理做法，构建了高效化的应急管理技术创新体系，以促推应急管理能力提升的对策与建议。

[关键词]应急管理；技术创新体系；应急管理能力；经济学；分析

中图分类号：D035.1　　文献标识码：A

1　引言

近年来，随着突发事件频频发生，世界各主要国家日益重视应用高端技术支撑应急管理，提升应急管理能力，有效地预防各种突发事件发生或减少各种突发事件造成的损失。国内外众多应急管理专家、学者敏锐地把握应急管理对先进应急管理技术的需求，将技术创新理论应用于应急管理领域，深入开展应急管理技术创新研究，产生了许多研究成果。美国、德国、日本等主要发达国家多年来一直深化应急管理科技支撑体系和应急管理技术创新体系研究，加强了突发事件预警与防范系统、应急管理信息系统、应急管理辅助决策系统建设，以技术创新体系促推应急管理技术升级，提升应急管理能力。[1] 而在国内，有关应急管理技术创新研究成果也较多，湖北省危机与灾害应急管理研究中心应急管理专家宋英华博士在《应急管理技术创新体系构建研究》中提出了应急管理技术创新体系的内

本文已发表于《中国科技论坛》2012年第12期。

涵及构建体系。[2] 另外，其在《湖北省应急管理科技支撑体系建设研究》中提出了应急管理科技支撑体系的构建。[3] 钟书华在《国家应急科技支撑体系框架构想》中提出了应急科技支撑体系的要素构成、运行机制，并提出了完善与构建应急科技支撑体系的建议。[4] 黄明解在《湖北省突发公共事件应急科技支撑体系建设研究》中提出了湖北省突发公共事件应急科技支撑体系建设的目标、主要任务及政策保障措施。[5] 国内外高度重视对应急管理技术创新体系的研究及推广应用，增强综合应急管理能力，不断丰富并深化应急管理技术创新领域的研究。

虽然近年来国内外已越来越重视对应急管理技术创新体系的研究及推广应用，但当前国内外的应急技术与管理的研究已远远滞后于应急管理实际发展的需要，应急管理已对应急管理技术创新促推应急管理技术升级，提升应急管理能力提出了新的要求。为此，本文从应急管理技术创新体系的体系构建成本与体系运行成本的关系分析入手，从经济学的角度研究分析应急管理技术创新体系的总创新成本与应急管理能力提升的相互关系，期望寻求破解的最佳对策方法原理，并以此来简要阐述如何构建高效化的应急管理技术创新体系，以促推应急管理技术升级，提升政府应急管理能力和水平，保障我国社会的稳定与发展。

2 基于经济学角度分析当前应急管理技术创新体系促推应急管理能力提升存在的问题

2.1 "重经验提升应急管理能力，轻技术提升应急管理能力"的传统应急管理片面思想普遍存在

政府长期以来只注重经验提升应急管理能力，轻技术提升应急管理能力，存在着对危机事件应急管理思想上的误解，仅凭经验提升应急管理能力，而不是科学运用高端技术提升应急管理能力的问题，从而把大量的应急管理资源用到经验应急管理和应急处置上，用于应急技术装备提升与运用的应急管理资源相对不足，导致应急管理资源分配不合理，应急管理能力未能科学高效地提升，未能实现可持续性提升，造成了当前的政府应急管理能力不能科学有效应对日益复杂化的突发事件。同时，由于政府部门存在"重经验提升应急管理能力，轻技术提升应急管理能力"的传统应急管理片面思想，不注重技术对应急管理能力的作用，间接地导致了对应急管理专家和应急管理人才的重视不够，制约了我国政府应急管理效能的提高，对整个国家应急管理体系也造成了不利的影响。[6]

2.2 应急管理技术创新体系不完善，促推应急管理能力提升低效化

近年来，我国各级政府加强应急管理技术创新体系建设，为高效化应急管理

提供高端科技支撑，取得了一定的成果。但是目前我国的应急管理技术创新体系建设仍然不完善，如应急预警技术创新系统不完善，造成应急预警技术创新水平不高，导致应急预防科技体系技术落后；应急决策响应技术创新系统不科学，应急决策响应技术创新升级缓慢，未能高效支撑应急决策响应活动；应急保障技术创新系统和善后恢复技术创新系统不完善，应急保障技术和善后恢复技术创新能力不高，造成事后恢复科技体系的科技含量不高，缺乏高端恢复技术支持和先进的善后设备支撑，事后恢复能力不强。由于应急管理技术创新体系的构成要素——应急预警技术创新系统、应急决策响应技术创新系统、应急保障技术创新系统和善后恢复技术创新系统四大子系统均存在缺陷和不足，造成整体应急管理技术创新体系不完善，未能高效促进应急管理技术创新升级，从而造成低效化地促推应急管理能力提升。[7]

2.3 政府对技术创新体系建设的资源投入不足

长期以来我国政府存在"重经验提升应急管理能力，轻技术提升应急管理能力"的传统应急管理片面思想，造成政府对应急管理资源投入严重不足，特别是对技术创新体系建设的资源投入不足，忽视了对整体应急能力的投入，造成应急管理资源的低效与浪费。另外，由于轻技术提升应急管理能力片面思想的影响，政府对应急管理人才的重视程度不够，对应急管理人才的地位与作用没有科学的定位，造成应急管理专家和应急管理人才严重不足，应急管理人才进行素质提升培训的机会很少，影响了我国政府应急管理效能和水平。

2.4 应急管理技术创新体系建设缺乏完善法律体系支撑

当前，由于政府没有重视应急管理技术促进应急管理能力提升的作用，对应急管理技术创新体系建设的重视度不高和资源投入不足，至今都没有建立一套科学完善的支撑应急管理技术创新体系建设的法律保障体系，从而造成了应急管理技术创新体系建设缺乏法律保障，建设发展缓慢，未能高效促推应急管理技术创新升级和运用推广，导致了应急管理技术促推应急管理能力提升的低效化，最后使得政府应急管理效能不高。

这些问题的产生，反映出在加强应急管理技术创新体系建设、促推应急管理能力提升过程中都存在着大量的与应急管理相关的经济投入、管理经济效益（应急能力提升）、经济资源分配等经济学问题，需要加以仔细地研究与分析，从中寻找到在加强应急管理技术创新体系建设、促推应急管理能力提升过程中的最佳经济解决方法，从而提出相应的对策思想。

3 应急管理技术创新体系的总创新成本与应急管理能力关系的经济学分析

3.1 创新成本与应急管理能力关系的基本经济模型

首先,我们从经济学基本模型出发[8],建立应急管理技术创新体系的体系构建成本与体系运行成本的关系,进而通过创新成本边际分析来阐述应急管理技术创新体系的总创新成本与应急管理能力提升的内在相互关系。如图 3-1 所示,纵轴表示应急管理技术创新体系构建与正常创新行为运行时所需要的总创新成本,总创新成本是指为了构建应急管理技术创新体系与实施正常创新行为运行所需要政府和社会承担的创新成本之和,包括政府和社会构建应急管理技术创新体系的建设成本和政府与社会正常运行创新体系所需的运行成本;横轴表示政府的应急管理能力大小,构建经济学模型来分析应急管理技术创新体系的体系构建成本与体系运行成本的关系,进而指出应急管理技术创新体系的总创新成本与应急管理能力的关系。政府和社会为了科学把握和正确应对突发公共事件,必须构建科学高效的应急管理技术创新体系,创新应急管理技术,增强应急管理能力,这都需要投入大量的人力、物力、财力,从而产生了相应的应急管理技术创新体系的构建成本。体系构建成本包括硬件方面的成本和软件方面的成本。硬件方面的成本主要有创新体系的设备购置成本、创新体系基础设施的建设成本、创新体系的管理系统的构建成本等;软件方面的成本主要有应急管理创新人才的培训和管理成本、各类保障创新体系建设与运行的政策法规的制定和实施的成本;等等。在图 1 中,随着社会和经济的不断发展,产生突发公共事件的可能性越来越大,对政府应急管理能力增强的需求也相应增大。随着政府应急管理能力的不断增强,体系构建投入也需要不断增加,所以体系构建成本曲线是随着政府应急管理能力的增强而倾斜上升的,是一条向上斜的曲线 C_1;同时,由于体系构建成本的不断增强,应急管理技术创新体系的功能不断完善和优化,创新效率不断增强,而所需的维护创新体系正常运行的成本,即体系运行成本越来越少,所以体系运行成本曲线 C_2 是一个向下斜的曲线;这样由体系构建成本曲线 C_1 和体系运行成本曲线 C_2 构成的总创新成本曲线 C 如图 1 所示。体系构建成本曲线 C_1 和体系运行成本曲线 C_2 相交于点 X,对应的政府应急管理能力为 A,对应的总创新成本曲线 C 上的 X_1 点的成本是最小的,为 B。由图 1 可知,从经济学的角度来看,政府应急管理能力 A 是最经济的。

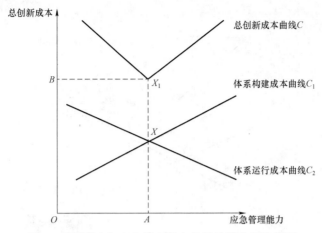

图 1　创新成本与应急管理能力关系的基本经济模型

3.2　创新成本——应急管理能力关系的经济分析与应用研究

3.2.1　在"轻技术创新提升应急管理能力、重资源整合与应用提升应急管理能力"的传统应急管理模式下的经济分析与应用

正如本文第 2 章中所分析的问题，目前，在突发公共事件情况下，政府加强应急管理、提升综合应急管理能力的一般做法是"轻技术创新提升应急管理能力、重资源整合与应用提升应急管理能力"，因此，应用前文所讨论的创新成本与应急管理能力关系的基本经济模型来分析该应急管理模式下所需要的总创新成本与相应的政府应急管理能力提升之间的关系情况。

当前我国政府在应急管理中主要是轻技术创新提升应急管理能力、重资源整合与应用提升应急管理能力，把有限的应急管理资源大部分用于应急管理和应急处置上，通过侧重整合优化应急资源与有效应用来提升综合应急管理能力，而不重视应急管理技术创新提升应急管理能力。由于对应急管理创新体系构建的投入相对较少，所以应急管理创新体系的创新能力相对不强，体系构建成本曲线 C_1 向左移动（图2）；同时，由于对应急管理创新体系构建的投入相对较少，应急管理创新体系的创新功能不强，应急管理创新体系的体系运行成本越来越大，从而导致体系运行成本曲线 C_2 向右移动（图2）。这样，当前在我国政府轻技术创新提升应急管理能力、重资源整合与应用提升应急管理能力的传统应急管理做法的情况下，体系构建成本曲线 C_1 和体系运行成本曲线 C_2 相交于新点 Z，对应的政府应急管理能力为 A_1，对应的总创新成本曲线 C 上的 Z_1 点的成本为 B_1。比较图1和图2，我们可知，$Z_1 > X_1$，$B_1 > B$，$A_1 < A$，就是说当前我国政府轻技术创新提升应急管理能力、重资源整合与应用提升应急管理能力应对突发公共事件的做法，需要巨大的总创新成本，同时政府和社会应急管理效能明显低下。

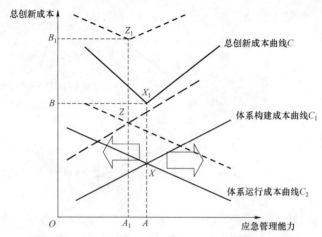

图 2 "轻技术创新提升应急管理能力、重资源整合与应用提升应急管理能力"的传统应急管理模式下的经济分析

3.2.2 在"重技术创新提升应急管理能力、兼顾资源整合与应用提升应急管理能力"的新型应急管理模式下的经济分析与应用

下面讨论在突发公共事件发生的情况下,政府采取"重技术创新提升应急管理能力、兼顾资源整合与应用提升应急管理能力"的应急管理做法时,应用前文所讨论的创新成本与应急管理能力关系的基本经济模型来分析该应急管理模式下所需要的总创新成本与相应的政府应急管理能力提升之间的关系情况。

若采用"重技术创新提升应急管理能力、兼顾资源整合与应用提升应急管理能力"的应急管理模式,把有限的应急管理资源合理分配到应急管理、应急处置上和构建科学高效的应急管理技术创新体系上,从而促推技术创新升级,提升应急管理能力,那么对应急管理创新体系构建投入相对较多,应急管理创新体系的创新能力相对较强,这样体系构建成本曲线 C_1 向右移动(图3);同时,由于对应急管理创新体系构建投入多,应急管理创新体系的创新功能较强,所以应急管理创新体系的体系运行成本越来越少,从而使得体系运行成本曲线 C_2 向左移动(图2)。这样,在政府和社会采用重预防、兼顾应急的新做法下,预防成本曲线 C_1 和危机损失曲线 C_2 相交于新点 N,对应的政府应急管理能力为 A_2,对应的总成本曲线 C 上的 N_1 点的成本为 B_2。比较图2和图3,我们可知,$Z_1 > X_1 > N_1$,$B_1 > B > B_2$,$A_1 < A < A_2$,就是说如果我国政府采用重预防、兼顾应急的"重技术创新提升应急管理能力、兼顾资源整合与应用提升应急管理能力"的新型应急管理做法应对突发公共事件,把有限的应急管理资源合理分配到应急管理、应急处置和构建科学高效的应急管理技术创新体系中,则需要的总创新成本相对小,同时政府和社会应急管理效能显著提高。

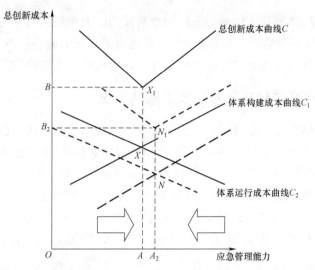

图3 "重技术创新提升应急管理能力、兼顾资源整合与应用提升应急管理能力"的新型应急管理模式下的经济分析

4 构建高效化的应急管理技术创新体系,以促推应急管理能力提升的对策建议

从上文的经济学分析中可知,如果我国政府采取"重技术创新提升应急管理能力、兼顾资源整合与应用提升应急管理能力"的应急管理做法来应对突发公共事件,把有限的应急管理资源合理分配到应急管理、应急处置上和构建科学高效的应急管理技术创新体系上,从而促推技术创新升级,提升应急管理能力,则需要的总创新成本相对小,同时政府应急管理效能显著提高。而当前,我国政府各部门仍未摆脱"轻技术创新提升应急管理能力、重资源整合与应用提升应急管理能力"的传统应急管理观念和做法,未普遍接受"重技术创新提升应急管理能力、兼顾资源整合与应用提升应急管理能力"的应急管理新观念和做法,所以下文提出了构建高效化的应急管理技术创新体系,以促推应急管理能力提升的对策与建议。

4.1 创新政府应急管理观念,政府管理职能向应急管理方向倾斜,重技术创新提升应急管理能力

要适应经济社会发展的需要,创新政府应急管理观念,科学转变政府管理职能,强化政府管理职能中的应急管理内容,政府管理职能向应急管理方向倾斜,以满足我国应急管理发展的需要;同时,转变当前"轻技术创新提升应急管理能力、重资源整合与应用提升应急管理能力"的传统应急管理观念和做法。重视、

采取并大力推广"重技术创新提升应急管理能力、兼顾资源整合与应用提升应急管理能力"的新型应急管理观念和做法，构建科学高效的应急管理技术创新体系，促推技术创新升级，提升综合应急管理能力，确保科学高效应对突发事件。

4.2　构建高效化应急管理技术创新系统

要由应急预警技术创新系统、应急决策响应技术创新系统、应急保障技术创新系统、善后恢复技术创新系统四大应急管理技术创新子系统组成一个完整的应急管理技术创新体系。通过应急预警技术创新系统、应急决策响应技术创新系统、应急保障技术创新系统、善后恢复技术创新系统的有效运行，实现应急管理技术创新，从而运用高端先进科学技术来支撑应急管理体系，增强应急管理能力，提升应急管理效率，有效地预防各种突发事件发生或减少各种突发事件造成的损失。

4.3　政府加大对应急管理技术创新体系建设的投入

政府要加大对应急管理技术创新体系建设、应急管理技术创新体系运行管理、应急管理人才素质提升培训、保障应急管理技术创新体系运行的配套设施的投入力度，同时，要充分引导社会与公众的各种资源进入应急管理领域，加大对应急管理技术创新体系建设的投入，形成以政府投入为主、社会捐助和公众捐赠为辅的应急管理技术创新体系建设资源投入模式，确保我国应急管理技术创新体系建设有充足的社会资源。

4.4　加强"重技术创新提升应急管理能力、兼顾资源整合与应用提升应急管理能力"的新型应急管理观念做法的政策化和法制化

政府要将重技术创新提升应急管理能力、兼顾资源整合与应用提升应急管理能力"的新型应急管理观念与做法在相关应急管理法律法规中体现出来，不断建立健全充分体现重技术创新提升应急管理能力思想的法律体系，以法律的形式确定"重技术创新提升应急管理能力，兼顾资源整合与应用提升应急管理能力"的新型应急管理做法，促使此新做法科学化、规范化、法制化，为政府构建高效化应急管理技术创新系统，促推应急管理能力提升提供完善的法律法规保障，促进高效化应急管理技术创新系统，加快建设与高效运用。

5　结束语

当前，我国已经进入突发公共事件频发时期，突发公共事件发生日益频繁化和复杂化，而且这种高频发生也已呈现出常态化趋势，对突发公共事件应急管理

提出了新的要求。[9] 为此，在这样的一个敏感时期，政府只有采取"重技术创新提升应急管理能力、兼顾资源整合与应用提升应急管理能力"的应急管理做法来应对突发公共事件，构建高效化的应急管理技术创新体系，并通过应急管理技术创新体系的高效运行，促推应急预警技术、应急决策响应技术、应急保障技术、善后恢复技术创新升级，才能以最小的社会成本，获得应急管理的巨大成效，不断地提升我国政府应急管理水平和能力。

参考文献

[1] 宋英华. 突发公共事件应急管理导论 [M]. 北京：中国经济出版社，2009.

[2] 宋英华. 应急管理技术创新体系构建研究 [J]. 科学学与科学技术管理，2009（4）：87-90.

[3] 宋英华，等. 湖北省应急管理科技支撑体系建设研究报告 [R]. 武汉：湖北人民出版社，2008.

[4] 钟书华. 国家应急科技支撑体系框架构想 [J]. 中国科技论坛，2004（5）：32-35.

[5] 黄明解，等. 湖北省突发公共事件应急科技支撑体系建设研究 [J]. 科技创业，2008（1）：12-15.

[6] 宋英华，王容天. 基于危机周期的我国突发事件应急管理机制研究 [J]. 华中农业大学学报（社会科学版），2010（4）：104-107.

[7] 宋英华，等. "十一五"期间湖北省突发公共事件应急体系建设规划研究报告 [R]. 湖北省人民政府，2006-2007.

[8] 袁明鹏、庄越，等. 新编技术经济学 [M]. 北京：清华大学出版社，2007.

[9] 中国行政管理学会课题组. 政府应急管理机制研究 [J]. 中国行政管理，2005（1）：18-20.

基于危机周期理论的应急管理技术创新体系

黄宏纯

武汉理工大学管理学院　湖北　武汉　430070

[摘要] 本文运用危机周期理论,阐明了应急管理技术创新体系的内涵及构成要素,并在分析了目前我国突发事件应急管理技术创新体系建设现状的基础上,提出了构建基于危机周期理论的应急管理技术创新体系的建议,以期为政府加强应急管理技术创新体系建设、增强应急管理能力提供借鉴。

[关键词] 危机周期理论；应急管理；技术创新体系；建设；研究

中图分类号：C931.2　　　文献标识码：A

近年来,随着突发事件频频发生,世界各主要国家日益重视应用高端技术支撑应急管理,提升应急管理能力和效率,有效地预防各种突发事件发生或减少各种突发事件造成的损失。国内外众多应急管理专家、学者敏锐地把握应急管理对先进应急管理技术的需求,将技术创新理论应用于应急管理领域,深入开展应急管理技术创新研究,产生了许多研究成果。美国、德国、日本等主要发达国家多年来一直深化应急管理科技支撑体系和应急管理技术创新体系研究,加强了突发事件预警与防范系统、应急管理信息系统、应急管理辅助决策系统建设,以技术创新体系促推应急管理技术升级,提升应急管理能力。[1]而在国内,有关应急管理技术创新研究成果也较多,如湖北省危机与灾害应急管理研究中心应急管理专家宋英华博士在《应急管理技术创新体系构建研究》中提出了应急管理技术创新体系的内涵及构建体系。[2]另外,其在《湖北省应急管理科技支撑体系建设研究》中提出了应急管理科技支撑体系的构建；[3]钟书华在《国家应急科技支撑体系框架构想》中提出了应急科技支撑体系的要素构成、运行机制,并提出了完善与构建应急科技支撑体系的建议；[4]黄明解在《湖北省突发公共事件应急科技支撑体系建设研究》中提出了湖北省突发公共事件应急科技支撑体系建设的目标、主要

本文已发表于《武汉理工大学学报》2012年第6期。

任务及政策保障措施。[5] 国内外高度重视对应急管理技术创新体系的研究及推广应用，不断丰富并深化在应急管理技术创新领域的研究。

虽然近年来国内外已越来越重视对应急管理技术创新体系的研究及推广应用，但当前国内外应急技术与管理的研究已远远滞后于应急管理实际发展的需要，应急管理已对应急管理技术创新促推应急管理技术升级提出了新的要求。为此，本文运用危机周期理论，探讨构建基于危机周期理论的应急管理技术创新体系，促推应急管理技术升级，以期进一步提升应急管理能力，确保高效应对突发事件。

1. 危机周期理论概述

危机周期理论由美国危机管理学家斯蒂文·芬克（Steven Fink）根据其对危机生命周期的划分方式而提出[6]。他认为公共危机从其生成到消亡，形成了一个生命周期。其一般经历四个发展阶段（图1），即潜伏期、爆发期、持续期、解决期。

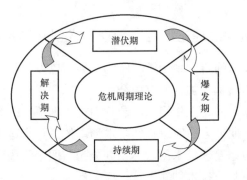

图1　危机周期理论四个发展阶段示意

——危机潜伏期。危机潜伏期是导致危机发生的各种诱因逐渐积累的过程。在这个阶段，公共危机已表现出一些征兆，预示着危机即将来临。危机的征兆有较为明显的，也有不是很明显的。在公共危机爆发前，如能及时发现公共危机的征兆，并提前采取措施将危机遏制在萌芽状态，则可避免可能造成的危害性。

——危机爆发期。危机爆发期是公共危机造成损害的时期。在公共危机爆发之后，如果能立即处理，就可以将危机的影响控制在组织可以掌握的范围之内；如果不立即处理或处理不当，危机将可能进一步升级，影响范围和强度有可能进一步扩大。

——危机持续期。在这一时期，要科学调配人力、物力、财力等应急保障资源，进行危机救援处置，控制危机危害范围与程度和实施危机沟通，降低公共危机连带影响或防止次公共危机发生。

——危机解决期。危机解决期是公共危机的最后阶段，此时应该进行积极的自我分析和检讨，疗伤治疼，从而使组织回到正常运作状态；通过分析公共危机发生诱因，寻找公共危机发生的本质，提出针对性的改进措施，防止公共危机可能引起的各种后遗症和卷土重来。

全面了解和掌握危机周期理论四个阶段的具体情况及其对应急管理能力的需求，对于构建与四个阶段对应的应急预警技术创新系统、应急决策响应技术创新系统、应急保障技术创新系统、善后恢复技术创新系统，促推应急预警技术、应急决策响应技术、应急保障技术、善后恢复技术四大应急管理技术创新升级，有所侧重地加强应急管理系统中的应急预警能力、应急决策响应能力、应急保障能力、善后恢复能力极为重要。

2. 基于危机周期理论的应急管理技术创新体系内涵、参与要素及构成要素

2.1 基于危机周期理论的应急管理技术创新体系内涵

——应急管理技术创新体系是以政府为主导，以参与技术发展和扩散的企业为主体，大学和科研机构参加，并有中介服务组织广泛介入的一个创造、储备和转让知识、技能与新产品相互作用的应急管理技术创新网络系统。

——基于危机周期理论的应急管理技术创新体系是指运用危机周期理论的四个阶段分析法，将应急管理技术创新体系划分为与四个阶段对应的应急预警技术创新系统、应急决策响应技术创新系统、应急保障技术创新系统、善后恢复技术创新系统四大应急管理技术创新子系统，通过四大应急管理技术创新子系统的相互作用及有机运行，来加强不同阶段的预警、响应、保障、善后恢复能力，提升应急管理效率，有效地预防各种突发事件发生或减少各种突发事件造成的损失。

2.2 基于危机周期理论的应急管理技术创新体系的参与要素

基于危机周期理论的应急管理技术创新体系的参与要素有：创新活动的行为主体——企业，创新政策制定者和良好创新的市场环境营造者——政府，创新活动重要参与组织——大学和科研机构。基于危机周期理论的应急管理技术创新体系是由这些相互联系、相互依赖、相互制约、相互作用的要素或过程组成的具有整体功能和综合行为的统一体。

——企业。企业是应急管理技术创新活动主体，包括产业主导企业、供应商企业、需求方企业以及与主导企业互补的或相关的企业。企业作为应急管理技术

创新的主体,具有对创新进行投入、实施应急管理研究开发并将应急管理创新技术商业化的功能。

——政府。政府一般间接地参与应急管理技术创新活动。它一方面通过改善交通、通信等基础设施来营造创新的硬环境;另一方面,政府作为市场环境、政策环境、信息环境等软环境的建设者,影响或引导应急管理技术创新的直接参与者(企业、大学和研究机构等)进行创新活动。但是,在产业共性技术研发方面,需要政府组织实施或引导研发机构及骨干企业协同攻关。

——大学和科研机构。在较发达的创新区域,大学和科研机构的职能逐渐从单纯的侧重于生产知识和传播知识、研究开发新技术转向同时重视技术成果转让、衍生企业、企业咨询和培训等,从而影响本地产业集群的结构、竞争和企业战略。

2.3 基于危机周期理论的应急管理技术创新体系的构成要素

通过上述基于危机周期理论的应急管理技术创新体系内涵分析,本文认为基于危机周期理论的应急管理技术创新体系是由应急预警技术创新系统、应急决策响应技术创新系统、应急保障技术创新系统、善后恢复技术创新系统四大应急管理技术创新子系统所组成的一个完整的应急管理技术创新体系(图2)。

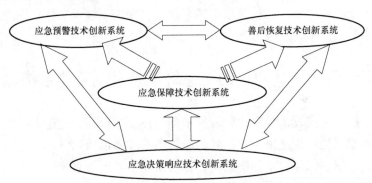

图 2　基于危机周期理论的应急管理技术创新体系要素构成

其中,应急预警技术创新系统是推进应急预警技术创新升级,增强应急管理预警能力,提升应急管理预警效率的网络系统;应急决策响应技术创新系统是实现应急决策响应技术创新升级、增强应急管理应急决策响应能力的网络系统;应急保障技术创新系统是实现应急保障技术创新升级,为应急管理科学决策、高效处置、迅速救援等一系列应急决策与处置活动进行科技支撑的网络系统;善后恢复技术创新系统是实现善后恢复技术创新升级,为科学高效实施事后恢复一系列活动提供科技保障的网络系统。通过应急预警技术创新系统、应急决策响应技术创新系统、应急保障技术创新系统、善后恢复技术创新系统的有效运行,实现应急管理技术创新,从而运用高端先进科学技术来支撑应急管理体系,增强应急管理能力，提升应急管理效率，将有效地预防各种突发事件发生或减少各种突发事件造成的损失。

3. 我国突发事件应急管理技术创新体系建设现状

近年来，我国各级政府高度重视应急管理体系建设，加强应急管理技术创新体系建设，为高效化应急管理提供高端科技支撑，取得了一定成果。在"一案三制"的保障下，应急管理技术创新体系基本形成，应急预警技术创新系统、应急决策响应技术创新系统、应急保障技术创新系统、善后恢复技术创新系统基本建成，不断实现应急管理技术创新，有效地支撑应急管理体系，提升应急管理能力，一定程度上有效地预防了各种突发事件发生或减少了各种突发事件造成的损失。

虽然，我们在应急管理技术创新体系建设中取得了较大的进步，但是仍然存在一些问题[8]。应急预警技术创新系统不完善，造成应急预警技术创新水平不高，导致应急预防科技体系技术落后；应急决策响应技术创新系统不科学，应急决策响应技术创新升级缓慢，未能高效支撑应急决策响应活动；应急保障技术创新系统和善后恢复技术创新系统不完善，应急保障技术和善后恢复技术创新能力不高，造成事后恢复科技体系的科技含量不高，缺乏高端恢复技术支持和先进的善后设备支撑，事后恢复能力不强。[9]

4. 基于危机周期理论的应急管理技术创新体系构建与完善

针对当前我国突发事件应急管理技术创新体系建设存在的诸多问题，我们要应用危机周期理论，构建由科学高效的应急预警技术创新系统、应急决策响应技术创新系统、应急保障技术创新系统、善后恢复技术创新系统组成的四位一体的应急管理技术创新体系（图3），促推应急管理技术创新升级，运用高端先进应急管理技术来支撑应急管理体系，不断提高应急管理整体能力。

4.1 建立与完善科学高效的应急预警技术创新系统

要构建由应急预警技术创新服务子系统、应急预警技术创新平台、应急预警技术创新保障子系统、应急预警技术标准体系所构成的科学高效的应急预警技术创新系统。要充分发挥企业作为创新主体的作用，加强企业与大学、科研机构的产学研合作；要在政府营造良好创新环境的条件下，企业与大学、科研机构充分利用相关优惠政策，有效地运行应急预警技术创新系统，实现预警监测技术、预警监测分析技术、预警报告及披露技术等相关应急预警技术创新升级，提高应急预警技术水平，从而增强整体应急预警能力。

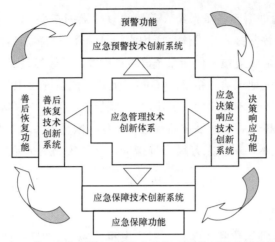

图 3　基于危机周期理论的应急管理技术创新体系结构

4.2　建立与完善科学高效的应急决策响应技术创新系统

要明确作为应急决策响应技术创新系统的参与要素——政府、企业、大学和科研机构三者的角色与作用及它们之间的互动联系,在政府创造有利于实现应急决策响应技术创新的相关优惠政策保障下,加强企业与大学、科研机构的产学研合作,进一步发挥企业作为创新主体的作用,构建由应急决策响应技术创新服务子系统、应急决策响应技术创新平台、应急决策响应技术创新保障子系统、应急决策响应技术标准体系所构成的科学高效应急决策响应技术创新系统,通过应急决策响应技术创新系统的高效运行,促推相关应急决策响应技术创新升级,从而运用高端先进应急决策响应技术来支撑应急决策响应体系,实现应急决策响应能力高效化。

4.3　建立与完善科学高效的应急保障技术创新系统

要调动社会力量的积极性,发挥社会力量的作用,充分调动人力、物力、财力等各种应急保障资源,构建由应急保障技术创新服务子系统、应急保障技术创新平台、应急保障技术创新保障子系统、应急保障技术标准体系所构成的科学合理的应急保障技术创新系统。通过促推应急保障技术创新升级,为由人力保障能力子系统、物力保障能力子系统、财力保障能力子系统、社会动员保障能力子系统构成的应急保障能力系统提供先进应急保障技术支撑,从而不断增强整体应急保障能力;为实施高效的应急预警、应急决策响应、善后恢复等功能,减少公共危机带来的各种损失提供坚实保障。

4.4　建立与完善科学高效的善后恢复技术创新系统

要充分发挥全社会、政府、企业、大学与科研机构等方面力量的积极性,构建由善后恢复技术创新服务子系统、善后恢复技术创新平台、善后恢复技术创新保障子系统、善后恢复技术标准体系所构成的科学合理的善后恢复技术创新系统。通过高效地运行善后恢复技术创新系统，带动相关善后恢复技术创新升级，从而能够运用先进的 GIS（地理信息系统）、GPS（全球定位系统）、RS（遥感遥测系统）等技术对灾后损失开展图像化绘制工作，为决策层提供第一手真实灾后损失的图像；能够运用先进的机械设备，开展灾后救援、处理、恢复等各项工作；能够运用先进的公共医学卫生技术，对个人开展心理援助，弥补灾害对人造成的心理创伤。

5. 结束语

公共灾害日益频繁化和复杂化，对突发事件应急管理高效化、高科技化提出了新的要求。构建基于危机周期理论的应急管理技术创新体系，并通过应急管理技术创新体系的高效运行，促推应急预警技术、应急决策响应技术、应急保障技术、善后恢复技术创新升级，从而以先进高端应急管理技术支撑应急管理体系，带动应急预警能力、应急决策响应能力、应急保障能力、善后恢复能力的提升，有效地应对危机潜伏期、危机爆发期、危机持续期和危机解决期四个阶段的灾害形态，减少公共危机造成的各种社会损失已经成为各级政府的当务之急。

参考文献

［1］宋英华. 突发公共事件应急管理导论［M］. 北京：中国经济出版社，2009.

［2］宋英华. 应急管理技术创新体系构建研究［J］. 科学学与科学技术管理，2009（4）：87－90.

［3］宋英华，等. 湖北省应急管理科技支撑体系建设研究报告［R］. 武汉：湖北人民出版社，2008.

［4］钟书华. 国家应急科技支撑体系框架构想［J］. 中国科技论坛，2004（5）：32－35.

［5］黄明解，等. 湖北省突发公共事件应急科技支撑体系建设研究［J］. 科技创业，2008（1）：12－15.

［6］庄越. 安全事故应急管理［M］. 北京：中国经济出版社，2009.

［7］郁培丽. 产业集群技术知识创新系统演化阶段与路径分析［J］. 管理学报，2007（7）：483－487.

［8］宋英华，王容天. 基于危机周期的我国突发事件应急管理机制研究［J］. 华中农业大学学报（社会科学版），2010（4）：104－107.

［9］宋英华，等. "十一五"期间湖北省突发事件应急体系建设规划［R］. 武汉：湖北人民出版社，2006.

应急管理战略研究

——应急管理全新研究领域

黄宏纯

武汉理工大学管理学院　湖北　武汉　430070
湖北省危机与灾害应急管理研究中心　湖北　武汉　430070

[摘要] 本文分析了应急管理战略提出的现实背景，界定了应急管理战略的基本理论含义及基本框架，并指出了应急管理战略研究启开应急管理全新研究领域，展望了应急管理战略的发展前景，认为以后应急管理战略将向启蒙应急管理战略—全面应急管理战略—应急管理核心能力战略—国际协同合作应急管理战略—动态应急管理战略方向发展演化，以期为进一步深化应急管理战略研究提供方向借鉴。

[关键词] 应急管理；战略；研究；领域

1. 应急管理战略的提出

进入 21 世纪以来，随着经济全球化和国际合作不断深入，国家之间的经贸往来和相互联系更加紧密，突发事件的国际性因素更显突出。2001 年的"9·11"事件、2003 年的"SARS 风暴"、2004 年年底的印度洋海啸、2005 年的美国新奥尔良飓风的应急管理中明显暴露出了依据传统应急管理理论而构建应急管理体系已经不能适应应对国际化突发事件的需要，为此，有必要也必须创新应急管理理论，构建全新的应急管理体系，为以后高效地应对更大、更广的国际化突发事件提供理论基础。

为了科学把握新形势下国际化突发事件演化需要，2006 年 7 月，湖北省危机与灾害应急管理研究中心应急管理学术团队，广泛地吸收了国内外对应急管理新的理解与研究，并在借鉴国际经验和国内外研究成果的基础上，基于进一步提高我国政府保障公共安全和处置突发事件的能力、加快政府职能转变的步伐、促进

本文已于 2013 年 1 月发表于《2013 年心理学、管理与社会科学国际学术研讨会》。

经济社会可持续发展的目的，首次提出在我国对突发事件进行"全面应急管理（Total Emergency Management, TEM）"。[1]

2008年5月的汶川地震、2010年的舟曲地震暴露出了目前我国应急管理的许多问题；2011年3月11日日本东北部发生9.0级强地震也同样暴露出了应急管理体系较完善、应急管理能力较强的日本在应急管理体系建设方面存在明显的缺陷。[2]为此，湖北省危机与灾害应急管理研究中心应急管理学术团队首席专家宋英华博士在深化突发事件全面应急管理理论基础上，敏锐地洞察了突发事件国际化、复杂化的发展态势、影响程度及演化成因，首次将战略思想应用到突发事件应急管理中，提出了应急管理战略理论，急切希望在我国开展国家应急管理战略工程建设，超前谋划我国应急管理体系建设规划，增强国家应急管理综合能力，确保国家经济社会稳定发展和科学保障广大民众人身和财产安全。据此，本文拟在前人对应急管理战略相关研究基础上，进一步深化对应急管理的战略研究，丰富与发展应急管理理论。

2. 应急管理战略的基本理论含义及基本框架

2.1 应急管理战略的基本理论含义

关于应急管理战略，本文认为应急管理战略指的是政府基于战略的角度研究应急管理，根据国家的应急管理理念、应急管理原则和应急管理发展构想，在科学分析研判国内外应急管理综合发展环境的基础上，选择最适合的国家应急管理建设与发展模式，科学规划国家应急管理的总体发展方向、长期目标、发展重点及优化应急管理资源配置，合理配置国家应急管理所必需的各项资源，充分协调发挥各级各部门的应急管理能力，进一步增强应急管理综合能力，科学应对新形势下复杂多变的国际化突发事件，减少给国家与社会带来的各种损失的一系列规划活动。

关于应急管理战略理论，本文认为应急管理战略理论是研究国家应急管理战略的一般模式、结构和规律，囊括战略分析、战略制定、战略实施、战略评价和调整的全过程，是具有逻辑和数学性质的科学。

2.2 应急管理战略的基本框架

应急管理战略，主要是指应急管理战略制定和战略实施的过程。一般说来，应急管理战略包含四个关键因素[3]：

应急管理战略分析——了解组织所处的环境和相对竞争地位；

应急管理战略选择——战略制定、评价和选择；

应急管理战略实施——采取措施发挥战略作用；

应急管理战略评价和调整——检验战略的有效性。

应急管理战略基本框架如图 1 所示。

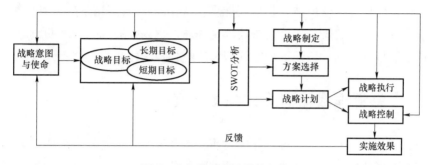

图 1　应急管理战略基本框架

——应急管理战略分析阶段的主要目的是评价影响某个国家或地区目前和今后应急管理建设发展的关键因素，并确定在战略选择步骤中的具体影响因素；应急管理战略分析阶段明确了"某个国家或地区应急管理建设发展目前的状况"。

——应急管理战略选择阶段所要回答的问题是"某个国家或地区应急管理建设发展走向何处"。

——应急管理战略实施就是将战略转化为行动。

——应急管理战略评价就是通过评价某个国家或地区应急管理建设发展的规划效果，审视应急管理战略的科学性和有效性。

3. 应急管理战略研究启开应急管理全新研究领域

到目前为止，可以说国内外关于战略管理在应急管理中应用方面的研究还是一片空白，国内外的众多应急管理专家学者对应急管理的研究定位仅仅限于技术层面，并居于技术层面对应急管理体系、机制、体制及决策系统、信息管理系统、保障系统、资源调配系统进行深化研究，但未上升到国家战略对应急管理进行全新研究，未对应急管理建设发展从战略的角度进行长远性、全局性的谋划、绘制，可以说从未在思想上认识到应急管理战略规划的重要性。

在新形势下，突发事件在国内外各种综合因素的交合影响下，突显国际化和复杂化，仅仅基于目前的技术应用层面研究应急管理已经不适应于应对国际化突发事件的需要，所以需要从一个更高的层面、更广的局面来研究应急管理，谋划应急管理长远性建设。[4]目前，国内外有少部分应急管理专家已经大略把握到了应急管理研究转变的需求，体会到了战略管理在应急管理中的应用价值，并初步形成了大略的应急管理战略思维，启开了应急管理重大理论创新的序幕。湖北省危机与灾害应急管理研究中心应急管理学术团队继 2006 年提出突发事件"全面应急管理"理论,丰富发展应急管理理论之后,在科学把握国内外突发事件应急管理发展新趋势的基础上,又创造性地提出了突发事件应急管理战略理论,首次明确将战略管理与应急管理结合起来进行研究,将战略管理运用于应急管理领域中,实现了突发事件应急管理理论的重大理论创新,也为今后战略管理和应急管理的研究指出了战略方向,拓展了战略管理和应急管理深化研究的全新领域。

4. 应急管理战略研究的发展展望

随着社会的不断发展,国际化突发事件频频发生,应急管理战略理论作为适应于应对新形势复杂化突发事件的需要的一种新兴的应急管理理论,将实现由人们不了解、不重视到受广泛重视并广泛运用于实践的飞跃式发展;应急管理战略理论的发展必将与一般学科理论的发展一样,都是按萌芽阶段—成长阶段—成熟阶段—创新发展阶段(衰退阶段)顺序发展的。在不久的将来,世界各国众多应急管理专家必将广泛地对应急管理战略进行深化研究,产生许多研究成果;世界各国政府必将应急管理战略理论运用于指导本国的应急管理建设规划,对应急管理建设的总体方向和总体目标进行纲领性的规划和设计,对应急管理建设长远性、全局性发展做出一种谋划,决定相当长的一段时间内应急管理建设的总体目标、总体思路和建设重点。总而言之,在不久的将来,应急管理战略理论必将为世人所了解、所接受,并且产生强大的理论指导价值和实际应用价值。

本文通过对战略管理运用于应急管理领域范围和深度的研究发现,以后应急管理战略将向启蒙应急管理战略—全面应急管理战略—应急管理核心能力战略—国际协同合作应急管理战略—动态应急管理战略方向发展演化。

——启蒙应急管理战略

到目前为止,国内外均未有关于应急管理战略的研究成果发表,但这并不代表国内外应急管理领域的专家、学者没在深化与发展应急管理理论,将战略管理理论与应急管理结合起来,只是由于各种原因的影响,如政府对应急管理重视程度不够、对应急管理的指导思想存在偏差、对应急管理研究的资金投入不多等,未能将战略管理理论与应急管理有机结合起来,从宏观层面谋划应急管理发展与建设。目前,国内外许多应急管理领域的专家、学者在众多的研究成果中,已经有了初步用战略思维研究的应急管理的启蒙思想!Fink 的应急管理四阶段划分理论、Mitroff 的应急管理五阶段划分理论、薛澜等学者的《危机管理:转型期中国面临的挑战》一书已经从不同程度映射了战略管理在应急管理战略中的运用,但只是零星的技术性运用,我们可以说这个阶段为启蒙应急管理战略阶段。

——全面应急管理战略

至今,真正将战略管理理论运用于应急管理领域,并形成全面的应急管理战略理论的要属湖北省危机与灾害应急管理研究中心应急管理学术团队。

2006年7月,湖北省危机与灾害应急管理研究中心应急管理学术团队首次提出突发事件"全面应急管理理论"。2010年12月,湖北省危机与灾害应急管理研究中心应急管理学术团队在借鉴国内外有关应急管理理论研究成果的基础上,对全面应急管理理论做了进一步深化研究,首次提出了战略管理理论运用于应急管理领域,形成了全面应急管理战略理论,丰富与发展了全面应急管理理论,为以后国内外政府加强应急管理建设与发展提供了理论指导,使应急管理研究进入战略研究发展阶段。

本文认为全面应急管理战略是指为了科学应对新形势下复杂多变的国际化突发事件的需要,政府科学规划全面应急管理的总体发展方向、长期目标、发展重点及优化应急管理资源配置,并在全面应急管理总体发展规划的指导下,规划确定了全过程管理战略、全系统管理战略、全方位管理战略、全面应急响应战略、全手段管理战略、全社会管理战略("六全"管理战略)的一系列规划活动。全面应急管理战略的要素构成如图2所示。

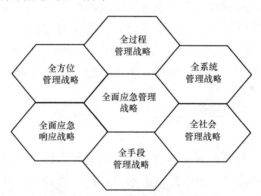

图2 全面应急管理战略的要素构成

——应急管理核心能力战略

湖北省危机与灾害应急管理研究中心应急管理学术团队在提出全面应急管理战略理论之后,敏锐洞察了国内外应急管理研究发展趋势,在全面应急管理战略基础上提出了应急管理核心能力战略。本文认为应急管理核心能力战略是指基于全面应急管理理论,政府科学规划确定了基于全过程管理的应急管理核心能力战略、基于全系统管理的应急管理核心能力战略、基于全方位管理的应急管理核心能力战略、基于全面应急响应的应急管理核心能力战略、基于全手段管理的应急管理核心能力战略、基于全社会管理的应急管理核心能力战略(基于"六全"管理的应急管理核心能力战略）的一系列规划活动。

——国际协同合作应急管理战略

本文认为，国际协同合作应急管理战略是指基于全面应急管理理论，国际上两个或两个以上的国家为了协同合作，共同应对国际化、复杂化突发事件的需要，科学规划确定应急管理国际协同合作战略发展与建设的共同的长期目标、发展方向和建设重点任务，并在协同合作应急管理总体发展规划的指导下，规划确定了基于全过程管理的国际协同合作应急管理战略、基于全系统管理的国际协同合作应急管理战略、基于全方位管理的国际协同合作应急管理战略、基于全面应急响应的国际协同合作应急管理战略、基于全手段管理的国际协同合作应急管理战略、基于全社会管理的国际协同合作应急管理战略（基于"六全"管理的国际协同合作应急管理战略），并采取联合行动应对突发事件，减少突发事件给事发国带来的损失和不良的国际影响的一系列规划活动。

——动态应急管理战略

本文认为，动态应急管理战略就是指基于全面应急管理理论，为了应对复杂多样、动态变化的突发事件需要，政府根据应急管理的内外部环境变化动态调整应急管理策略，科学规划确定了基于全过程管理的动态应急管理战略、基于全系统管理的动态应急管理战略、基于全方位管理的动态应急管理战略、基于全面应急响应的动态应急管理战略、基于全手段管理的动态应急管理战略、基于全社会管理的动态应急管理战略（基于"六全"管理的动态应急管理战略），并加以实施，从而有效预防或减少了突发事件给全社会带来的各种损失的一系列规划活动。

5. 结束语

突发事件发生的日益频繁化和复杂化，对突发事件应急管理理论创新与建设实践提出了新的要求[5]。今后用战略思维来审视应急管理研究，拓展应急管理深化研究的全新领域，将应急管理研究上升到国家战略层面谋划无疑对保障国家经济社会安全稳定和可持续发展具有深远而重大的战略意义。

参考文献

[1] 宋英华. 突发公共事件应急管理导论 [M]. 北京：中国经济出版社，2009:8－9.

[2] 庄越. 安全事故应急管理 [M]. 北京：中国经济出版社，2009：21－22.

[3] 陈继祥. 战略管理 [M]. 上海：上海人民出版社，2008：25－26.

[4] 黄宏纯（黄玖）. 突发公共事件管理中政府与新闻媒体互动关系研究 [J]. 当代经济，2006（10）：36－38.

[5] 宋英华. 突发公共事件的政府应急管理制度完善 [J]. 城市管理，2008（5）：8－12.

基于应急管理过程论的应急管理科技支撑体系建设研究

黄宏纯

广西财经学院　广西　南宁　530030

武汉理工大学管理学院　湖北　武汉　430070

[摘要] 本文运用应急管理过程论原理，阐明了应急管理科技支撑体系的内涵及构成要素，分析了突发事件应急管理对高端科技支撑体系的需求情况，并在分析目前我国突发事件应急管理科技支撑体系建设现状及存在问题的基础上，提出了构建与完善基于应急管理过程论的应急管理科技支撑体系的建议，以期为政府加强应急管理科技支撑体系建设，增强应急管理能力，提升应急管理效率提供借鉴。

[关键词] 应急管理过程论；应急管理；科技支撑体系；建设；研究

中图分类号：C931.2　　文献标识码：A

近年来，随着突发事件的发生日益复杂化和频繁化，世界各主要国家不断加强对应急管理高端科技支撑体系的研究，并将研究成果应用于应急管理实践，提升应急管理能力。美国多年来一直深化应急管理科技支撑体系研究，加强了突发事件预警与防范系统、应急管理信息系统、应急管理辅助决策系统建设，还在应急法制建设、应急资源保障、应急教育和培训等方面走在世界的前列，保障了全球领先的应急管理能力。[1]德国、日本等主要发达国家也加强应急管理科技支撑体系研究，建立了较完善的紧急事态专业处置机构、应急管理信息系统、应急平台体系，不断提升应急管理能力。[2]

在国内，湖北省危机与灾害应急管理研究中心、武汉大学防灾减灾研究中心、华中科技大学公共安全预警研究中心等研究机构一直致力于应急管理科技支撑体系研究，在应急管理科技支撑方面取得了较大的成绩。湖北省危机与灾害应急管理研究中心应急管理专家宋英华博士的《应急管理技术创新体系构建研究》[3]、《湖北省应急管理科技支撑体系建设研究》[4]等相关应急管理科技支撑体系研究成

本文已发表于《当代经济》2015 年 3 月中旬刊。

果，丰富并深化了应急管理科技支撑领域的研究。

虽然近年来国内已越来越重视高端技术在应急管理中的应用，但是，从总体上讲，我国政府应急管理的技术含量不高，缺乏先进高端的应急管理技术体系支撑，应急管理整体能力不强，效率不高[5]，目前国内外的应急技术与管理的研究已远远滞后于应急管理实际发展的需要，应急管理已对高端科技支撑体系提出了新的要求。为此，本文从应急管理过程论的角度来研究应急管理科技支撑体系建设，以期进一步构建与完善应急管理科技支撑体系，提高应急管理整体能力。

1. 基于应急管理过程论的应急管理科技支撑体系概述

1.1 应急管理过程论概述

应急管理过程论是关于在应急管理过程中为了应对突发事件而实施的应急预防、应急预警、应急决策与处置、事后恢复全过程行为的应急管理理论，应急管理全过程包括应急预防、应急预警、应急决策与处置、事后恢复四大活动。应急管理全过程如图1所示。

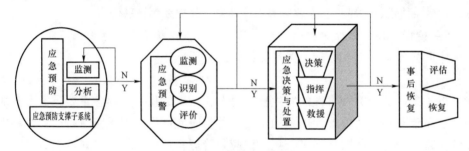

图 1　应急管理全过程示意

——应急预防是防止、控制和消除事故、自然灾害等各类突发公共事件对人类生命、财产的长期危害所采取的行动，目的是减少事故、灾害等各类突发公共事件的发生；

——应急预警是在事故、自然灾害等各类突发公共事件发生之前采取的行动，目的是提高应对事故、自然灾害等各类突发公共事件的能力及其应急响应的效果；

——应急决策与处置是在事故、自然灾害等各类突发公共事件即将发生或发生期间采取的行动，目的是最大限度地减少人员伤亡、降低财产损失和环境破坏的程度，并有利于灾后恢复工作；

——事后恢复是使生产、生活恢复到正常状态或进一步改善的行动，目的是尽快创造人们生产、生活的物品，减轻灾害的损失。

1.2 基于应急管理过程论的应急管理科技支撑体系内涵

——应急管理科技支撑体系指的是为了给政府应急管理体系提供坚实可靠的科技支撑，全面增强政府应急管理能力，有效应对各类突发事件而运用先进的应急管理技术手段，构建紧急事态预警与防范科技体系、信息监控科技体系、决策指挥科技体系、紧急事态专业处置科技体系和事后恢复支撑体系五大体系组成的应急管理科技支撑体系。

——基于应急管理过程论的应急管理科技支撑体系指的是运用应急管理过程论的基本思想方法，将应急管理科技支撑体系按照应急管理流程划分为应急预防科技体系、应急预警科技体系、应急决策与处置科技体系、事后恢复科技体系四大应急管理科技支撑子系统，通过四大应用管理科技支撑子系统的相互作用及有机运行，增强应急管理整体能力，提升应急管理效率，有效地预防各种突发事件发生或减少各种突发事件造成的损失。

1.3 基于应急管理过程论的应急管理科技支撑体系要素构成

通过上述基于应急管理过程论的应急管理科技支撑体系内涵分析，本文认为基于应急管理过程论的应急管理科技支撑体系是由应急预防科技体系、应急预警科技体系、应急决策与处置科技体系、事后恢复科技体系四大应急管理科技支撑子系统所组成的一个完整的应急管理科技支撑体系（图2）。

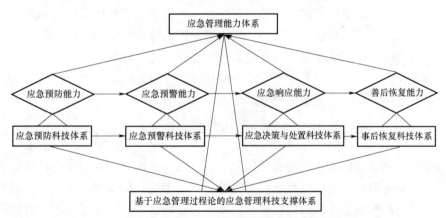

图 2　基于应急管理过程论的应急管理科技支撑体系要素关系

在应急管理科技支撑体系中，应急预防科技体系、应急预警科技体系、应急决策与处置科技体系、事后恢复科技体系依次贯穿应急管理流程始终。其中，应急预防科技体系是有效支撑并增强应急管理预防能力、提升应急管理预防效率的科技基础，并为应急预警科技体系的正常运行提供预防科技支撑；应急预警科技体系是实现应急管理预警能力高效实施的科技支撑，并为应急决策与处置科技体系的正常运行提供预警科技支撑；应急决策与处置科技体系是实现应急管理科学决策、高效处置、迅速救援等一系列应急决策与处置活动的科技支撑，并为事后恢复科技体系的正常运行提供决策与处置的科技支撑；事后恢复科技体系是科学高效实施事后恢复一系列活动的科技保障。通过应急预防科技体系、应急预警科技体系、应急决策与处置科技体系、事后恢复科技体系的有效运行，实现高端先进科学技术支撑应急管理体系，增加应急管理能力，提升应急管理效率，有效地预防各种突发事件发生或减少各种突发事件造成的损失。

2. 突发事件应急管理对高端科技支撑体系的需求分析

2.1 突发事件的日益复杂性和国际化增加了对高端科技支撑体系的需求

近几年来，随着经济社会全球化进程不断加快，促使突发事件发生的诱导因素有了国际化关联性，造成了突发事件发生的日益复杂，并带有国际化因素，对整个突发事件应急管理体系建设和应急管理能力提升提出了更高要求，从而要求不断地加强高端科技支撑体系建设来支撑应急管理体系建设，不断增强应急管理能力，以有效应对日益复杂性、国际化的突发事件的需要。

2.2 应急管理高效化增强了对高端科技支撑体系的需求

目前，面对复杂性和国际化的突发事件，加强应急管理体系建设和应急管理能力建设，不是重在加强应急管理中的"管理"职能建设，而是侧重在加强应急管理中的"应急"职能建设，就是说要不断提升应急管理高效化，以减少社会损失，维护社会稳定，这就要不断运用高端科技，建设高端科技支撑体系来增强应急管理高效化，实现对复杂化突发事件的高效应对。

2.3 应急管理科学性强化了对高端科技支撑体系的需求

目前，除了要求应急管理高效化外，还要求实现应急管理科学化，就是说应急管理活动中的每个活动过程要尽可能地实现科学化，尽量避免经验主义造成的应急管理资源的浪费，这就需要建设高端应急管理科技支撑体系支撑应急管理活动，在应急管理活动中不断运用高端应急管理先进技术，努力实现应急管理科学化，实现应急管理资源的优化配置。

3. 我国突发事件应急管理科技支撑体系建设现状

近年来，我国各级政府高度重视应急管理体系建设，加强应急管理科技支撑体系建设，取得了一定的成果。在"一案三制"的保障下，应急管理科技支撑体系基本形成，应急预防科技体系、应急预警科技体系、应急决策与处置科技体系、事后恢复科技体系基本建成，有效地支撑了应急管理体系，提升了应急管理能力，一定程度上有效地预防了各种突发事件发生或减少各种突发事件造成的损失。

虽然我们在应急管理科技支撑体系建设中取得了较大的进步，但是仍然存在一些问题。应急预防科技体系技术落后，没有完善的安全监测与控制体系，风险分析和风险评价技术系统不科学；应急预警科技体系不完善，高科技含量的综合性公用信息平台尚未建立，应急预警的信息报告与发布体系不科学，应急监测预警机制不完善；高端决策与处置技术支撑的应急决策与处置科技体系缺失，造成应急决策与处置能力系统低效化；事后恢复科技体系的科技含量不高，缺乏高端恢复技术支持和先进的善后设备支撑，事后恢复能力不强[6]。

4. 基于应急管理过程论的应急管理科技支撑体系构建与完善

针对当前我国突发事件应急管理科技支撑体系建设存在的诸多问题，我们要应用应急管理过程论，构建由科学高效的应急预防科技体系、应急预警科技体系、应急决策与处置科技体系、事后恢复科技体系组成的四位一体的应急管理科技支撑体系（图3）支撑应急管理体系，不断提高应急管理整体能力。

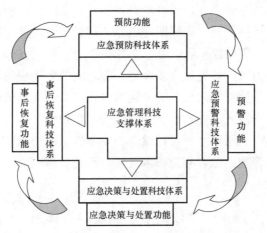

图3　基于应急管理过程论的应急管理科技支撑体系结构

4.1　建立与完善高效、综合的预防科技支撑体系

要依托科研院所，建立应急技术与管理综合研究基地和各类突发事件专业研究中心，加强预测分析模型、方法与预防技术的研究，并将技术研究成果运用于预防活动中，增强预防活动科技支撑程度；要建设应急管理培训基地，加强应急

管理专业人才队伍培训；要建设以应急信息平台、应急物资管理信息系统、公众与专用、保密与非保密相结合的应急通信保障网络体系，应急管理的数字化智能方法为主要内容的信息预防监控科技支撑体系；要运用风险管理理论，建设科学的风险分析和风险评价技术支撑系统。

4.2 建立与完善先进高效的应急预警科技体系

要建立自然灾害预警综合系统、重大事故灾难灾害隐患源监测预警体系、群体性事件和金融风险等社会安全事件信息监测预警系统，增加监测点密度和监测覆盖面，改进和提高监测预警与防范技术及手段的科技含量和水平，完成网络化的风险隐患自动识别与排查，构建综合预警系统，提高各类紧急事态预警防范和综合分析能力。要完善突发事件预警的信息报告与发布体系。建立健全情报信息汇总和研判机制，实现各级政府部门之间的预警信息共享，提高对预警的反应能力；建设完善广播、电视、报纸、网络等公众媒体的信息传播渠道，重点完善偏远高风险地区广播、电视、报警器、宣传车、手机短信等紧急事态预警与防范信息发布手段建设。要建立立体化的突发事件监测的组织体系，建立健全科学高效的监测预警机制。

4.3 建立与完善先进高效的应急决策与处置科技体系

要培养决策指挥专业人才，提升政府和各专业职能部门的决策指挥能力；要构建突发事件应急指挥平台，实现职守应急、信息集成、事态跟踪、指挥协调、专家研判和视频会商等功能；要以军、警、消防、医疗、民间救难组织等为主体，整合现有专业救助力量，研究建立复合型、多功能的专业应急救助队伍以及队伍组织运作体制、应急处置协同机制等，完善专业应急救助队伍装备体系，健全队伍人员的培训机制与模式，提升应急处置能力，以加快形成统一高效的应急救助队伍；要建立易管理、易扩展、可控性强、安全性强的应急管理专家队伍信息数据库；要加强应急管理的综合应急技术集成、系统平台研究与建设、应急能力评价体系建设。

4.4 建立与完善先进高效的事后恢复科技体系

要运用 GIS（地理信息系统）、GPS（全球定位系统）、RS（遥感遥测系统）等技术对灾后损失开展图像化绘制工作，为决策层提供第一手真实灾后损失的图像；要运用风险管理理论，建立科学高效的灾后评估技术系统，加强对灾后损失的评估，为灾后重建提供依据；要在科学的处理方法的指导下，运用先进的机械设备，开展灾后救援、处理、恢复等各项工作；要通过电视、广播、电台、报纸、网络等渠道，加强与大众社会权威媒体的良好合作关系，调动社会力量参与灾后重建工作的积极性；要运用先进的公共医学卫生技术，对个人开展心理援助，弥补灾害对人造成的心理创伤。

5. 结束语

当前，我国已经进入突发事件"突发期"，突发事件发生日益频繁化和复杂化，对突发事件应急管理提出了新的要求[7]。为此，加强基于应急管理过程论的应急管理科技支撑体系建设来支撑突发事件应急管理体系建设，运用先进高端应急管理技术开展应急管理工作，进一步增强应急管理能力，提升应急管理效率，有效地预防各种突发事件发生或减少各种突发事件造成的损失已经成为各级政府的当务之急。

参考文献

［1］宋英华. 突发公共事件应急管理导论［M］. 北京：中国经济出版社，2009.

［2］庄越. 安全事故应急管理［M］. 北京：中国经济出版社，2009.

［3］宋英华. 应急管理技术创新体系构建研究［J］. 科学学与科学技术管理，2009（4）：87－90.

［4］宋英华，等. 湖北省应急管理科技支撑体系建设研究报告［R］. 武汉：湖北人民出版社，2008.

［5］宋英华，等. "十一五"期间湖北省突发事件应急体系建设规划［R］. 武汉：湖北人民出版社，2006.

［6］宋英华，王容天. 基于危机周期的突发事件全面应急管理机制研究［J］. 华中农业大学学报（社会科学版），2010（4）：104－107.

［7］黄玖，徐捷，宋英华. 突发公共事件管理中政府与新闻媒体互动关系研究［J］. 当代经济，2006（20）：36－38.

快速城镇化背景下突发事件应急管理技术创新能力模糊灰色综合评价研究

黄宏纯

广西财经学院　广西　南宁　530030

[摘要] 随着城镇化的快速发展，突发事件数量呈上升趋势，为对增强突发事件的应急管理能力提供有益借鉴，推动城镇化发展，构建突发事件应急管理技术创新能力评价指标体系和评价模型，运用模糊灰色综合评价方法，对突发事件应急管理技术创新能力进行评价，得出突发事件应急管理创新能力模糊灰色综合评价值。评价结果表明，运用模糊灰色综合评价方法对突发事件应急管理创新能力进行评价具有科学性及可行性，可为加强突发事件应急管理创新能力建设提供参考依据。

[关键词] 应急管理技术创新能力；模糊灰色综合评价方法；指标体系；评价模型

中图分类号： D625　　　**文献标识码：** A

0　引言

当前，城镇化发展成为新一轮国家战略。在快速城镇化背景下突发事件的发生日益频繁化，影响范围更广，行为方式更激烈。例如，江西某镇出现群体性暴力事件、山东某村征地安置事件，此类事件已经成为影响社会稳定的突出问题。因此，加强突发事件应急管理技术创新系统建设，提升应急管理技术水平，提高对突发事件的应急管理创新能力具有重要意义。通过应急管理技术创新，提升应对诸如群体性暴力突发事件的创新能力，对于推进城镇化建设、确保社会和谐具有重大现实意义。

综合国内外相关应急管理能力综合评价和应急管理技术创新研究，目前还没有突发事件应急管理技术创新能力综合评价的系统研究。因此，本文在国内外既

本文已发表于《技术创新与管理》2015 年第 6 期。

有研究的基础上构建突发事件应急管理技术创新能力评价模型和评价指标体系，运用模糊灰色综合评价方法，对突发事件应急管理技术创新能力进行评价，以期为今后加强突发事件应急管理技术创新能力建设提供有益借鉴。

1 应急管理技术创新能力评价指标体系的构建

本文根据应对突发事件的管理流程划分应急管理技术创新能力包含的内容及其评价指标体系建立所遵循的客观科学性、全面性、可行性、可操作性的原则，经与国内许多应急管理方面的专家、学者进行广泛交流和研究后，通过科学分析，确定从应急预防与预警技术创新能力、应急响应技术创新能力、应急保障技术创新能力和善后恢复技术创新能力四个方面对突发事件应急管理战略综合能力进行分析，建立相应的评价指标体系，每项一级指标下有相应的二级指标，共包含 4 项一级指标和 16 项二级指标，具体内容如下。

应急预防与预警技术创新能力包括：应急预防技术创新能力、应急监测技术创新能力、风险诊断技术创新能力、应急预警技术创新能力等；应急响应技术创新能力包括：应急决策支持技术创新能力、应急指挥辅助技术创新能力、应急处置技术创新能力、应急协调技术创新能力等；应急保障技术创新能力包括：资源整合技术创新能力、信息保障技术创新能力、科技保障技术创新能力、动员保障技术创新能力等；善后恢复技术创新能力包括：损失评估技术创新能力、善后处理技术创新能力、善后社会保障技术创新能力、恢复重建技术创新能力等，如表 1 所示。

2 应急管理技术创新能力模糊灰色综合评价模型设计

本文的突发事件应急管理技术创新能力评价因素集如表 1 所示。设 W 表示目标层突发事件应急管理技术创新能力评价综合值。U 表示准则层一级评价指标 U_i 所组成的集合，记为 $U=\{U_1, \cdots, U_m\}$，分别代表应急预防与预警技术创新能力、应急响应技术创新能力、应急保障技术创新能力和善后恢复技术创新能力；U_i 表示指标层二级评价指标 U_{ij} 集合，记为 $U_i=\{U_{i1}, U_{i2}, \cdots, U_{ij}\}$，其中，$m=1，2，3，4$，表示 4 个主因素；$j$ 为第 i 类因素的第 j 个子因素，如表 1 所示。

2.1 确定评价指标 U_i 和 U_{ij} 的权重

在评价指标体系中，评价指标 U_i 和 U_{ij} 对目标 W 的重要程度是不同的，即有不同的权重。本文运用层次分析法（AHP）构造一个层次结构模型，将隶属于同一上层的各元素按"1～9"标度法进行两两比较，将判断定量化，建立判断矩阵，并利用矩阵特征值的求解方法确定一级评价指标 U_i 和二级评价指标 U_{ij} 的权重，具体计算结果如表 1 所示。

表 1　应急管理技术创新能力评价指标及各指标权重

	一级评价指标	权重 W	二级评价指标	权重 a_{ij}
应急管理技术创新能力评价指标体系	应急预防与预警技术创新能力 U_1	0.132 4	应急预防技术创新能力 U_{11}	0.233 8
			应急监测技术创新能力 U_{12}	0.233 8
			风险诊断技术创新能力 U_{13}	0.139 0
			应急预警技术创新能力 U_{14}	0.393 3
	应急响应技术创新能力 U_2	0.445 3	应急决策支持技术创新能力 U_{21}	0.249 0
			应急指挥辅助技术创新能力 U_{22}	0.249 0
			应急处置技术创新能力 U_{23}	0.389 6
			应急协调技术创新能力 U_{24}	0.112 5
	应急保障技术创新能力 U_3	0.157 5	资源整合技术创新能力 U_{31}	0.400 0
			信息保障技术创新能力 U_{32}	0.200 0
			科技保障技术创新能力 U_{33}	0.200 0
			动员保障技术创新能力 U_{34}	0.200 0
	善后恢复技术创新能力 U_4	0.264 8	损失评估技术创新能力 U_{41}	0.142 9
			善后处理技术创新能力 U_{42}	0.285 7
			善后社会保障技术创新能力 U_{43}	0.285 7
			恢复重建技术创新能力 U_{44}	0.285 7

2.2　确定评语集和样本矩阵

本文将突发事件应急管理技术创新能力评价等级划分为 4 级：优秀、良好、中等、差，并设评语集为 $V=\{V_1, V_2, V_3, V_4\}$，其中，V_1、V_2、V_3、V_4 分别表示的评语为优秀、良好、中等、差，对应的应急管理能力程度分别为高、较高、中等、低，并分别赋值 4 分、3 分、2 分、1 分，指标等级介于两相邻等级之间时，相应评分为 3.5 分、2.5 分、1.5 分。

邀请 8 位应急管理相关领域的专家、学者构成一个专家评价小组，根据评价等级对各单项指标进行打分，分数在 1～4 内取值，并填写专家评分表；接着，根据 8 位专家填写的评分表，求得评价样本矩阵 D 如下：

$$D = \begin{pmatrix} 2.5 & 3 & 2.5 & 2.5 & 3 & 3 & 2.5 & 2 \\ 2.5 & 2.5 & 2 & 3 & 2.5 & 2.5 & 3 & 2.5 \\ 2 & 2 & 2.5 & 2.5 & 3 & 2.5 & 2 & 2.5 \\ 3.5 & 3 & 3 & 3.5 & 3.5 & 3 & 3 & 3 \\ 3 & 3 & 3.5 & 3 & 3 & 3 & 3.5 & 3 \\ 3 & 3.5 & 3 & 3 & 2.5 & 3 & 3 & 3 \\ 4 & 3.5 & 3 & 3 & 4 & 3 & 3.5 & 3 \\ 2.5 & 2.5 & 3 & 2.5 & 2.5 & 3 & 2.5 & 2.5 \\ 3 & 3 & 3.5 & 3.5 & 3 & 3 & 3 & 3.5 \\ 2.5 & 2.5 & 2.5 & 2 & 2.5 & 2.5 & 2 & 2.5 \\ 2 & 2 & 2.5 & 2 & 2.5 & 2 & 2.5 & 2.5 \\ 2.5 & 2.5 & 3 & 2.5 & 2 & 2.5 & 3 & 2.5 \\ 2.5 & 2 & 2.5 & 2.5 & 2.5 & 2 & 2 & 2.5 \\ 3 & 3 & 3.5 & 3 & 2.5 & 2.5 & 3 & 3.5 \\ 3 & 3 & 3 & 3 & 2.5 & 3 & 2.5 & 3 \\ 3.5 & 3 & 3 & 4 & 3.5 & 3 & 3 & 3 \end{pmatrix}$$

2.3 建立评价灰类和白化权函数

本文采用灰色理论的灰色评估方法计算评价指标的权矩阵。根据上述评价指标 C_{ij} 的评价等级标准,设定 4 个评价灰类,灰类序号为 e,即 $e=1$,2,3,4,分别表示优秀、良好、中等、差。按照灰类各给定性指标做白化权函数。4 个灰类对应的白化权函数如表 2 所示。

表 2 灰类对应的白化权函数

类别	第一灰类: "优秀" $\{e=1\}$	第二灰类: "良好" $\{e=2\}$	第三灰类: "中等" $\{e=3\}$	第四灰类: "差" $\{e=4\}$
灰数	灰数 $\otimes_1 \in [0,4,8]$	灰数 $\otimes_2 \in [0,3,6]$	灰数 $\otimes_3 \in [0,2,4]$	灰数 $\otimes_4 \in [0,1,2]$
白化权函数	$f_1(d_{ijk}^{(s)})$ $\begin{cases} d_{ijk}^{(s)}/4 \\ d_{ijk}^{(s)} \in [0,4] \\ =1 \end{cases}$ $d_{ijk}^{(s)} \in [4,8]$ 0 $d_{ijk}^{(s)} \notin [0,8]$	$f_2(d_{ijk}^{(s)})$ $\begin{cases} d_{ijk}^{(s)}/3 \\ d_{ijk}^{(s)} \in [0,3] \\ =(6-d_{ijk}^{(s)})/3 \end{cases}$ $d_{ijk}^{(s)} \in [3,6]$ 0 $d_{ijk}^{(s)} \notin [0,6]$	$f_3(d_{ijk}^{(s)})$ $\begin{cases} d_{ijk}^{(s)}/2 \\ d_{ijk}^{(s)} \in [0,2] \\ =(4-d_{ijk}^{(s)})/2 \end{cases}$ $d_{ijk}^{(s)} \in [2,4]$ 0 $d_{ijk}^{(s)} \notin [0,4]$	$f_4(d_{ijk}^{(s)})$ $\begin{cases} 1 & d_{ijk}^{(s)} \in [0,1] \\ =(2-d_{ijk}^{(s)})/1 \end{cases}$ $d_{ijk}^{(s)} \in [1,2]$ 0 $d_{ijk}^{(s)} \notin [0,2]$

续表

类别	第一灰类："优秀" {e=1}	第二灰类："良好" {e=2}	第三灰类："中等" {e=3}	第四灰类："差" {e=4}
数示意图	f_1 图示（0 到 4，上升至1后平稳）	f_2 图示（0,3,6 三角形，峰值1）	f_3 图示（0,2,4 三角形，峰值1）	f_4 图示（0,2,4 下降，起点1）

2.4 计算灰色评价系数

对于评价指标 U_{ij}，第 S 个指标属于第 e 个评价灰类的灰色评价系数为 $x_{ije}^{(s)}$，则有：$x_{ijt}^{(s)} = \sum_{k=1}^{p} f_e(d_{ije}^{(s)})$

对于评价指标 U_{ij}，第 S 个指标属于各个评价灰类的总灰色评价系数为 $x_{ij}^{(s)}$，则有：$x_{ijt}^{(s)} = \sum_{e=1}^{4} f_e(d_{ije}^{(s)})$

对 U_{11} 来说，各灰类的统计数为：

$e=1$

$x_{111} = f_1(2.5) + f_1(3) + f_1(2.5) + f_1(2.5) + f_1(3) + f_1(3) + f_1(2.5) + f_1(2)$
$= 2.5/4 + 3/4 + 2.5/4 + 2.5/4 + 3/4 + 3/4 + 2.5/4 + 2/4 = 5.25$

$e=2$

$x_{112} = f_2(2.5) + f_2(3) + f_2(2.5) + f_2(2.5) + f_2(3) + f_2(3) + f_2(2.5) + f_2(2)$
$= 2.5/3 + 1 + 2.5/3 + 2.5/3 + 1 + 1 + 2.5/3 + 2/3 = 7$

$e=3$

$x_{113} = f_3(2.5) + f_3(3) + f_3(2.5) + f_3(2.5) + f_3(3) + f_3(3) + f_3(2.5) + f_3(2)$
$= 1.5/2 + 1/2 + 1.5/2 + 1.5/2 + 1/2 + 1/2 + 1.5/2 + 1 = 5.5$

$e=4$

$x_{114} = f_4(2.5) + f_4(3) + f_4(2.5) + f_4(2.5) + f_4(3) + f_4(3) + f_4(2.5) + f_4(2)$
$= 0+0+0+0+0+0+0+0 = 0$

因此 U_{11} 总评价系数 $x_{11} = x_{111} + x_{112} + x_{113} + x_{114} = 5.25 + 7 + 5.5 + 0 = 17.75$。

同理，可以计算其他指标的灰色评价数。

2.5 计算灰色评价权向量及权矩阵

指标 U_{11} 的评价权向量 r_{11}：

$$r_{11} = (x_{111}/x_{11}, x_{112}/x_{11}, x_{113}/x_{11}, x_{114}/x_{11}) = (0.296, 0.394, 0.310, 0)$$

同理，可计算 r_{12}，r_{13}，r_{14}，…，r_{44} 等 15 个指标的评价权向量。

根据以上计算，我们得到 U_1、U_2、U_3、U_4 指标的灰色模糊评价矩阵分别为 R_1、R_2、R_3、R_4。

$$R_1 = \begin{bmatrix} r_{11} \\ r_{12} \\ r_{13} \\ r_{14} \end{bmatrix} = \begin{bmatrix} 0.296 & 0.394 & 0.310 & 0.00 \\ 0.289 & 0.386 & 0.325 & 0.00 \\ 0.270 & 0.360 & 0.370 & 0.00 \\ 0.372 & 0.438 & 0.190 & 0.00 \end{bmatrix}$$

$$R_2 = \begin{bmatrix} r_{21} \\ r_{22} \\ r_{23} \\ r_{24} \end{bmatrix} = \begin{bmatrix} 0.359 & 0.440 & 0.201 & 0.00 \\ 0.340 & 0.434 & 0.226 & 0.00 \\ 0.415 & 0.431 & 0.154 & 0.00 \\ 0.296 & 0.394 & 0.310 & 0.00 \end{bmatrix}$$

$$R_3 = \begin{bmatrix} r_{31} \\ r_{32} \\ r_{33} \\ r_{34} \end{bmatrix} = \begin{bmatrix} 0.386 & 0.436 & 0.178 & 0.00 \\ 0.270 & 0.360 & 0.370 & 0.00 \\ 0.257 & 0.343 & 0.400 & 0.00 \\ 0.277 & 0.369 & 0.355 & 0.00 \end{bmatrix}$$

$$R_4 = \begin{bmatrix} r_{41} \\ r_{42} \\ r_{43} \\ r_{44} \end{bmatrix} = \begin{bmatrix} 0.264 & 0.352 & 0.385 & 0.00 \\ 0.346 & 0.423 & 0.231 & 0.00 \\ 0.321 & 0.428 & 0.251 & 0.00 \\ 0.386 & 0.436 & 0.178 & 0.00 \end{bmatrix}$$

2.6 计算综合评价值

（1）对一级评价指标 U_1 做出评价。一级评指标 U_1 的评价结果 B_1：

$$B_1 = W_1 \cdot R_1 = (0.320\,6, 0.404\,6, 0.274\,6, 0)$$

同理，我们可以计算 U_2、U_3、U_4 的综合评价值 B_2、B_3、B_4。

$$R = \begin{bmatrix} B_1 \\ B_2 \\ B_3 \\ B_4 \end{bmatrix} = \begin{bmatrix} 0.320\,6 & 0.404\,6 & 0.274\,6 & 0.00 \\ 0.369\,1 & 0.429\,6 & 0.201\,2 & 0.00 \\ 0.315\,2 & 0.388\,8 & 0.296\,2 & 0.00 \\ 0.338\,6 & 0.415\,1 & 0.243\,6 & 0.00 \end{bmatrix}$$

（2）计算综合评价值。由 $R = (B_1, B_2, B_3, B_4)^T$，且 $W = (0.132\,4, 0.445\,3, 0.157\,5, 0.264\,8)$。可得综合评价值 $B = W * R = (0.346\,1, 0.416\,0, 0.237\,7, 0)$。设将各评价灰类等级按"灰水平"赋值，即第一灰类"优秀"取 4，第二灰类"良好"取 3，第三灰类"中等"取 2，第四灰类"差"取 1，则各级评价灰类等级值化向量 $C = (4, 3, 2, 1)$，所以突发事件应急管理技术创新能力模糊灰色综合评价值：

$$U = B * C^T = (0.346\,1, 0.416\,0, 0.237\,7, 0) * (4, 3, 2, 1)^T = 3.107\,8$$

3 评价结果分析

根据上述模糊灰色综合评价方法分析，可得应急管理技术创新能力模糊灰色综合评价值为 3.107 8。按照前面的评价准则，应急管理技术创新能力属于良好水平，但距高级水平，即"优秀"一级水平还有一段距离。

根据 AHP 法分析所确定的一级指标、二级指标的权重，我们可知，在一级指标中，应急响应技术创新能力和善后恢复技术创新能力所占比重很大，分别为 44.53%、26.48%；应急保障技术创新能力和应急预防与预警技术创新能力所占比重相对较小，分别为 15.75%、13.24%；在二级指标中，所占比重较大的有应急预警技术创新能力、应急处置技术创新能力、资源整合技术创新能力、善后处理技术创新能力、恢复重建技术创新能力等指标，而风险诊断技术创新能力、应急协调技术创新能力、损失评估技术创新能力等指标所占比重较小。这说明在突发事件应急管理技术创新能力体系中，一级指标的应急响应技术创新能力和善后恢复技术创新能力相对来说占有较大比重，所以应该将应急响应技术创新能力和善后恢复技术创新能力建设放在重要位置，加强这两方面的建设；二级指标的应急预警技术创新能力、应急处置技术创新能力、资源整合技术创新能力、善后处理技术创新能力、恢复重建技术创新能力也占有较大比重，理应加强建设。一级指标的应急保障技术创新能力和应急预防与预警技术创新能力也占有一定比重，这两方面的建设也不容忽视，二级指标的风险诊断技术创新能力、应急协调技术创新能力、损失评估技术创新能力虽然比重较小，但它们都是突发事件应急管理技术创新能力体系不可缺少的组成部分之一，如果忽视它们的建设，将会对突发事件应急管理技术创新能力的整体提升造成不良影响。因此，风险诊断技术创新能力、应急协调技术创新能力、损失评估技术创新能力这三方面的建设不应忽视，反而要重点加强建设。

此外，从专家的打分情况可以看出，应急预警技术创新能力、应急处置技术创新能力等指标专家给分较高，具有较高的权重，是整个突发事件应急管理技术创新能力中的关键因素；而风险诊断技术创新能力、信息保障技术创新能力、科技保障技术创新能力这三个指标专家打分较低，要加以重视，并且对于其他指标应兼顾全面性、合理性优化，以期进一步提升突发事件应急管理技术创新综合能力。

4 结束语

本文以应急管理技术创新能力系统为评价对象，以突发事件全面应急管理为指导[13]，构造评价指标体系，建立评价模型，运用模糊灰色综合评价方法进行综合评价，不断完善突发事件应急管理技术创新能力系统。评价结果表明，运用模糊灰色综合评价方法对突发事件应急管理技术创新能力进行评价具有科学性及可行性，为加强突发事件应急管理技术创新能力建设提供了参考依据。[14]

参考文献

［1］宋英华. 突发公共事件应急管理导论［M］. 北京：中国经济出版社，2009：11－12.

［2］James L W. A Report to the United States Senate Committee on Appropriations：State Capability Assessment for Readiness［J］. Federal Emergency，1997，6（12）：122－125.

［3］邓云峰，郑双忠，刘铁民. 突发灾害应急能力评估及应急特点［J］. 中国安全生产科学技术，2005，1（5）：56－58.

［4］Department of Transport & Regional Services. 2002. Natural Disasters in Australia：Reforming Mitigation，Relief & Recovery arrangements—A Report to the Council of Australian Governments by a High Level Official's Group.（2002—2008）. http://www.ema.gov.au/.

［5］吴宗之，黄典剑. 基于模糊集值理论的城市应急避难所应急适应能力评价方法研究［J］. 安全与环境学报，2005（12）：100－103.

［6］郑双忠，邓云峰，江田汉. 城市应急能力评估指标体系核心项处理方法研究［J］. 中国安全生产科学技术，2006（10）：20－23.

［7］杨青，田依林，宋英华. 基于过程管理的城市灾害应急管理综合能力评价体系研究［J］. 中国行政管理，2007（3）：103－106.

［8］赵玲，聂锦砚. 模糊模式识别模型在城市灾害应急能力评价中的应用［J］. 中国公共安全（学术版），2008，13（9）：2－3.

［9］宋英华. 应急管理技术创新体系构建研究［J］. 科学学与科学技术管理，2009（4）：87－90.

［10］宋英华，等. 湖北省应急管理科技支撑体系建设研究报告［R］. 武汉：湖北人民出版社，2008：24－26.

［11］钟书华. 国家应急科技支撑体系框架构想［J］. 中国科技论坛，2004（5）：32－35.

［12］黄明解，等. 湖北省突发公共事件应急科技支撑体系建设研究［J］. 科技创业，2008（1）：12－15.

［13］宋英华，等."十一五"期间湖北省突发事件应急体系建设规划［R］. 武汉：湖北人民出版社，2006：85－86.

［14］宋英华，王容天. 基于危机周期的我国突发事件应急管理机制研究［J］. 华中农业大学学报，2010（4）：104－107.

应急管理科技支撑能力模糊灰色综合评价研究

黄宏纯

武汉理工大学管理学院　湖北　武汉　430070
广西财经学院　广西　南宁　530030

[摘要] 本文构建了突发事件应急管理科技支撑能力评价指标体系和评价模型，运用模糊灰色综合评价方法，对突发事件应急管理科技支撑能力进行评价，以期为今后加强突发事件应急管理科技支撑能力体系建设、增强突发事件应急管理能力提供有益借鉴。

[关键词] 突发事件；应急管理科技支撑能力；模糊灰色综合评价方法；指标体系；评价模型

中图分类号：D625　　文献标识码：A

当前，随着经济全球化和国际合作不断深入，突发事件发生日益频繁化、复杂化和国际化，所造成的损失更大，影响范围更广，对各国政府加强突发事件应急管理能力建设提出严峻挑战。为此，加强突发事件应急管理科技支撑系统建设，提高突发事件应急管理科技支撑新能力，以应急管理技术创新与升级促推突发事件应急管理能力的提升，有效地预防各种突发事件发生或减少各种突发事件造成的损失极其重要。

1　研究综述

近年来，随着突发事件频频发生，国内外众多应急管理专家、学者敏锐地把握应急管理对先进应急管理技术的需求，将技术创新理论应用于应急管理领域，深入开展应急管理科技支撑体系研究，加强突发事件应急管理能力研究与建设，进一步提升应急管理能力和效率，产生了许多研究成果。在国外，美国、日本、澳大利亚等主要发达国家多年来一直深化突发事件应急管理技术创新和应急管理能力研究，加强了突发事件预警与防范系统、应急管理信息系统、应急管理辅助决策系统建设，以技术创新体系促推应急管理技术创新升级，提升应急管理能力[1]。James L W 在致美国参议会的州应急管理准备能力评估拨款的报告中提出了美国应急管理能力评估模型，主要采用了应急能力评估（CAR）程序。该评估程序将应急管理工作中的13项管理职能作为评估重点，共具有209个属性和1 014个指标等[2]。在1997年的6—8月，美国采用CAR工具评估了其各州的应急管理能力，成为世界上第一个进行政府应急管理能力评价的国家；日本学者对城市应急管理能力评价的指标涉及危机的掌握与评价、灾害情况的假设、减轻灾害情况对策、整顿体制、情报联络体系、器材与储备粮食的管理、活动计划（应变时、善后时、重建时）、居民间的情报流通、教育与训练以及活动水平的维持和提升等[3]；澳大利亚学者研究的应急能力评估体系包括八项内容：与灾害有关的政策制定、备灾措施、应急反应措施、减灾措施、灾后评估、灾害风险评估、长期救济和恢复措施与短期救济措施，通过该能力评估体系能够分析出澳大利亚政府应急管理措施的可取之处和需要进一步改进的地方[4]。在国内，有关突发事件应急管理能力综合评价模型和应急管理技术创新研究成果也较多，黄典剑等在模型集统计理论的基础上对城市突发事件应急管理能力进行综合评价[5]；郑双忠等在城市应急能力评估体系的基础上，建立了以改进的层次分析法为基础的城市应急能力评估指标体系权重计算方法[6]；杨青和田依林通过将应急过程划分为灾前预警、灾中应急和灾后恢复三个部分，建立了基于过程管理的城市灾害应急管理综合能力评价体系[7]；赵玲和聂锦砚建立了基于模糊模式识别的城市灾害应急能力模糊综合评价模型[8]；宋英华教授在《应急管理技术创新体系构建研究》中提出了应急管理技术创新体系的内涵及构建体系。[9]另外，宋英华在《湖北省应急管理科技支撑体系建设研究》中提出了应急管理科技支撑体系的构建[10]；钟书华在《国家应急科技支撑体系框架构想》中提出了应急科技支撑体系的要素构成、运行机制，并提出了完善与构建应急科技支撑体系的建议[11]；黄明解在《湖北省突发公共事件应急科技支撑体系建设研究》中提出了湖北省突发公共事件应急科技支撑体系建设的目标、主要任务及政策保障措施[12]。综合国内外相关应急管理能力综合评价和应急管理技术创新研究，目前还没有突发事件应急管理科技支撑能力综合评价的系统研究。因此，本文在国内外既有研究的基础上构建突发事件应急管理科技支撑能力评价模型和评价指标体系，运用模糊灰色综合评价方法，对突发事件应急管理科技支撑能力进行评价，以期为今后加强突发事件应急管理科技支撑能力建设提供有益借鉴。

2　突发事件应急管理科技支撑能力评价指标体系的构建

本文根据应对突发事件的管理流程划分应急管理科技支撑能力包含的内容及其评价指标体系建立所遵循客观科学性、全面性、可行性、可操作性的原则，经与国内许多应急管理方面的专家、学者进行广泛交流和研究后，通过科学分析，确定从应急预防与预警科技支撑能力、应急响应科技支撑能力、应急保障科技支撑能力和善后恢复科技支撑能力四个方面对突发事件应急管理科技支撑能力进行分析，建立相应的评价指标体系，每项一级指标下有相应的二级指标，共包含 4 项一级指标和 16 项二级指标，具体内容如下。

应急预防与预警科技支撑能力包括：应急预防科技支撑能力、应急监测科技支撑能力、风险诊断科技支撑能力、应急预警科技支撑能力等；应急响应科技支撑能力包括：应急决策支持科技支撑能力、应急指挥辅助科技支撑能力、应急处置科技支撑能力、应急协调科技支撑能力等；应急保障科技支撑能力包括：资源整合科技支撑能力、信息保障科技支撑能力、科技保障科技支撑能力、动员保障科技支撑能力等；善后恢复科技支撑能力包括：损失评估科技支撑能力、善后处理科技支撑能力、善后社会保障科技支撑能力、恢复重建科技支撑能力等，如表 6 所示。

3　突发事件应急管理科技支撑能力模糊灰色综合评价模型设计

本文的突发事件应急管理科技支撑能力评价因素集如表 6 所示。设 W 表示目标层突发事件应急管理科技支撑能力评价综合值。U 表示准则层一级评价指标 U_i 所组成的集合，记为 $U=\{U_1, \cdots, U_m\}$，分别代表应急预防与预警科技支撑能力、应急响应科技支撑能力、应急保障科技支撑能力和善后恢复科技支撑能力；U_i 表示指标层二级评价指标 U_{ij} 集合，记为 $U_i=\{U_{i1}, U_{i2}, \cdots, U_{ij}\}$，其中，$m=1, 2, 3, 4$，表示 4 个主因素；$j$ 为第 i 类因素的第 j 个子因素，如表 6 所示。

3.1　确定评价指标 U_i 和 U_{ij} 的权重

在评价指标体系中，评价指标 U_i 和 U_{ij} 对目标 W 的重要程度是不同的，即有不同的权重。本文运用层次分析法（AHP）构造一个层次结构模型，将隶属于同一上层的各元素按"1~9"标度法进行两两比较，将判断定量化，建立判断矩阵，并利用矩阵特征值的求解方法确定一级评价指标 U_i 和二级评价指标 U_{ij} 的权重。具体计算结果见表 1~表 6。

表1 U_i 的权重

U	U_1	U_2	U_3	U_4	W_i
U_1	1	1/4	1/2	1/3	0.129 6
U_2	4	1	2	2	0.482 4
U_3	2	1/2	1	1/2	0.204 8
U_4	1/3	1/2	2	1	0.183 3

表2 U_{1i} 的权重

U_1	U_{11}	U_{12}	U_{13}	U_{14}	W_{1i}
U_{11}	1	1	2	1/2	0.227 4
U_{12}	1	1	2	1/2	0.227 4
U_{13}	1/2	1/2	1	1/3	0.122 1
U_{14}	2	2	3	1	0.423 2

表3 U_{2i} 的权重

U_2	U_{21}	U_{22}	U_{23}	U_{24}	W_{2i}
U_{21}	1	1/4	1/3	2	0.209 8
U_{22}	1	1	1/3	2	0.209 8
U_{23}	3	3	1	4	0.464 4
U_{24}	1/2	1/2	1/4	1	0.116 1

表4 U_{3i} 的权重

U_3	U_{31}	U_{32}	U_{33}	U_{34}	W_{3i}
U_{31}	1	2	2	2	0.400 0
U_{32}	1/2	1	1	1	0.200 0
U_{33}	1/2	1	1	1	0.200 0
U_{34}	1/2	1	1	1	0.200 0

表5 U_{4i} 的权重

U_4	U_{41}	U_{42}	U_{43}	U_{44}	W_{4i}
U_{41}	1	1/2	1/2	1/2	0.142 9
U_{42}	2	1	1	1	0.285 7
U_{43}	2	1	1	1	0.285 7
U_{44}	2	1	1	1	0.285 7

表6 突发事件应急管理科技支撑能力评价指标及各指标权重

	一级评价指标	权重 W	二级评价指标	权重 a_{ij}
突发事件应急管理科技支撑能力评价指标体系	应急预防与预警科技支撑能力 U_1	0.129 6	应急预防科技支撑能力 U_{11}	0.227 4
			应急监测科技支撑能力 U_{12}	0.227 4
			风险诊断科技支撑能力 U_{13}	0.122 1
			应急预警科技支撑能力 U_{14}	0.423 2
	应急响应科技支撑能力 U_2	0.482 4	应急决策支持科技支撑能力 U_{21}	0.209 8
			应急指挥辅助科技支撑能力 U_{22}	0.209 8
			应急处置科技支撑能力 U_{23}	0.464 4
			应急协调科技支撑能力 U_{24}	0.116 1
	应急保障科技支撑能力 U_3	0.204 8	资源整合科技支撑能力 U_{31}	0.400 0
			信息保障科技支撑能力 U_{32}	0.200 0
			科技保障科技支撑能力 U_{33}	0.200 0
			动员保障科技支撑能力 U_{34}	0.200 0
	善后恢复科技支撑能力 U_4	0.183 3	损失评估科技支撑能力 U_{41}	0.142 9
			善后处理科技支撑能力 U_{42}	0.285 7
			善后社会保障科技支撑能力 U_{43}	0.285 7
			恢复重建科技支撑能力 U_{44}	0.285 7

3.2 确定评语集和样本矩阵

本文将突发事件应急管理科技支撑能力评价等级划分为4级：优秀、良好、中等、差，并设评语集为 $V=\{V_1, V_2, V_3, V_4\}$，其中，V_1、V_2、V_3、V_4 分别表示的评语为优秀、良好、中等、差，对应的应急管理能力程度分别为高、较高、中等、低，并分别赋值4分、3分、2分、1分。指标等级介于两相邻等级之间时，相应评分为3.5分、2.5分、1.5分。

邀请8位应急管理相关领域的专家、学者构成一个专家评价小组，根据评价等级对各单项指标进行打分，分数在1~4中取值，并填写专家评分表；接着根据8位专家填写的评分表，求得评价样本矩阵 D：

$$D = \begin{pmatrix} 2.5 & 3 & 2.5 & 2.5 & 3 & 3 & 2.5 & 2 \\ 2.5 & 2.5 & 2 & 3 & 2.5 & 2.5 & 3 & 2.5 \\ 2 & 2 & 2.5 & 2.5 & 3 & 2.5 & 2 & 2.5 \\ 3.5 & 3 & 3 & 3.5 & 3.5 & 3 & 3 & 3 \\ 3 & 3 & 3.5 & 3 & 3 & 3 & 3.5 & 3 \\ 3 & 3.5 & 3 & 3 & 2.5 & 3 & 3 & 3 \\ 4 & 3.5 & 3 & 3 & 4 & 3 & 3.5 & 3 \\ 2.5 & 2.5 & 2.5 & 2.5 & 2.5 & 3 & 2.5 & 2.5 \\ 3 & 3 & 3.5 & 3.5 & 3 & 3 & 3 & 3.5 \\ 2.5 & 2.5 & 2.5 & 2 & 2.5 & 2.5 & 2 & 2.5 \\ 2 & 2 & 2.5 & 2 & 2.5 & 2 & 2.5 & 2.5 \\ 2.5 & 2 & 2.5 & 2.5 & 2 & 2.5 & 2 & 2.5 \\ 2.5 & 2 & 2.5 & 2.5 & 2.5 & 2 & 2 & 2.5 \\ 3 & 3 & 3.5 & 3 & 2.5 & 2.5 & 3 & 3.5 \\ 3 & 3 & 3 & 3 & 2.5 & 3 & 2.5 & 3 \\ 3.5 & 3 & 3 & 4 & 3.5 & 3 & 3 & 3 \end{pmatrix}$$

3.3 建立评价灰类和白化权函数

本文采用灰色理论的灰色评估方法计算评价指标的权矩阵。根据上述评价指标 C_{ij} 的评价等级标准,设定 4 个评价灰类,灰类序号为 e,即 $e=1$,2,3,4,分别表示优秀、良好、中等、差。按照灰类各给定性指标做白化权函数。四个灰类对应的白化权函数如表 7 所示。

表 7 灰类对应的白化权函数及示意

类别	第一灰类: "优秀" $\{e=1\}$	第二灰类: "良好" $\{e=2\}$	第三灰类: "中等" $\{e=3\}$	第四灰类: "差" $\{e=4\}$
灰数	灰数 $\otimes_1 \in [0,4,8]$	灰数 $\otimes_2 \in [0,3,6]$	灰数 $\otimes_3 \in [0,2,4]$	灰数 $\otimes_4 \in [0,1,2]$
白化权函数	$f_1(d_{ijk}^{(s)})$ $\begin{cases} d_{ijk}^{(s)}/4 \\ d_{ijk}^{(s)} \in [0,4] \\ =1 \end{cases}$ $d_{ijk}^{(s)} \in [4,8]$ 0 $d_{ijk}^{(s)} \notin [0,8]$	$f_2(d_{ijk}^{(s)})$ $\begin{cases} d_{ijk}^{(s)}/3 \\ d_{ijk}^{(s)} \in [0,3] \\ =(6-d_{ijk}^{(s)})/3 \end{cases}$ $d_{ijk}^{(s)} \in [3,6]$ 0 $d_{ijk}^{(s)} \notin [0,6]$	$f_3(d_{ijk}^{(s)})$ $\begin{cases} d_{ijk}^{(s)}/2 \\ d_{ijk}^{(s)} \in [0,2] \\ =(4-d_{ijk}^{(s)})/2 \end{cases}$ $d_{ijk}^{(s)} \in [2,4]$ 0 $d_{ijk}^{(s)} \notin [0,4]$	$f_4(d_{ijk}^{(s)})$ $\begin{cases} 1 & d_{ijk}^{(s)} \in [0,1] \\ =(2-d_{ijk}^{(s)})/1 \end{cases}$ $d_{ijk}^{(s)} \in [1,2]$ 0 $d_{ijk}^{(s)} \notin [0,2]$

类别	第一灰类："优秀" $\{e=1\}$	第二灰类："良好" $\{e=2\}$	第三灰类："中等" $\{e=3\}$	第四灰类："差" $\{e=4\}$
函数示意图	f_1，在 0 到 4 上升至 1，$d_{ijk}^{(s)}$	f_2，三角形 0—3—6，$d_{ijk}^{(s)}$	f_3，三角形 0—2—4，$d_{ijk}^{(s)}$	f_4，从 1 在 2 下降到 4 为 0，$d_{ijk}^{(s)}$

3.4 计算灰色评价系数

对于评价指标 U_{ij}，第 S 个指标属于第 e 个评价灰类的灰色评价系数为 $x_{ije}^{(s)}$，则有：
$$x_{ijt}^{(s)} = \sum_{k=1}^{p} f_e\left(d_{ije}^{(s)}\right)$$

对于评价指标 U_{ij}，第 S 个指标属于各个评价灰类的总灰色评价系数为 $x_{ij}^{(s)}$，则有：
$$x_{ijt}^{(s)} = \sum_{e=1}^{4} f_e\left(d_{ije}^{(s)}\right)$$

对 U_{11} 来说，各灰类的统计数为：

$e=1$
$x_{111} = f_1(2.5) + f_1(3) + f_1(2.5) + f_1(2.5) + f_1(3) + f_1(3) + f_1(2.5) + f_1(2)$
$= 2.5/4 + 3/4 + 2.5/4 + 2.5/4 + 3/4 + 3/4 + 2.5/4 + 2/4 = 5.25$

$e=2$
$x_{112} = f_2(2.5) + f_2(2) + f_2(2.5) + f_2(2.5) + f_2(3) + f_2(2.5) + f_2(2)$
$= 2.5/3 + 1 + 2.5/3 + 2.5/3 + 1 + 1 + 2.5/3 + 2/3 = 7$

$e=3$
$x_{113} = f_3(2.5) + f_3(3) + f_3(2.5) + f_3(2.5) + f_3(3) + f_3(3) + f_3(2.5) + f_3(2)$
$= 1.5/2 + 1/2 + 1.5/2 + 1.5/2 + 1/2 + 1/2 + 1.5/2 + 1 = 5.5$

$e=4$
$x_{114} = f_4(2.5) + f_4(3) + f_4(2.5) + f_4(2.5) + f_4(3) + f_4(3) + f_4(2.5) + f_4(2)$
$= 0+0+0+0+0+0+0+0 = 0$

因此 U_{11} 总评价系数 $x_{11} = x_{111} + x_{112} + x_{113} + x_{114} = 5.25 + 7 + 5.5 + 0 = 17.75$。

同理，可以计算其他指标的灰色评价数。

3.5 计算灰色评价权向量及权矩阵

指标 U_{11} 的评价权向量 r_{11}：

$$r_{11} = (x_{111}/x_{11}, x_{112}/x_{11}, x_{113}/x_{11}, x_{114}/x_{11}) = (0.296, 0.394, 0.310, 0)$$

同理，可计算 r_{12}，r_{13}，r_{14}，…，r_{44} 等 15 个指标的评价权向量。

根据以上计算，我们得到 U_1、U_2、U_3、U_4 指标的灰色模糊评价矩阵分别为 R_1、R_2、R_3、R_4:

$$R_1 = \begin{bmatrix} r_{11} \\ r_{12} \\ r_{13} \\ r_{14} \end{bmatrix} = \begin{bmatrix} 0.296 & 0.394 & 0.310 & 0.00 \\ 0.289 & 0.386 & 0.325 & 0.00 \\ 0.270 & 0.360 & 0.370 & 0.00 \\ 0.372 & 0.438 & 0.190 & 0.00 \end{bmatrix}$$

$$R_2 = \begin{bmatrix} r_{21} \\ r_{22} \\ r_{23} \\ r_{24} \end{bmatrix} = \begin{bmatrix} 0.359 & 0.440 & 0.201 & 0.00 \\ 0.340 & 0.434 & 0.226 & 0.00 \\ 0.415 & 0.431 & 0.154 & 0.00 \\ 0.296 & 0.394 & 0.310 & 0.00 \end{bmatrix}$$

$$R_3 = \begin{bmatrix} r_{31} \\ r_{32} \\ r_{33} \\ r_{34} \end{bmatrix} = \begin{bmatrix} 0.386 & 0.436 & 0.178 & 0.00 \\ 0.270 & 0.360 & 0.370 & 0.00 \\ 0.257 & 0.343 & 0.400 & 0.00 \\ 0.277 & 0.369 & 0.355 & 0.00 \end{bmatrix}$$

$$R_4 = \begin{bmatrix} r_{41} \\ r_{42} \\ r_{43} \\ r_{44} \end{bmatrix} = \begin{bmatrix} 0.264 & 0.352 & 0.385 & 0.00 \\ 0.346 & 0.423 & 0.231 & 0.00 \\ 0.321 & 0.428 & 0.251 & 0.00 \\ 0.386 & 0.436 & 0.178 & 0.00 \end{bmatrix}$$

3.6 计算综合评价值

（1）对一级评价指标 U_1 做出评价。一级评指标 U_1 的评价结果 B_1:

$$B_1 = W_1 \cdot R_1 = (0.323\,4, 0.406\,8, 0.270\,0, 0)$$

同理，我们可以计算 U_2，U_3，U_4 的综合评价值 B_2，B_3，B_4

$$R = \begin{bmatrix} B_1 \\ B_2 \\ B_3 \\ B_4 \end{bmatrix} = \begin{bmatrix} 0.323\,4 & 0.406\,8 & 0.270\,0 & 0.00 \\ 0.373\,8 & 0.429\,3 & 0.197\,1 & 0.00 \\ 0.315\,2 & 0.388\,8 & 0.296\,2 & 0.00 \\ 0.338\,6 & 0.415\,1 & 0.243\,6 & 0.00 \end{bmatrix}$$

（2）计算综合评价值。由 $R=(B_1, B_2, B_3, B_4)^T$，且 $W=(0.129\,6, 0.482\,4, 0.204\,8, 0.183\,3)$ 可得综合评价值 $B=W*R=(0.348\,9, 0.415\,5, 0.235\,5, 0)$。设将各评价灰类等级按"灰水平"赋值，即第 1 灰类"优秀"取 4，第 2 灰类"良好"取 3，第 3 灰类"中等"取 2，第 4 灰类"差"取 1，则各级评价灰类等级值化向量 $C=(4, 3, 2, 1)$，突发事件应急管理科技支撑能力模糊灰色综合评价值：

$$U = B * C^T = (0.348\,9, 0.415\,5, 0.235\,5, 0)*(4, 3, 2, 1)^T = 3.113\,1$$

4 评价结果分析

根据上述模糊灰色综合评价方法分析，可得突发事件应急管理科技支撑能力模糊灰色综合评价值为 3.113 1。按照前面的评价准则，突发事件应急管理科技创新能力属于良好水平，但距高级水平，即优一级水平还有一段距离。

根据 AHP 法分析所确定的一级指标、二级指标的权重，我们可知，在一级指标中，应急响应科技支撑能力和应急保障科技支撑能力所占比重很大，分别为 48.24%、20.48%；善后恢复科技支撑能力和应急预防与预警科技支撑能力所占比重相对较小，分别为 18.33%、12.96%；在二级指标中，所占比重较大的有应急预警科技支撑能力、应急处置科技支撑能力、资源整合科技支撑能力、善后处理科技支撑能力、恢复重建科技支撑能力等指标，而风险诊断科技支撑能力、应急协调科技支撑能力、损失评估科技支撑能力等指标所占比重较小。这说明在突发事件应急管理科技支撑能力体系中，一级指标的应急响应科技支撑能力和应急保障科技支撑能力相对来说占有较大比重，所以应该将应急响应科技支撑能力和善后恢复科技支撑能力建设放在重要位置，加强这两方面的建设；二级指标的应急预警科技支撑能力、应急处置科技支撑能力、资源整合科技支撑能力、善后处理科技支撑能力、恢复重建科技支撑能力也占有较大比重，理应加强建设。一级指标的善后恢复科技支撑能力和应急预防与预警科技支撑能力也占有一定比重，这两方面的建设也不容忽视，二级指标的风险诊断科技支撑能力、应急协调科技支撑能力、损失评估科技支撑能力虽然比重较小，但它们都是突发事件应急管理科技支撑能力体系不可缺少的组成部分之一，如果忽视它们的建设，将会对突发事件应急管理科技支撑能力的整体提升造成不良影响，因此，风险诊断科技支撑能力、应急协调科技支撑能力、损失评估科技支撑能力这三方面的建设不应忽视，反而要重点加强建设。

此外，从专家的打分情况可以看出，应急预警科技支撑能力、应急处置科技支撑能力等指标专家给分较高，具有较高的权重，是整个突发事件应急管理科技支撑能力中的关键因素；而风险诊断科技支撑能力、信息保障科技支撑能力、科技保障科技支撑能力这三个指标专家打分较低，要加以重视，并且对于其他指标应兼顾全面性、合理性优化，以期进一步提升突发事件应急管理科技支撑综合能力。

5 结束语

本文以突发事件应急管理科技支撑能力系统为评价对象，以突发事件全面应急管理为指导[13]，构造评价指标体系，建立评价模型，运用模糊灰色综合评价方法进行综合评价，不断完善突发事件应急管理科技支撑能力系统。评价结果表明，运用模糊灰色综合评价方法对突发事件应急管理科技支撑能力进行评价具有科学性及可行性，为加强突发事件应急管理科技支撑能力建设提供参考依据。[14]

参考文献

[1] 宋英华. 突发公共事件应急管理导论 [M]. 北京：中国经济出版社，2009：11-12.

[2] James L W. A Report to the United States Senate Committee on Appropriations: State Capability Assessment for Readiness [J]. Federal Emergency, 1997, 6 (12): 122-125.

[3] 邓云峰，郑双忠，刘铁民. 突发灾害应急能力评估及应急特点 [J]. 中国安全生产科学技术，2005，1 (5)：56-58.

[4] Department of Transport & Regional Services. 2002. Natural Disasters in Australia: Reforming Mitigation, Relief & Recovery Arrangements—A Report to the Council of Australian Governments by a High Level Official's Group. (2002—2008). http://www.ema.gov.au/.

[5] 吴宗之，黄典剑. 基于模糊集值理论的城市应急避难所应急适应能力评价方法研究 [J]. 安全与环境学报，2005 (12)：100-103.

[6] 郑双忠，邓云峰，江田汉. 城市应急能力评估指标体系核心项处理方法研究 [J]. 中国安全生产科学技术，2006，10：20-23.

[7] 杨青，田依林，宋英华. 基于过程管理的城市灾害应急管理综合能力评价体系研究 [J]. 中国行政管理，2007，3：103-106.

[8] 赵玲，聂锦砚. 模糊模式识别模型在城市灾害应急能力评价中的应用 [J]. 中国公共安全（学术版）[J]. 2008，13 (9)：2-3.

[9] 宋英华. 应急管理技术创新体系构建研究 [J]. 科学学与科学技术管理，2009 (4)：87-90.

[10] 宋英华，等. 湖北省应急管理科技支撑体系建设研究报告 [R]. 武汉：湖北人民出版社，2008：24-26.

[11] 钟书华. 国家应急科技支撑体系框架构想 [J]. 中国科技论坛，2004 (5)：32-35.

[12] 黄明解，等. 湖北省突发公共事件应急科技支撑体系建设研究 [J]. 科技创业，2008 (1)：12-15.

[13] 宋英华，等."十一五"期间湖北省突发事件应急体系建设规划 [R]. 武汉：湖北人民出版社，2006：85-86.

[14] 宋英华，王容天. 基于危机周期的我国突发事件应急管理机制研究 [J]. 华中农业大学学报，2010 (4)：104-107.

突发事件应急管理机制研究

——基于地缘政治格局变迁

黄宏纯

武汉理工大学管理学院　湖北　武汉　430070

广西财经学院　广西　南宁　530030

[摘要] 本文阐明了突发事件应急管理机制的内涵及构成要素，科学分析了地缘政治格局变迁对突发事件应急管理机制建设提出的新要求，并在分析了我国突发事件应急管理机制建设现状的基础上，提出了构建基于地缘政治格局变迁下的突发事件应急管理机制体系的建议，以期为政府加强突发事件应急管理机制体系建设，增强应急管理能力，预防和减少突发事件及其造成的损失提供借鉴。

[关键词] 地缘政治格局；突发事件；应急管理；机制；研究

中图分类号：D631　　文献标识码：A

近年来，随着突发事件发生日益复杂化、频繁化及国际化，世界各主要国家不断加强对突发事件应急管理机制研究，提升应急管理能力。美国一直深入开展应急管理预警、决策，应急救援处置研究。[1]德国、日本等主要发达国家也加强突发事件应急管理机制研究，建立了较完善的紧急事态专业处置机构、应急管理信息系统、应急平台体系。[2]在国内，有关突发事件应急管理机制的研究成果也较多，郭济、高小平、沈荣华对国内大城市应急管理体制、应急机制开展了系统研究。[3]薛克勋深入研究了突发事件应急管理机制构建。[4]清华大学薛澜教授对深入开展突发事件应急管理体制、应急决策机制、应急管理组织体系构建进行了系统研究。[5]邹勇杰、陈奕平对上海应急管理组织体系、应急管理机制、应急管理预案进行了研究。[6]宋英华教授提出了TEM全面应急管理的"六全"管理模式。[7]国内外高度重视对突发事件应急管理机制的研究及推广应用，不断丰富并深化突发事件应急管理机制建设领域的研究。

当前，世界地缘政治格局已由单极化向多极化转变，国际权势的"多极化"

本文已发表于《人民论坛》2016年第2期。

和"均衡化"的基本态势将持续[8],[9]。以中国、印度为代表的新兴国家不断兴起，经济社会不断发展，综合国力显著增强，国际影响力不断扩大；而以美国、日本、西欧为代表的主导力量由于多年陷入经济低迷状态，加之受到2008年国际金融危机冲击，国际影响力不断减弱，造成世界地缘政治格局已由以美国为单极向美国、中国、日本、西欧多极并存的格局发展，并且由于南非、土耳其、印尼等一批地区重要力量的兴起，形成了以美国、日本、西欧为代表的主导力量和以中国、印度为代表的新兴力量的均衡发展。[9] 近年来，为了制约以中国、印度为代表的新兴国家的经济扩张，美国在亚洲主导推动TPP协议（跨太平洋伙伴关系协议，也被称作"经济北约"）签订，在欧洲主导推动TTIP协议（跨大西洋贸易与投资伙伴关系协定）签订，力图重构并主导世界经济发展格局，削弱区域经济合作，打击地区大国或区域大国对地区地缘政治、经济的影响，力图继续谋求国际主导地位。而中、印等新兴国家则利用经济发展优势乘势推进制度创新，加快发展新兴产业，力争尽快实现经济结构转型升级，从而利用经济影响力谋求更大的国际话语权。因此，今后5年内，国际力量多极化、均衡化的步伐有所加快，主导力量与新兴力量的竞合博弈更加激烈，世界地缘政治格局将日益复杂化，各种潜在矛盾将更容易演变为冲突事件。世界地缘政治格局复杂多样变迁，各种政治力量的复杂利益博弈，催生了诱发突发事件的敏感、复杂、广泛关联的各种传统和非传统因素，造成了日益复杂化及国际化的突发事件频繁发生，对各国国家安全和社会稳定的影响日益显现。世界地缘政治格局复杂动态变迁对加强应急管理工作，建立健全应急管理机制，提高国家突发事件处置能力和保障国家安全提出了新的要求。为此，本文探讨构建基于地缘政治格局变迁下的突发事件应急管理机制体系，以期进一步提升应急管理能力，确保高效应对突发事件，预防和减少突发事件及其造成的损失。

1. 突发事件应急管理机制概述

1.1 突发事件应急管理机制的内涵

突发事件应急管理机制是为了有效应对突发事件而建立的集应急预警、响应、决策与处置、保障等功能于一体的应急体系和工作机制，它包括应急监测预警机制、全面联动响应机制、应急资源保障机制、应急信息管理与决策机制和应急评测监督机制等。

1.2 突发事件应急管理机制要素构成

通过上述突发事件应急管理机制内涵分析，本文认为突发事件应急管理机制是由应急监测预警机制、全面联动响应机制、应急资源保障机制、应急信息管理与决策机制和应急评测监督机制五大子机制系统所组成的一个完整的突发事件应急管理机制体系（图1）。

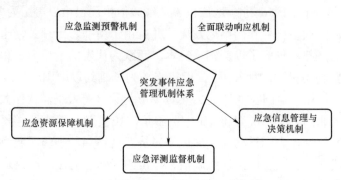

图1　突发事件应急管理机制体系结构

在突发事件应急管理机制体系中，应急监测预警机制是突发事件应急管理机制实施的前提基础；应急资源保障机制是突发事件应急管理机制正常运行的保障力量；应急信息管理与决策机制是突发事件应急管理机制的核心部分，决定着突发事件应急管理机制运行的方向和运行质量；全面联动响应机制是突发事件应急管理机制正常运行的程序依据和工作流程；应急评测监督机制是突发事件应急管理机制正常运行的关键部分，是持续改进和完善突发事件应急管理机制运行效果的监督力量。

2. 地缘政治格局变迁对突发事件应急管理机制建设提出的新要求

2.1　地缘政治格局变迁对突发事件应急管理机制体系的全过程控制管理提出了新要求

随着经济社会全球化进程不断加快，当前世界地缘政治格局已由单极化向多极化转变，全球地缘政治格局将出现板块化趋向，各种政治力量的复杂博弈催生了各种诱发突发事件的敏感、复杂、广泛关联的因素，动态地缘政治格局博弈微小变化诱发了日益复杂性、国际化的突发事件，并导致突发事件危害迅速蔓延，造成巨大的国际损失，这就要求突发事件应急管理机制体系实施全过程控制管理，从监测预警、应急响应至应急决策、应急保障实施动态化全过程控制管理，并且重点加强突发事件实施动态监测、风险评估和全过程预警管理，编制科学的预案，通过评估及时发现问题，发出灾害预警并做好相应预警处理工作，最大限度地预防或减少突发事件发生造成的各种社会损失。

2.2 地缘政治格局变迁对突发事件应急管理机制体系运行的多角色协同提出了更高要求

当前，一极地缘政治格局发生了根本性变化，多极化地缘政治格局正在构建和形成之中，各种政治力量正在激烈地博弈之中，促使突发事件发生的因素实现了国际化，这对应急管理体系建设和应急管理机制体系运行提出了更高要求，从而要求世界各国加强合作，构建科学的突发事件应急管理机制体系的运行机制，实现多角色协同，不断增强整体应急管理能力，共同应对日益复杂性、国际化的突发事件。

2.3 地缘政治格局变迁对突发事件应急管理机制体系功能的整体优化提出了更高要求

在世界地缘政治格局发生结构性变化，正处于多元化前夕的过渡时期的复杂多变的国际政治环境下，诱导突发事件发生的因素日益复杂性和国际化，使得突发事件的危害程度加大、影响范围国际化，造成巨大的灾害损失，这就对突发事件应急管理机制体系建设的整体优化提出更高要求，要求各国在构建突发事件应急管理机制体系时，充分整合应急预警、响应、保障、决策和监督五大功能，实现应急管理机制体系功能的整体优化，确保有效地应对日益复杂化、国际化的突发事件。

2.4 地缘政治格局变迁对突发事件应急管理机制体系的系统性提出了更严要求

在世界地缘政治格局处于向多极化转变的复杂动态博弈过程中，突发事件发生的敏感性日益增强，危害的扩散速度不断加快，并且当今信息传递渠道的多样化创新发展，使得突发事件发生的实际危害扩散速度和造成民众恐慌心态危害的扩散速度日益加快，这对应急管理机制体系建设的系统性提出了更严要求，要求各国在构建突发事件应急管理机制体系时，加强应急管理平台间的信息互通、安全、共享、联动及会商，建立综合协调、灵活高效、科学准确的全系统应急信息管理与决策机制，科学应对日益国际化、危害扩大化的突发事件。

3. 我国突发事件应急管理机制建设现状

近年来，我国各级政府高度重视突发事件应急管理机制建设，取得了一定的成果。目前，我国突发事件应急管理机制的体系结构基本形成，有效地提升了应急管理能力。但由于历史经验及现实状况的原因，加之地缘政治格局变迁对我国社会发展造成的各种影响，我国突发事件应急管理机制仍然存在诸多问题。主要是应急监测预警机制落后，应急预警的信息报告与发布体系不科学；全面联动响应机制不科学，缺乏协调机制；应急信息管理与决策有效机制未形成，应急信息管理与决策机制组织体系不完善，综合协调能力不强，缺乏持续性；同时，由于国家行政管理体制还不科学，部门之间职责交叉、权能交叉现象比较突出，应急动用法律保障体系不完善，应急预案不科学，社会应急动员保障体系不健全，应急评测监督制度不完善，过程监督不全面、不及时、无效率，综合效果评价不科学。

4. 地缘政治格局变迁下的突发事件应急机制"五面锥"综合体模型的构建

针对当前应急管理机制体系存在的诸多问题，为了在地缘政治格局变迁中把握主动权，提升突发事件应急管理综合能力，维护国家安全和社会稳定发展，我们要综合运用多种管理与控制理论方法，构建由全过程监测预警机制、全面联动响应机制、全方位应急资源保障机制、全系统应急信息管理与决策机制、全手段应急评测监督机制五部分有机构成的基于地缘政治格局变迁下的突发事件全面应急管理机制体系（图2）。

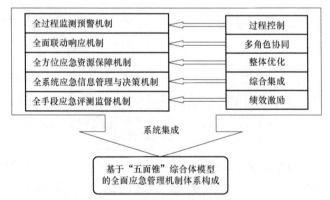

图2 突发事件全面应急管理机制"五面锥"综合体模型

4.1 构建基于过程控制的全过程监测预警机制

建立全过程监测预警机制就是要对可能发生的各种突发事件以及事件发生的全过程有一个充分的估计，提前做好应急准备，选择一个最佳应对方案，最大限度地减少损失。要从突发事件的演变规律入手，研究运用过程控制方法，建立多层次、多环节监测预警控制模型，实现对危险源不间断评估，以及对突发事件的全过程动态监测，以达到超前预警、及时干预和控制损失的全过程管理目的；要编制科学的应急预案，通过评估及时发现问题，改善应急管理全过程监测预警机制。

4.2 构建基于多角色协同的全面联动响应机制

要运用多角色协同理论建立包括基于分类分级的协同响应、基于多部门跨层级的垂直联动协同指挥和基于多方合作的综合协同响应在内的全面响应模型，以打破原有应急指挥条块分割和各自为政的传统响应机制，综合利用各方应急力量联合行动，以实现快捷高效的应急响应。

4.3 构建基于整体优化的全方位应急资源保障机制

突发事件应急资源保障机制并不仅仅是大量救援物资的储备，而是通过物资储备、财政预算、与相关部门签订协议等方式为突发事件应急管理提供各种保障。要建立由人力、财力、物力、信息等方面保障所形成的全方位应急资源保障机制。要引入多目标寻优法，研究建立应急物资、物流、通信和医疗救护等资源整合的优化方法及模型，为政府应急资源储备、调配及输送等提供科学决策工具和依据，以实现对突发事件的全面高效保障目标。

4.4 构建基于综合集成的全系统应急信息管理与决策机制

要建立以突发事件的全流程信息管理为基础，以危机的信息通信为途径，以突发事件管理机制为平台，再综合其他相关要素而形成全面整合的政府突发事件信息管理系统，根据突发事件应急管理信息，应急管理决策者要在相当有限的时间里和相当有限的资源约束下做出重大决策和快速反应；要加强各部门应急管理平台间的信息互通、安全、共享、联动及会商，运用综合集成研讨方法，建立人—机—网结合的多功能应急信息管理与决策模型，解决信息发布、指挥平台、信息管理、资源信息数据库、共享数据库等不同接口间的标准化衔接问题，以实现综合协调、灵活高效、科学准确的全系统应急信息管理与决策。

4.5 构建基于绩效激励的全手段应急评测监督机制

要引入绩效评估、绩效管理的具体方法，研究建立应急评测方法体系来研究配套的绩效监督制度，以综合运用行政、法律、经济和技术等手段对应急管理实施有效监督，实现全面应急机制的持续改进和完善。

5. 结束语

突发事件全面应急管理机制"五面锥"综合体系统代表着一类新理念，代表着一项基本的制度安排，代表着一种整合流程，代表着一套科学的方法。

当前，国际地缘政治格局正处于"多极化"和"均衡化"的动态演化过程中，激烈的政治博弈促发了突发事件的发生日益频繁化和复杂化，对突发事件应急管理机制体系建设提出了更高的新要求。为此，全面科学分析国际地缘政治格局变迁对应急管理机制体系建设的影响，加强应急管理机制"五面锥"综合体系建设，进一步增强各国应急管理能力，有效应对国际化突发事件已成为各国政府的当务之急。

参考文献

[1] 宋英华，等. "十一五"期间湖北省突发事件应急体系建设规划 [R]. 武汉：湖北人民出版社，2006.

[2] 庄越. 安全事故应急管理 [M]. 北京：中国经济出版社，2009.

[3] 郭济、高小平、沈荣华. 中央和大城市政府应急机制建设 [M]. 北京：中国人民大学出版社，2005.

[4] 薛克勋. 中国大中城市政府紧急事件响应机制研究 [M]. 北京：中国社会科学出版社，2005.

[5] 薛澜，张强，等. 危机管理：转型期中国面临的挑战 [M]. 北京：清华大学出版社，2003.

[6] 邹勇杰，陈奕平. 从"9·11事件"看美国的应急救援行动 [N]. 上海市民防信息报，2009-07-25.

[7] 宋英华. 突发公共事件应急管理导论 [M]. 北京：中国经济出版社，2009.

[8] 林利民. 世界地缘政治新格局与中国的战略选择 [J]. 现代国际关系，2010（4）：1-2.

[9] 杨洁勉. 当前国际战略态势和国际形势特点 [J]. 国际展望，2009（11）：1-2.

基于危机周期理论的应急管理能力体系构建与评价研究

黄宏纯

武汉理工大学管理学院　武汉　湖北　430070
广西财经学院　广西　南宁　53300

[摘要] 本文运用危机周期理论，阐明了应急管理能力的内涵及构成要素，并在分析我国突发事件应急管理能力体系建设现状及存在问题的基础上，构建了基于危机周期理论的应急管理能力体系，运用模糊灰色综合评价方法，对突发事件应急管理能力进行评价，以期为政府加强应急管理能力体系建设、增强应急管理能力提供借鉴。

[关键词] 危机周期理论；应急管理能力；体系；构建；研究

中图分类号：D625　　　文献标识码：A

突发事件频频发生，而我国各级政府在应对突发事件时仍然偏重于应急，预警预防式管理还相对滞后，综合应急管理能力明显不足，所以进一步加强突发事件应急管理综合能力已经成为近年来我国各级政府日益重视的领域[1]。为此，本文运用危机周期理论（CCT），探讨构建基于危机周期理论的应急管理能力体系，以期对政府提升应急管理能力提供借鉴，避免或减少突发事件造成的社会损失。

1. 危机周期理论概述

美国危机管理学家斯蒂文·芬克（Steven Fink）根据公共危机事件演化过程提出了危机周期理论[2]。危机周期理论认为公共危机从发生到结束形成了一个完整的生命周期，一般经历四个阶段：危机发生前阶段、危机发生阶段、危机持续阶段、危机消亡阶段。

——危机发生前阶段。这个阶段中各种导致公共危机发生的潜在因素不断出现，并且不断积累，预示着公共危机即将发生[3]。此时，如果通过严密安全检查，及时发现公共危机诱发因素并提前采取有效措施加以处理的话，将可以避免公共危机发生，消除公共危机造成的危害性。

——危机发生阶段。这个阶段是指公共危机爆发阶段。公共危机发生后，必定会造成社会损失和民众伤亡，如果政府应急管理处理能力强，解决措施科学有效，就可实现公共危机的可控性；如果处理不当，就将恶化公共危机，造成更大损失。

——危机持续阶段。这个阶段是指危机持续发生及延续阶段。这个阶段要加强对人力、财力和物力调配，以便更好地应对公共危机。如果应急保障资源不足，将会造成应急管理能力不强，造成公共危机次灾害事件发生，扩大公共危机灾害性。

——危机消亡阶段。这个阶段是指经历了危机持续期之后，政府部门采取有效应对措施加以处理之后，公共危机消亡了。在这个阶段主要是通过灾害重建和恢复工作，使社会组织回到正常状态；同时，通过分析公共危机发生的本质、诱因，采取针对性的预防措施，防止再生公共危机。[4,5]

全面认识危机周期理论四个阶段的具体情况以及突发事件对应急管理能力的迫切需求，对于有所侧重地加强应急管理系统中的预警、应急决策、保障、善后恢复等能力极为重要。

2. 基于危机周期理论的应急管理能力内涵及构成要素

2.1 科学内涵

应急管理能力是指突发事件发生时，政府充分调动人力、物力、财力等各种应急保障资源，通过对应急预案和应急法制、应急体制、应急机制（"一案三制"）的全面运用，力求在较短时间内最大化减少由突发事件所造成的人员伤亡和财产损失，确保社会稳定的一种应急处理能力[6]。

基于危机周期理论的应急管理能力是指采用危机周期方法论，将应急管理能力系统划分为与四个阶段对应的预警、决策响应、应急保障、善后恢复四大能力，以此来加强不同阶段的预警、响应、保障、善后恢复能力，通过全面运用"一案三制"，力求在较短时间内将各种社会损失降到最低，保证社会稳定的一种综合应急处理能力系统。

2.2 构成要素

本文认为基于危机周期理论的应急管理能力是由应急预警、应急决策响应、应急保障、善后恢复四个能力单元所组成的一个科学的应急管理能力体系（图1）。这四个能力单元在危机的每个阶段中大小和重要性各不相同，其在危机四阶段中的具体体现如图2所示。其中，应急预警能力是在危机发生前阶段居于核心地位，并且是在危机发生前阶段需要加强建设的子能力系统；应急决策响应能力是在危机发生阶段居于核心地位，在危机持续、消亡、发生前阶段居于重要地位，需要在四个阶段，特别是危机发生阶段加强建设的子能力系统；应急保障能力是在危机持续阶段居于核心地位，在危机持续、消亡、发生前阶段居于重要地位，需要在四个阶段，特别是危机持续阶段加强建设的子能力系统；善后恢复能力是在危机消亡阶段居于核心地位，在危机消亡阶段需要加强建设的子能力系统。通过运用高端科技，可加强预警、决策响应、保障、善后恢复四大能力子系统建设并有效地运行，从而不断增强对危机周期四阶段灾害形态的有针对性处置能力，减少四个阶段灾害形态所造成的各种社会损失，提升整体应急管理能力。

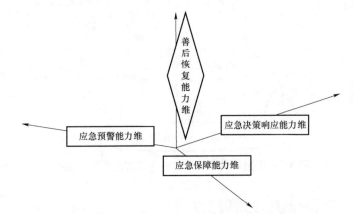

图1 基于危机周期理论的应急管理能力要素的四维构成

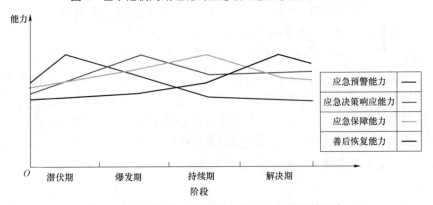

图2 危机四阶段中四种能力的大小与重要性示意

3. 基于危机周期理论的应急管理能力体系构建

当前，我国突发事件应急管理能力体系不适应突发事件应对需要，应急预防系统落后，没有完善的安全监测与控制体系；应急决策响应能力系统建设缺乏应急理论知识指导，造成应急决策响应能力系统低效化；应急动员保障体系不健全，使得应急保障能力较弱；缺乏对受灾民众的人文关怀，善后恢复能力系统建设偏离人性化方向，只重科技恢复，缺乏人性化疗理恢复。针对我国突发事件应急管理能力体系建设存在的诸多问题，我们要应用危机周期理论，构建由科学的应急预警能力子系统、快速的应急决策响应能力子系统、完善的应急保障能力子系统、全面性善后恢复能力子系统组成的四位一体的应急管理能力体系（图3）[7]。

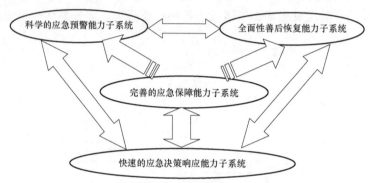

图3 基于危机周期理论的应急管理能力体系结构

3.1 构建科学的应急预警能力子系统

要运用高端预警监测分析技术，构建由应急预警监测与分析能力单元，预警级别对应预警能力体系，预警信息收集、分析、报告及披露能力单元所构成的应急预警能力子系统[8]。要构建完善的安全监测与控制体系、预警分析系统，提升应急预警监测与分析能力；要根据公共危机事件的危害范围和危害程度，明确预警级别及建设相应预警能力系统；要建立综合性的预警信息平台，规划完善危机状态下的信息收集、分析、报告及披露制度，增强预警信息综合处理能力。通过系统性地加强应急预警监测与分析能力单元，预警级别对应预警能力体系，预警信息收集、分析、报告及披露能力单元三大能力功能模块建设，提升预警能力。

3.2 构建快速的应急决策响应能力子系统

要构建快速的应急决策响应能力的组织体系，形成科学高效的决策层、指挥监督层、执行响应层，提升整体应急决策响应能力；要加强支撑实施快速的应急决策响应能力的法规与制度建设，为提升应急决策响应能力提供制度保障；要明确职能部门责任，加强职能部门间的协同合作，增强决策响应综合协调能力；要构建综合性的应急决策信息传送、交流、报告和发布平台,增强应急决策信息传输效率和质量,确保各职能部门第一时间掌握最新的应急决策信息,并第一时间做出相应的处置,从而实现应急决策响应能力高效化。

3.3 构建完善的应急保障能力子系统

要充分调动各种应急保障资源,构建科学合理的人力保障、物力保障、财力保障、社会动员保障四大保障能力子系统,增强整体保障能力,为实施高效的预警、决策响应、善后恢复三大能力,减少公共危机带来的各种损失提供保障。

3.4 构建全面性善后恢复能力子系统

要改变一直以来重在对物的善后恢复,而忽视对人心理恢复的观念与做法,以及由此带来的善后恢复能力系统建设方向偏差和善后恢复资源配置不合理,构建由对物善后恢复能力和对人心理恢复能力两层面组成的全面性善后恢复能力子系统,强化对人心理恢复能力的提高。在实施全面性善后恢复能力,迅速恢复生产,稳定社会生活的基础上,要注重对个人开展心理援助,弥补公共危机对人造成的心理创伤,体现人性化救助理念。

4. 基于危机周期理论的应急管理能力模糊灰色综合评价模型设计

本文通过科学分析,确定从应急预警能力、应急决策响应能力、应急保障能力和善后恢复能力四个方面对突发事件应急管理战略综合能力进行分析,建立相应的评价指标体系。每项一级指标下二级指标的具体内容如表1所示。

本文的应急管理能力评价因素集如图1所示。设 W 表示目标层基于危机周期理论的应急管理能力评价综合值。U 表示准则层一级评价指标 U_i 所组成的集合,记为 $U=\{U_1,\cdots,U_m\}$,分别代表应急预警能力、应急决策响应能力、应急保障能力和善后恢复能力;U_i 表示指标层二级评价指标 U_{ij} 集合,记为 $U_i=\{U_{i1}, U_{i2},\cdots, U_{ij}\}$,其中,$m=1、2、3、4$,表示4个主因素,$j$ 为第 i 类因素的第 j 个子因素[9],如表1所示。

4.1 确定评价指标 U_i 和 U_{ij} 的权重

本文运用层次分析法(AHP)构造一个层次结构模型,将隶属于同一上层的各元素按"1~9"标度法进行两两比较,将判断定量化,建立判断矩阵,并利用矩阵特征值的求解方法确定一级评价指标 U_i 和二级评价指标 U_{ij} 的权重,具体计算结果如表 1 所示。

表 1 基于危机周期理论的应急管理能力评价指标及各指标权重

	一级评价指标	权重 W	二级评价指标	权重 a_{ij}
基于危机周期理论的应急管理能力评价指标体系	应急预警能力 U_1	0.345 3	应急监测能力 U_{11}	0.095 3
			应急预警研判能力 U_{12}	0.466 8
			应急预警应对能力 U_{13}	0.277 6
			应急预警反馈能力 U_{14}	0.160 3
	应急决策响应能力 U_2	0.205 3	应急响应能力 U_{21}	0.428 7
			应急指挥能力 U_{22}	0.230 4
			应急协调能力 U_{23}	0.147 2
			应急处置能力 U_{24}	0.193 7
	应急保障能力 U_3	0.205 3	资源整合保障能力 U_{31}	0.281 0
			科技资源保障能力 U_{32}	0.311 0
			信息保障能力 U_{33}	0.126 9
			动员保障能力 U_{34}	0.281 0
	善后恢复能力 U_4	0.244 1	损失评估能力 U_{41}	0.143 3
			善后处置能力 U_{42}	0.170 4
			善后社会保障能力 U_{43}	0.462 0
			恢复重建能力 U_{44}	0.224 3

4.2 确定评语集和样本矩阵

本文将应急管理能力评价等级划分为 5 级:优秀、良好、中等、较差、差,并设评语集为 $V=\{V_1, V_2, V_3, V_4, V_5\}$,其中,$V_1$、$V_2$、$V_3$、$V_4$、$V_5$ 表示的评语分别为优秀、良好、中等、较差、差,对应的应急管理能力程度分别为高、较高、中等、较低、低,并分别赋值 5 分、4 分、3 分、2 分、1 分,指标等级介于两相邻等级之间时,相应评分为 4.5 分、3.5 分、2.5 分、1.5 分。

邀请 10 位应急管理领域的专家构成专家评价小组,对各单项指标进行打分,分数在 1~5 内取值,求得评价样本矩阵 D 如下:

$$D = \begin{pmatrix} 3 & 3.5 & 4.5 & 4 & 4 & 3.5 & 3.5 & 3 & 3.5 & 3.5 \\ 5 & 4.5 & 5 & 5 & 4.5 & 4 & 5 & 4.5 & 4 & 5 \\ 4.5 & 3.5 & 4 & 4.5 & 4 & 4 & 4.5 & 5 & 5 & 4.5 \\ 3.5 & 4 & 4.5 & 3.5 & 4 & 4.5 & 4 & 3.5 & 4 & 4.5 \\ 4.5 & 4.5 & 5 & 4 & 3.5 & 4 & 3.5 & 4.5 & 3.5 & 5 \\ 4 & 4.5 & 3.5 & 4.5 & 4 & 4.5 & 4 & 3.5 & 3.5 & 3.5 \\ 3 & 3.5 & 3 & 3.5 & 3.5 & 3 & 3 & 3.5 & 3 & 3.5 \\ 4 & 3.5 & 3.5 & 4 & 3.5 & 3 & 4 & 3.5 & 3 & 3 \\ 4 & 4 & 3.5 & 4 & 4 & 3.5 & 4 & 4 & 3.5 & 3.5 \\ 4.5 & 4 & 4 & 4.5 & 4.5 & 4 & 3.5 & 4.5 & 4.5 & 4 \\ 3 & 2.5 & 3 & 2.5 & 3 & 2.5 & 2.5 & 3 & 2.5 & 2.5 \\ 4 & 3.5 & 3.5 & 4 & 3 & 3 & 3.5 & 4 & 3.5 & 3.5 \\ 3.5 & 3 & 3 & 3.5 & 3 & 3 & 3.5 & 3.5 & 3 & 3 \\ 3.5 & 3.5 & 4 & 3.5 & 3 & 3 & 4 & 3.5 & 3.5 & 3 \\ 5 & 4.5 & 4 & 4.5 & 4.5 & 4 & 4 & 4.5 & 4.5 & 4 \\ 3.5 & 4 & 4.5 & 4 & 3.5 & 4.5 & 4 & 4 & 4.5 & 3.5 \end{pmatrix}$$

4.3 建立评价灰类和白化权函数

本文采用灰色理论的灰色评价方法计算评价指标的权矩阵。根据上述评价指标 C_{ij} 的评价等级标准,设定 5 个评价灰类,灰类序号为 e,即 $e=1,2,3,4,5$,分别表示优秀、良好、中等、较差、差。按照灰类给各定性指标做白化权函数。五个灰类对应的白化权函数如下所示:

第一灰类:"优秀"$\{e=1\}$,$\otimes_1 \in [0,5,10]$,白化权函数为 f_1:

$$f_1(d_{ijk}^{(s)}) = \begin{cases} d_{ijk}^{(s)}/5 & d_{ijk}^{(s)} \in [0,5] \\ 1 & d_{ijk}^{(s)} \in [5,10] \\ 0 & d_{ijk}^{(s)} \notin [0,10] \end{cases}$$

第二灰类:"良好"$\{e=2\}$,$\otimes_2 \in [0,4,8]$,白化权函数为 f_2:

$$f_2(d_{ijk}^{(s)}) = \begin{cases} d_{ijk}^{(s)}/4 & d_{ijk}^{(s)} \in [0,4] \\ (8-d_{ijk}^{(s)})/4 & d_{ijk}^{(s)} \in [4,8] \\ 0 & d_{ijk}^{(s)} \notin [0,8] \end{cases}$$

第三灰类:"中等"$\{e=3\}$,$\otimes_3 \in [0,3,6]$,白化权函数为 f_3:

$$f_3(d_{ijk}^{(s)}) = \begin{cases} d_{ijk}^{(s)}/3 & d_{ijk}^{(s)} \in [0,3] \\ (6-d_{ijk}^{(s)})/3 & d_{ijk}^{(s)} \in [3,6] \\ 0 & d_{ijk}^{(s)} \notin [0,6] \end{cases}$$

第四灰类:"较差"$\{e=4\}$,$\otimes_4 \in [0,4,6]$,白化权函数为 f_4:

$$f_4(d_{ijk}^{(s)}) = \begin{cases} d_{ijk}^{(s)}/2 & d_{ijk}^{(s)} \in [0,2] \\ (6-d_{ijk}^{(s)})/2 & d_{ijk}^{(s)} \in [2,4] \\ 0 & d_{ijk}^{(s)} \notin [0,4] \end{cases}$$

第五灰类: "差" $\{e=5\}$, $\otimes_5 \in [0,1,2]$, 白化权函数为 f_5:

$$f_5(d_{ijk}^{(s)}) = \begin{cases} 1 & d_{ijk}^{(s)} \in [0,1] \\ (2-d_{ijk}^{(s)})/1 & d_{ijk}^{(s)} \in [1,2] \\ 0 & d_{ijk}^{(s)} \notin [0,2] \end{cases}$$

4.4 计算灰色评价系数

对于评价指标 U_{ij}, 第 S 个指标属于第 e 个评价灰类的灰色评价系数为 $x_{ije}^{(s)}$, 则有: $x_{ijt}^{(s)} = \sum_{k=1}^{p} f_e(d_{ije}^{(s)})$

对于评价指标 U_{ij}, 第 S 个指标属于各个评价灰类的总灰色评价系数为 $x_{ij}^{(s)}$, 则有: $x_{ijt}^{(s)} = \sum_{e=1}^{4} f_e(d_{ije}^{(s)})$

对 U_{11} 来说, 各灰类的统计数为:

$e=1$

$x_{111} = f_1(3) + f_1(3.5) + f_1(4.5) + f_1(4) + f_1(4) + f_1(3.5) + f_1(3.5) + f_1(3) + f_1(3.5) + f_1(3.5)$
$=3/5+3.5/5+4.5/5+4/5+4/5+3.5/5+3.5/5+3/5+3.5/5+3.5/5=7.2$

$e=2$

$x_{112} = f_2(3) + f_2(3.5) + f_2(4.5) + f_2(4) + f_2(4) + f_2(3.5) + f_2(3.5) + f_2(3) + f_2(3.5) + f_2(3.5)$
$=3/4+3.5/4+3.5/4+1+1+3.5/4+3.5/4+3/4+3.5/4+3.5/4=8.75$

$e=3$

$x_{113} = f_3(3) + f_3(3.5) + f_3(4.5) + f_3(4) + f_3(4) + f_3(3.5) + f_3(3.5) + f_3(3) + f_3(3.5) + f_3(3.5)$
$=1+2.5/3+1.5/3+2/3+2/3+2.5/3+2.5/3+1+2.5/3+2.5/3=8$

$e=4$

$x_{114} = f_4(3) + f_4(3.5) + f_4(4.5) + f_4(4) + f_4(4) + f_4(3.5) + f_4(3.5) + f_4(3) + f_4(3.5) + f_4(3.5)$
$=1/2+0.5/2+0+0+0+0.5/2+0.5/2+1/2+0.5/2+0.5/2=2.25$

$e=5$

$x_{115} = f_5(3) + f_5(3.5) + f_5(4.5) + f_5(4) + f_5(4) + f_5(3.5) + f_5(3.5) + f_5(3) + f_5(3.5) + f_5(3.5)$
$=0+0+0+0+0+0+0+0+0+0=0$

因此 U_{11} 总评价系数 $x_{11} = x_{111} + x_{112} + x_{113} + x_{114} + x_{115} = 7.2+8.75+8+2.25+0=26.2$。

同理, 可以计算其他指标的灰色评价数。

4.5 计算灰色评价权向量及权矩阵

指标 U_{11} 的评价权向量 r_{11}：

$r_{11} = (x_{111}/x_{11}, x_{112}/x_{11}, x_{113}/x_{11}, x_{114}/x_{11}, x_{115}/x_{11}) = (0.275, 0.334, 0.305, 0.086, 0)$

同理，可计算 r_{12}，r_{13}，r_{14}，…，r_{44} 等 15 个指标的评价权向量。

根据以上计算，我们得到 U_1、U_2、U_3、U_4 指标的灰色模糊评价矩阵分别为 R_1、R_2、R_3、R_4：

$$R_1 = \begin{bmatrix} r_{11} \\ r_{12} \\ r_{13} \\ r_{14} \end{bmatrix} = \begin{bmatrix} 0.275 & 0.334 & 0.305 & 0.086 & 0.00 \\ 0.419 & 0.378 & 0.203 & 0.00 & 0.00 \\ 0.373 & 0.380 & 0.236 & 0.011 & 0.00 \\ 0.324 & 0.375 & 0.270 & 0.030 & 0.00 \end{bmatrix}$$

$$R_2 = \begin{bmatrix} r_{21} \\ r_{22} \\ r_{23} \\ r_{24} \end{bmatrix} = \begin{bmatrix} 0.351 & 0.366 & 0.251 & 0.031 & 0.00 \\ 0.318 & 0.367 & 0.275 & 0.040 & 0.00 \\ 0.236 & 0.295 & 0.333 & 0.136 & 0.00 \\ 0.261 & 0.329 & 0.313 & 0.094 & 0.00 \end{bmatrix}$$

$$R_3 = \begin{bmatrix} r_{31} \\ r_{32} \\ r_{33} \\ r_{34} \end{bmatrix} = \begin{bmatrix} 0.299 & 0.374 & 0.288 & 0.039 & 0.00 \\ 0.351 & 0.387 & 0.251 & 0.010 & 0.00 \\ 0.195 & 0.244 & 0.325 & 0.235 & 0.00 \\ 0.258 & 0.322 & 0.317 & 0.103 & 0.00 \end{bmatrix}$$

$$R_4 = \begin{bmatrix} r_{41} \\ r_{42} \\ r_{43} \\ r_{44} \end{bmatrix} = \begin{bmatrix} 0.231 & 0.288 & 0.337 & 0.144 & 0.00 \\ 0.269 & 0.336 & 0.309 & 0.085 & 0.00 \\ 0.373 & 0.391 & 0.236 & 0.00 & 0.00 \\ 0.324 & 0.375 & 0.270 & 0.030 & 0.00 \end{bmatrix}$$

4.6 计算综合评价值

（1）对一级评价指标 U_1 做出评价。一级评价指标 U_1 的评价结果 B_1：

$B_1 = W_1 \cdot R_1 = (0.377\,2, 0.215\,0, 0.232\,7, 0.016\,1, 0)$

同理，我们可以计算 U_2，U_3，U_4 的综合评价值 B_2，B_3，B_4。

$$R = \begin{bmatrix} B_1 \\ B_2 \\ B_3 \\ B_4 \end{bmatrix} = \begin{bmatrix} 0.377\,2 & 0.215\,0 & 0.232\,7 & 0.016\,1 & 0.00 \\ 0.309\,1 & 0.348\,6 & 0.280\,6 & 0.060\,7 & 0.00 \\ 0.290\,4 & 0.347\,0 & 0.287\,4 & 0.072\,8 & 0.00 \\ 0.323\,9 & 0.363\,3 & 0.270\,6 & 0.041\,8 & 0.00 \end{bmatrix}$$

（2）计算综合评价值。由 $R = (B_1, B_2, B_3, B_4)^T$，且 $W = (0.345\,3, 0.205\,3, 0.205\,3, 0.244\,1)$ 可得综合评价值 $B = W * R = (0.332\,4, 0.305\,7, 0.263\,1, 0.043\,2, 0)$。设将各评

价灰类等级按"灰水平"赋值，即第一灰类"优秀"取5，第二灰类"良好"取4，第三灰类"中等"取3，第四灰类"较差"取2，第五灰类"差"取1，则各级评价灰类等级值化向量 $\boldsymbol{C}$=(5, 4, 3, 2, 1)，所以基于危机周期理论的应急管理能力模糊灰色综合评价值：

$$U=\boldsymbol{B} * \boldsymbol{C}^\mathrm{T}=(0.332\ 4, 0.305\ 7, 0.263\ 1, 0.043\ 2, 0)*(5, 4, 3, 2, 1)^\mathrm{T}=3.760\ 5$$

4.7　评价结果分析

根据上述模糊灰色综合评价方法分析，可得基于危机周期理论的应急管理能力模糊灰色综合评价值为3.760 5，按照前面的评价准则，基于危机周期理论的应急管理能力属于中等偏上水平，较接近较高水平，即接近良好一级水平，但距高级水平，即优一级水平还有一段距离。

此外，从专家的打分情况可以看出，应急预警能力、应急决策响应能力是整个基于危机周期理论的应急管理能力中的关键因素；同时，应急预警研判能力、应急响应能力、科技资源保障能力、善后社会保障能力等指标专家给分较高，具有较高的权重。但总体来讲，大部分二级指标属于中等偏上水平，有些指标超过较高水平，接近高级水平。再者，应急监测能力、应急协调能力、信息保障能力、损失评估能力这四个指标专家打分较低，要加以重视，并且对于其他指标应兼顾全面性、合理性优化，以期进一步提升突发事件应急管理能力。

总而言之，灰色模糊综合评价方法既充分考虑了专家的丰富经验，又有效减小了主观因素的影响，因此，该方法适用于基于危机周期理论的应急管理能力评价。

5. 结束语

突发事件日益复杂化和国际化，对社会和民众造成巨大影响，这给突发事件应急管理能力提出了新的要求[10]。本文构建基于危机周期理论的应急管理能力体系，并运用模糊灰色综合评价方法，对突发事件应急管理能力进行评价，充分利用了专家评判信息的模糊性与灰性，使评价结果更为科学有效，以期有效地提升应急预警能力、应急决策响应能力、应急保障能力、善后恢复能力，有效地应对危机发生前阶段、危机发生期、危机持续期和危机消亡期四个阶段的灾害形态，减少公共危机造成的各种社会损失。

参考文献

[1] 庄越. 安全事故应急管理 [M]. 北京：中国经济出版社，2009.

[2] 宋英华. 突发公共事件应急管理导论 [M]. 北京：中国经济出版社，2009.

［3］张茜. 公共危机管理系统研究［M］. 武汉：武汉理工大学，2006（10）.

［4］宋英华，王容天. 基于危机周期的我国突发事件应急管理机制研究［J］. 华中农业大学学报，2009（10）.

［5］黄宏纯（黄玖）. 突发公共事件管理中政府与新闻媒体互动关系研究［J］. 当代经济，2007（10）.

［6］宋英华，等. 湖北省应急管理科技支撑体系建设研究报告［R］. 武汉：湖北人民出版社，2008：24－26.

［7］黄明解，等. 湖北省突发公共事件应急科技支撑体系建设研究［J］. 科技创业，2008（1）：12－15.

［8］杨青，田依林，宋英华. 基于过程管理的城市灾害应急管理综合能力评价体系研究［J］. 中国行政管理，2007（3）：103－106.

［9］赵玲，聂锦砚. 模糊模式识别模型在城市灾害应急能力评价中的应用［J］. 中国公共安全（学术版），2008，13（9）：2－3.

［10］宋英华. 应急管理技术创新体系构建研究［J］. 科学学与科学技术管理，2009（4）：87－90.

中小企业财务风险控制策略研究

黄宏纯

广西财经学院　广西　南宁　530030

[摘要] 企业的财务风险管理已经成为企业可持续发展的重要组成部分,财务危机如果处理不当就有可能导致企业的破产,因此,本文以相关的财务风险管理理论为基础,从界定中小企业财务风险管理的概念入手,论述了当前我国中小企业财务风险管理存在的问题,研究了中小企业财务风险控制策略,以期进一步增强中小企业抗财务风险能力。

[关键词] 中小企业;财务风险;风险控制

改革开放以来,中国的经济迅猛发展,但是在市场经济条件下,尤其是中国加入WTO(世界贸易组织)以后,企业间的竞争也日益激烈。尤其是中小企业,自身实力不够雄厚,为取得快速发展必然会大量举债,由于各方面系统不如大企业那么完善,如果没有进行及时的风险预测及防范,就有可能招致财务危机,财务危机如果处理不当就有可能导致破产。[1]因此,企业的风险管理已经成为企业可持续发展的重要组成部分,其中,财务风险管理是企业风险管理的核心。因此,本文首先阐述财务风险的定义、基本类型与特征,在分析中小企业财务风险管理存在问题及成因的基础上,研究中小企业财务风险控制策略,增强中小企业抗财务风险能力。

1. 财务风险的定义、基本类型与特征

1) 财务风险的定义

企业的财务风险是指企业财务活动所发生的结果与原来计划的结果发生偏离的可能性。它贯穿于整个资金运作的全过程。对于财务风险的定义,理论学界存在着广义和狭义两种认识。[2]前者认为,财务风险就是在企业的各项活动中,由于企业内部环境和外部环境的影响,财务活动实际发生的结果与原先设想的结果发生了偏离,从而有可能给企业造成损失。后者认为,财务风险是指企业由于大

量举债经营而产生到期无法偿还债务的可能性。这种观点认为财务风险是和债务密切相关的。如果企业没有举债,也就是企业经营完全依靠自有资本,就不会产生财务风险。

企业财务管理的最终目标是实现企业的价值最大化。由于在企业的整个财务活动流程中,如果管理不当,其中的任何一个环节都有可能出现问题,一旦问题解决不好就有可能导致企业受损,因此将企业经营全过程中的资金运动作为主要研究对象,有利于在更宽泛、更高的视野之上研究财务运作中可能出现的风险问题,从而将企业的价值损失降到最低限度。本文中所讲的财务风险是指广义上的财务风险。[3]

2)财务风险的基本类型[4]

(1)筹资风险。筹资风险指的是由于资金供需市场、宏观经济环境的变化,企业筹集资金给财务成果带来的不确定性。

(2)投资风险。投资风险指企业投入一定资金后,因市场需求变化影响最终收益而与预期收益偏离的风险。

(3)经营风险。经营风险又称营业风险,是指在企业的生产经营过程中,供、产、销各个环节不确定性因素的影响所导致的企业资金运动的迟滞,产生企业价值的变动。

(4)存货管理风险。存货管理风险是指企业由于缺乏存货管理意识、管理机制导致的存货周转缓慢、存货损失大等现象的风险。

(5)流动性风险。流动性风险是指企业资产不能正常和确定性地转移现金或企业债务与付现责任不能正常履行的可能性。

3)财务风险的特征[5]

财务风险主要具备以下几个特征:

(1)客观性。财务风险产生的原因是客观存在的,只要导致财务风险产生的要素具备,财务风险就会降临。

(2)不确定性。财务风险既有可能发生,也有可能不发生,并且风险发生的强弱程度也是不确定的。

(3)相关性。财务风险与负债经营密切相关,财务风险主要是由于不能偿还到期债务而引发的,因而很多时候与负债相关联;也可能与企业发展有关,企业大量举债的目的是扩大再生产,扩大公司规模。

(4)损失性。提起风险,人们自然会想到损失。如果财务风险处理不当,就会影响企业正常的生产经营活动,致使效益低下、营利能力降低,甚至导致企业破产。

(5)收益性。财务风险并不是都会带来损失,也可能为企业带来机会和收益。因为风险不同于危险,危险是指某项活动不可能成功,只会导致失败的结果,但风险同时蕴含着收益的可能。一般情况下，风险与收益成正比，即高风险高收益，低风险低收益。

（6）潜在性。财务风险在发生之前，通常有一个不被人注意的阶段，损失也是潜在的。因此财务风险处在潜在期的时候是预测和做好应对工作的最佳时期。

（7）威胁性。财务风险在爆发之前对企业的生产经营活动始终是一个威胁，只有将风险形成的决定性因素消除，威胁才能够被消除。

2. 中小企业财务风险管理存在的问题

（1）法人治理结构不完善。现代的企业制度要求建立规范的法人治理结构，企业的股东大会、董事会、监事会以及管理层要互相监督、互相制约。但是我国的很多企业内部控制存在严重问题，股东大会以及监事会作用非常有限，严重地影响了互相监督、互相制约的体制。

（2）管理模式比较僵化，管理理念比较陈旧。首先，许多中小企业的所有者就是经营者，这种企业往往缺乏高素质的专业人才，这种落后的管理模式往往会给企业的财务管理带来很多问题。其次，那些中小企业的所有者大部分不是财务管理专业出身，因此这方面的管理理念往往比较落后。在企业的经营过程当中，管理者的领导风格和方式对企业的影响非常大，我国很多企业的管理者都是重经营而忽视企业的管理。[6]

（3）内部控制制度不完善，财务决策比较随意，费用报支不够合理。股东大会、董事会、监事会以及经理层互相监督、互相制约的机制没有建立。费用的报支缺乏适当的管理，可能导致员工从费用报支获取不法利益。很多企业根本没有任何相关的管理制度，员工往往养成了奢侈浪费的坏习惯。他们会认为，这是公司的钱，爱怎么花就怎么花。久而久之，公司的资产就在这点点滴滴中逐渐被蚀毁掉。

（4）费用的审核权限过于向上集中。大部分企业的管理人员都会授权一些例行事务的处理，但是一旦涉及费用的审核，就得亲自去处理。这种过于向上集中的费用审核权，会使低层员工对费用的报支产生恐惧感，因此对于一些需要动用资金的活动，宁可不去做，也不愿意去主动申请。这种现象还会产生其他一些不良的后果，如许多高层管理人员对非直接管辖部门的工作并不了解，也就不会知道某些费用的报支是否合理。[7]

3. 中小企业财务风险管理存在问题的原因

（1）企业内部风险意识相对薄弱。中国加入 WTO 以后，企业面临着更大的竞争环境，以及各种各样的风险，但无论是何种风险，企业都应该建立管理风险的机制来加强管理。现在许多企业风险意识都极其薄弱，这是非常危险的，一旦风险产生，后果不堪设想。

（2）内部监督不力。现在，有相当一部分企业对内部监督不够重视，内部监督体系不完善、不合理，这丧失了它应有的监督作用。

（3）信息系统失真。信息系统失真最为严重的就是会计处理缺乏连贯性。目前许多企业由于会计工作秩序混乱而造成的信息失真现象极为严重。例如会计凭证的填制缺少有效的原始凭证支持，人为捏造会计事实、隐瞒或虚报收入和利润等。

4. 中小企业财务风险的控制策略

1）强化中小企业制度建设

中小企业应当建立和完善企业的各项管理制度，健全企业内部控制制度，树立工程项目事前、事中、事后的全过程控制的管理理念。制度制定后，关键还在于严格执行，并在实践中不断完善健全，不能让制度流于形式而成为摆设。在社会主义市场经济体系不断完善、经济全球化进一步深入的今天，建立科学有效的内部控制制度并切实实施，是中小企业实现经营管理等目标的有力保证，是提高中小企业竞争力的重要途径。[8]

2）强化过程控制

面对市场竞争激烈的严峻形势，中小企业只有不断加强成本管理，挖潜降耗，提高效益，增强市场竞争力，才能保持企业可持续发展。保证目标成本的实现，是中小企业取得预期经济效益的有效途径。保证目标、成本的实现，强化过程控制是关键。

3）对财务风险进行实时监控

财务风险通常要经历一个长期积累变化的过程。这期间，各种危机的因素都将直接或间接地通过一些敏感性财务指标的优劣变化，对企业的财务危机发生预警作用。这就需要借助于一定的内控制度将指标体系与管理者对风险的判断结合起来，形成规范和制度化的财务预警机制。为了加强对中小企业进行风险的实时监控，提高企业财务预警指标体系管理的效率和效果，[9]在财务风险预警系统的建立中，应坚持实用性和可操作性，但实时监控的指标不宜过多。具体按以下五个顺序实施：一是设定财务实时监控指标；二是实时监控指标标准值的选择；三是计算设定实时监控指标的实际值；四是通过实时监控指标实际值和标准值的比较分析判断危险度；五是编制财务实时监控分析报告。

4）建设财务风险控制文化，增强财务风险控制意识

公司财务风险的高效管理需要全员参与和制度支撑。在文化层面上加强公

员工的财务风险意识，建立起全面整体的风险观，在工作中处处时时评估和发现风险，自发地协调和实现团队化风险控制。管理层调查和规划本公司的风险制度文化建设，制度控制和文化引导双管齐下，努力提升公司的风险管理水平。要使财务管理人员明白，财务风险存在于财务管理工作的各个环节，任何环节的工作失误都可能会给公司带来财务风险，因此必须将风险防范贯穿于财务管理工作的始终。

参考文献

[1] 苏淑欢. 企业财务风险管理 [M]. 北京：清华大学出版社，2005：86-203.

[2] 王海翔. 资本结构模型优化之我见 [J]. 财会月刊，2004：17-18.

[3] 赵新刚，李学伟，袁晓波. 优化企业资本结构的数量分析 [J]. 北方交通大学学报，2002（4）：21-23.

[4] 汪平. 论经营风险与财务风险，概念辨析与评价技术 [J]. 首都经济贸易大学学报，2003：7-9.

[5] 王兵和. 财务风险及管理 [J]. 科技资讯，2007：9-11.

[6] 徐艳华. 企业财务风险探析 [J]. 辽宁经济，2007：8-9.

[7] 杨志勇. 企业财务风险管理研究 [D]. 哈尔滨：东北农业大学，2001：11-12.

[8] 王桂英，王婷. 试论企业内部财务风险及其制度防范原则 [J]. 河南财政税务高等专科学校学报，2002：8.

[9] 樊良，樊利平. 企业财务风险管理 [J]. 财会通讯，2004（1）：11-12.

应急管理学科建设研究

黄宏纯

武汉理工大学管理学院　湖北　武汉　430070
广西财经学院　广西　南宁　530030

[摘要] 21 世纪以来，各种灾难性突发事件频频光顾，人类的生存和发展面临着巨大的威胁和挑战，应急管理就是在此背景下出现的一个新的研究领域。短短的几年时间，应急管理在理论、方法、技术、应用和实践等方面有了较大的进展，我国应急管理的学科建设已被提上了议事日程。因此，本文重点提出了新世纪背景下应急管理学科建设的主要内容，为今后应急管理学科建设研究指明方向。

[关键词] 应急管理；学科建设；专才培养

1. 应急管理学科建设的背景

进入 21 世纪以来，随着经济全球化不断深入，突发事件发生日益频繁化、复杂化，如何科学应对各类突发事件已成为当今各国政府面临的重大课题。2003 年的"SARS 风暴"、2008 年 5 月的汶川地震、2011 年 3 月日本东北部 9.0 级强地震中的应急管理暴露出了当前的应急管理体系建设存在明显的缺陷，给社会造成巨大损失，已经不能适应应对国际化突发事件的需要，因此，系统地研究应急管理学科，建立完善的应急管理学科体系，既有较为前沿的学术价值，也对我国经济建设具有重大的理论指导意义。[1]

2. 应急管理学科建设的重大意义

加强应急管理学科建设，是加快建立健全突发事件应急机制，提高政府保障公共安全和处置突发事件的能力，维护最广大人民群众利益的具体实践；是全面建设小康社会的必然要求；是落实科学发展观，促进经济持续快速协调健康发展与社会和谐稳定的重要内容；是全面履行政府职能，加强政府自身建设，提高行政能力的迫切需要；是建立我国公共安全科技支撑体系的现实需求；也是当前经济社会发展的紧迫任务。这些说明加快应急管理学科建设具有时代的紧迫性和重要性。

3. 应急管理学科基础理论

3.1 应急管理内涵

应急管理是为了预防、控制及消除紧急突发事件，降低其对人员伤害、财产损失和环境破坏的程度而进行的计划、组织、指挥、协调和控制的活动。应急管理包括对突发事件的事前、事中、事后所有方面的管理。[2]

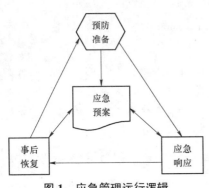

图1 应急管理运行逻辑

按事件发展的过程，应急管理工作大致可以分为预防准备、应急响应和事后恢复三个阶段，其运行逻辑如图1所示。由于各突发事件所处的领域、布局往往不同，造成不同突发事件的发生发展规律迥异，所以我们不能用某一特定的模式进行处置。我们必须在信息高度缺失的状态下做出及时迅速的反应，采取尽可能合理、有效的措施，协同各种资源和机构，并能够根据现场情况，动态调整应对方案，有效处置突发事件，消弭事件的负面影响。

3.2 应急管理学科基础理论构架

应急管理是近年来管理领域中出现的一门新兴学科，它综合了管理学、社会学、经济学、信息工程技术以及理工学科的各种专门知识（图2）[3]，是针对突发事件的决策优化研究的交叉学科。

管理的决策、组织、领导、控制、创新这五种职能是一切管理活动最基本的职能，应急管理学是一门特殊的管理学，管理学提出的管理的五种职能同样对应急管理的各项活动具有指导意义。应急管理的指挥调度、处置实施、资源保障、信息管理、辅助决策五大职能的建设，既有管理职能的本质内容，又有应急管理的具体特质。

社会心理学、城市社会学、人口社会学、社会保障及政策等社会学知识对应急管理的预防准备、应急响应、事后恢复三个阶段的工作具有理论指导作用。针对应急工作的不同阶段，分析大众的心理状况；根据城市、社会的实际情况，提供相应的保障措施和手段，在最短的时间内完成事后恢复工作，消弭事件的负面影响。

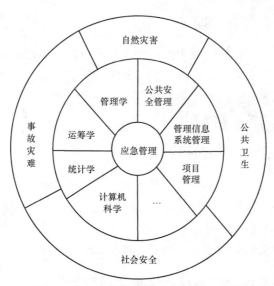

图 2　应急管理的基础理论与应用领域

经济学为在现有的经济环境下解决应急管理中出现的各种经济问题提供了理论支撑和方法支持。项目管理与系统工程的理论和方法运用于应急管理之中，可对组织资源进行有效的管理。

运筹学和统计学为应急管理提供数学方法指导。

信息管理系统是一个以人为主导，利用计算机科学与技术及通信技术，进行信息的收集、传输、加工、储存、更新和维护，实现信息的充分共享，支持组织高层决策、中层控制、基层运作的集成化的人机系统。信息管理系统是整个应急管理系统的信息交流平台，它为妥善应对各类突发事件提供可靠的基础数据，有效地提高系统内外对重大突发事件的反应速度，加强系统的整体性和联动性。

公共安全科学基本理论与方法学研究基于复杂性系统科学和双重性规律的公共安全科学理论、安全方法学；重大灾害、事故及其相互耦合与派生、动力学演化并突变成灾的机理和规律。

4. 应急管理学科建设的主要内容

应急管理是在世界各地不断频发灾难性事件的情况下出现的一个新的研究领域。短短的几年时间内，在理论、方法、技术、应用和实践等方面有了较大的进展，我国应急管理学科建设已被提上了议事日程。本文认为今后我国应急管理学科建设主要内容大体如下。

4.1 应急信息智能管理研究

应急信息智能管理以数字技术为依托，研究以地理信息系统为基础，整合经济信息、人口信息等基础信息并结合应急现场的动态信息，建立覆盖全时段、全区域的应急管理体系，运用数学模型进行综合分析，帮助决策者提出科学的调动资源、应急指挥的决策意见或方案。

4.2 应急预测分析模型研究

应急预测分析模型采用虚拟现实技术，用预测模型进行仿真分析，研究突发事件的成因和机理，模拟各类突发事件发生、发展的过程，预测突发事件可能造成的次生灾害，预测各种自然灾害对生命线工程的可能破坏和程度，实时评估灾害损失，为各类突发事件的预测、预报提供科学依据。

4.3 公共安全综合应急技术集成与示范研究

公共安全综合应急技术集成与示范，研究公共安全多功能监测与监控系统、应急智能系统、应急决策与指挥系统；综合构建公共安全多功能应急体系技术平台，实现对突发公共事件的监测监控、科学预测、快速预警和高效应急，促进国家公共安全保障体系建设的跨越式发展。[4]

4.4 公共安全特种装备、专用设备与个人安全用品研究

公共安全特种装备、专用设备与个人安全用品，研究移动式安全检测监控系统，完善及推广光纤光栅感温火灾探测系统、光纤光栅在线温度监测系统、光纤光栅智能桥梁健康监测系统；研究与开发公共安全科学技术研究专用设备和测试技术。

4.5 新型城市管理模式和运作机制研究

新型城市管理模式和运作机制研究，要求加快突发公共事件预测预警、信息报告、应急响应、恢复重建及调查评估等机制建设。研究建立保险、社会捐赠等方面参与、支持应急管理工作的机制。根据《国务院关于全面加强应急管理工作的意见》，结合实际，明确应急管理的指挥机构、办事机构及其职责，加强各地区、各部门以及各级各部门的应急联动，积极推进资源整合和信息共享，建立全面应急管理模式。[5]

5. 结束语

当前，经济全球化与国际化促发了突发事件发生日益频繁化和复杂化，对突

发事件应急管理学科研究与建设提出了更高的新要求。为此，加强突发事件全面应急管理学科研究与建设，构建高效的应急管理体系，提升应急管理效率，有效地预防各种复杂化、国际化突发事件发生或减少各种复杂化、国际化突发事件造成的损失已经成为我国各级政府的当务之急。

参考文献

［1］宋英华. 突发公共事件应急管理导论［M］. 北京：中国经济出版社，2009.

［2］庄越. 安全事故应急管理［M］. 北京：中国经济出版社，2009.

［3］宋英华. 突发公共事件与政府应急管理的制度完善［J］. 特别策划，2009（11）.

［4］黄宏纯（黄玖）. 突发公共事件管理中政府与新闻媒体互动关系研究［J］. 当代经济，2007（10）.

［5］黄宏纯（黄玖）. 构建巨灾保险制度，增强中国风险管理能力［J］. 中国应急管理，2008（6）.

新闻媒体报道突发事件应急管理能力模糊灰色综合评价研究

黄宏纯

广西财经学院　广西　南宁　530030

[摘要] 本文构建了新闻媒体报道突发事件应急管理能力评价指标体系和评价模型，运用模糊灰色综合评价方法，对新闻媒体报道突发事件应急管理能力进行评价，以期为今后加强新闻媒体报道突发事件应急管理能力体系建设，增强新闻媒体报道突发事件应急管理能力提供有益借鉴。

[关键词] 新闻媒体；应急管理能力；模糊灰色综合评价方法；评价模型

中图分类号：D625　　　文献标识码：A

近年来突发事件频频发生，给国家、社会与民众造成巨大损失，也不利于经济社会稳定与发展，因此提升突发事件应急管理能力，科学高效应对突发事件，减少各种社会损失极为重要。因在应对突发事件之中，大众传媒角色与作用尤为重要，它不仅发挥信息枢纽和沟通渠道的作用，最重要的是它对突发事态的舆论引导、消除流言、稳定民心、维持社会稳定与发展作用巨大，所以提升作为应急救援力量中重要组成部分——新闻媒体公开报道突发事件应急管理综合能力，增强公共应急管理能力有着非常重要的现实意义。据此，本文深入开展新闻媒体公开报道突发事件应急管理能力综合评价研究，科学构建新闻媒体公开报道突发事件应急管理综合能力评价体系，将从学术上有利于深化新闻媒体公开报道突发事件应急管理综合能力研究，同时对采取有效措施提升新闻媒体公开报道突发事件应急管理综合能力提供参考依据，现实意义甚大。

1　研究综述

近几年来，国内众多新闻媒体管理专家、学者重视对新闻媒体公开报道公共危机事件管理相关研究，产生了许多研究成果。林海指出新闻媒体公开报道公共危机事件要做好及时性、准确性和客观性工作，保障公众的知情权。[1]李文明指出新闻媒体公开报道公共危机事件第一准则是努力减少危机对社会和公众的危害。[2]陈秀梅认为新闻媒体公开报道公共危机事件要做到"三把握"：把握舆论引导主导权、把握信息传播规律、把握报道议题科学性。[3]肖怀远认为手机、网络等新媒体平台具有特殊特征，应采取特殊方式开展信息管理。[4]燕道成指出要培养网络舆论中的意见领袖，加强公共危机事件新闻媒体公开报道管理。[5]吴亮亮深入研究了公共危机事件管理中新闻媒体的主要责任。[6]张洪蛟初步确定了新闻媒体在公共危机管理中的角色与作用。[7]卓立筑提出了新闻媒体在公共危机管理中预防与处理对策。[8]王君超科学分析了党报舆论引导的动因并提出其舆论引导价值。[9]黄富峰研究了大众传媒的功能和社会特征。[10]周世明指出有效解决公共危机事件的关键是政府与媒体建立良性互动关系。张永理强调了公共危机事件新闻媒体公开报道中信息沟通与信息资源控制的重要性。综合国内相关新闻媒体公开报道公共危机事件管理研究，目前还没有新闻媒体报道突发事件应急管理能力评价的系统研究。因此，本文在国内外既有研究的基础上构建新闻媒体报道突发事件应急管理能力评价模型和评价指标体系，运用模糊灰色综合评价方法，对新闻媒体报道突发事件应急管理能力进行评价，以期为今后加强新闻媒体报道突发事件应急管理能力建设提供有益借鉴。

2. 新闻媒体报道突发事件应急管理能力的评价指标体系

本文经咨询国内许多新闻媒体报道方面的专家后，通过科学分析，确定从信息处理能力、综合沟通能力、舆论导向能力和社会责任能力四个方面对新闻媒体报道突发事件应急管理能力进行分析，建立相应的评价指标体系，每项一级指标下都有相应的二级指标，具体内容如下。

新闻媒体报道突发事件应急管理能力评价体系中的信息处理能力包括信息发布能力、信息传播能力、保障信息客观能力、信息影响能力等；综合沟通能力包括与政府沟通能力、与社会沟通能力、与公众沟通能力、与同行沟通协调能力等；舆论导向能力包括制止流言能力、引导舆论能力、稳定公众情绪能力、舆论监督能力等；社会责任能力包括保障公众危机知情权能力、保障公众危机参与权能力、人道主义救助能力、危机社会反思能力等，如图1所示。

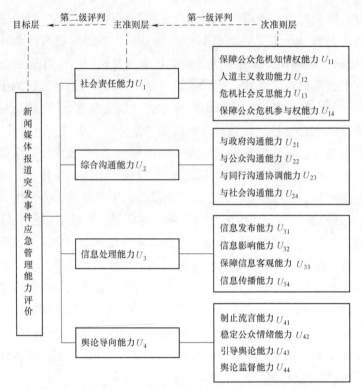

图1 新闻媒体报道突发事件应急管理能力评价指标体系

3. 新闻媒体报道突发事件应急管理能力综合评价模型

在确定新闻媒体报道突发事件应急管理能力评价指标构成体系后，本文先是运用模糊层次分析法确定指标权重，接着运用模糊灰色综合评判法对新闻媒体报道突发事件应急管理能力进行评价，从而为新闻媒体报道突发事件应急管理能力的提升提供参考依据。

本文的新闻媒体报道突发事件应急管理能力评价因素集如图1所示。设 W 表示目标层新闻媒体报道突发事件应急管理能力评价综合值。U 表示准则层一级评价指标 U_i 所组成的集合，记为 $U=\{U_1, \cdots, U_m\}$，分别代表信息发布能力、信息传播能力、保障信息客观能力和信息影响能力；U_i 表示指标层二级评价指标 U_{ij} 集合，记为 $U_i=\{U_{i1}, U_{i2}, \cdots, U_{ij}\}$，其中，$j$ 为第 i 类因素的第 j 个子因素，如图1所示。

3.1 确定评价指标 U_i 和 U_{ij} 的权重

本文运用层次分析法（AHP）构造一个层次结构模型，将隶属于同一上层的各元素按"1～9"标度法进行两两比较，将判断定量化，建立判断矩阵，并利用矩阵特征值的求解方法确定一级评价指标 U_i 和二级评价指标 U_{ij} 的权重，具体计算结果如表1所示。

表1 新闻媒体报道突发事件应急管理能力评价指标及各指标权重

	一级评价指标	权重 W	二级评价指标	权重 a_{ij}
新闻媒体报道突发事件应急管理能力评价指标体系	社会责任能力 U_1	0.345 3	保障公众危机知情权能力 U_{11}	0.095 3
			人道主义救助能力 U_{12}	0.466 8
			危机社会反思能力 U_{13}	0.277 6
			保障公众危机参与权能力 U_{14}	0.160 3
	综合沟通能力 U_2	0.205 3	与政府沟通能力 U_{21}	0.428 7
			与公众沟通能力 U_{22}	0.230 4
			与同行沟通协调能力 U_{23}	0.147 2
			与社会沟通能力 U_{24}	0.193 7
	信息处理能力 U_3	0.205 3	信息发布能力 U_{31}	0.281 0
			信息影响能力 U_{32}	0.311 0
			保障信息客观能力 U_{33}	0.126 9
			信息传播能力 U_{34}	0.281 0
	舆论导向能力 U_4	0.244 1	制止流言能力 U_{41}	0.143 3
			稳定公众情绪能力 U_{42}	0.170 4
			引导舆论能力 U_{43}	0.462 0
			舆论监督能力 U_{44}	0.224 3

3.2 确定评语集和样本矩阵

本文将新闻媒体报道突发事件应急管理能力评价等级划分为 5 级：优秀、良好、中等、较差、差，并设评语集为 $V=\{V_1, V_2, V_3, V_4, V_5\}$，其中，$V_1$、$V_2$、$V_3$、$V_4$、$V_5$ 分别表示的评语为优秀、良好、中等、较差、差，对应的应急管理能力程度分别为高、较高、中等、较低、低，并分别赋值 5 分、4 分、3 分、2 分、1 分，指标等级介于两相邻等级之间时，相应评分为 4.5 分、3.5 分、2.5 分、1.5 分。

邀请 10 位新闻媒体报道管理相关领域的专家、学者构成一个专家评价小组，根据评价等级对各单项指标进行打分，分数在 1～5 内取值，并填写专家评分表；接着根据 10 位专家填写的评分表，求得评价样本矩阵 D 如下：

$$D = \begin{pmatrix} 3 & 3.5 & 4.5 & 4 & 4 & 3.5 & 3.5 & 3 & 3.5 & 3.5 \\ 5 & 4.5 & 5 & 5 & 4.5 & 4 & 5 & 4.5 & 4 & 5 \\ 4.5 & 3.5 & 4 & 4.5 & 4 & 4 & 4.5 & 5 & 5 & 4.5 \\ 3.5 & 4 & 4.5 & 3.5 & 4 & 4.5 & 4 & 3.5 & 4 & 4.5 \\ 4.5 & 4.5 & 5 & 4 & 3.5 & 4 & 3.5 & 4.5 & 3.5 & 5 \\ 4 & 4.5 & 3.5 & 4.5 & 4 & 4.5 & 4 & 3.5 & 3.5 & 3.5 \\ 3 & 3.5 & 3 & 3.5 & 3.5 & 3 & 3 & 3.5 & 3 & 3.5 \\ 4 & 3.5 & 3.5 & 4 & 3.5 & 3 & 4 & 3.5 & 3 & 3 \\ 4 & 4 & 3.5 & 4 & 4 & 3.5 & 4 & 4 & 3.5 & 3.5 \\ 4.5 & 4 & 4 & 4.5 & 4.5 & 4 & 3.5 & 4.5 & 4.5 & 4 \\ 3 & 2.5 & 3 & 2.5 & 3 & 2.5 & 2.5 & 3 & 2.5 & 2.5 \\ 4 & 3.5 & 3.5 & 4 & 3 & 3 & 3.5 & 3 & 3.5 & 3.5 \\ 3.5 & 3 & 3 & 3.5 & 3 & 3 & 3.5 & 3.5 & 3 & 3 \\ 3.5 & 3.5 & 4 & 3.5 & 4 & 3 & 4 & 3.5 & 3.5 & 3 \\ 5 & 4.5 & 4 & 4.5 & 4.5 & 4 & 4 & 4.5 & 4.5 & 4 \\ 3.5 & 4 & 4.5 & 4 & 3.5 & 4.5 & 4 & 4 & 4.5 & 3.5 \end{pmatrix}$$

3.3 建立评价灰类和白化权函数

本文采用灰色理论的灰色评估方法计算评价指标的权矩阵。根据上述评价指标 C_{ij} 的评价等级标准,设定 5 个评价灰类,灰类序号为 e,即 $e=1, 2, 3, 4, 5$,分别表示优秀、良好、中等、较差、差。按照灰类给各定性指标做白化权函数。5 个灰类对应的白化权函数如下所示:

第一灰类:"优秀" $\{e=1\}$,$\otimes_1 \in [0, 5, 10]$,白化权函数为 f_1:

$$f_1(d_{ijk}^{(s)}) = \begin{cases} d_{ijk}^{(s)}/5 & d_{ijk}^{(s)} \in [0, 5] \\ 1 & d_{ijk}^{(s)} \in [5, 10] \\ 0 & d_{ijk}^{(s)} \notin [0, 10] \end{cases}$$

第二灰类:"良好" $\{e=2\}$,$\otimes_2 \in [0, 4, 8]$,白化权函数为 f_2:

$$f_2(d_{ijk}^{(s)}) = \begin{cases} d_{ijk}^{(s)}/4 & d_{ijk}^{(s)} \in [0, 4] \\ (8-d_{ijk}^{(s)})/4 & d_{ijk}^{(s)} \in [4, 8] \\ 0 & d_{ijk}^{(s)} \notin [0, 8] \end{cases}$$

第三灰类:"中等" $\{e=3\}$,$\otimes_3 \in [0, 3, 6]$,白化权函数为 f_3:

$$f_3(d_{ijk}^{(s)}) = \begin{cases} d_{ijk}^{(s)}/3 & d_{ijk}^{(s)} \in [0, 3] \\ (6-d_{ijk}^{(s)})/3 & d_{ijk}^{(s)} \in [3, 6] \\ 0 & d_{ijk}^{(s)} \notin [0, 6] \end{cases}$$

第四灰类："较差"$\{e=4\}$，$\otimes_4 \in [0,4,6]$，白化权函数为 f_4：

$$f_4(d_{ijk}^{(s)}) = \begin{cases} d_{ijk}^{(s)}/2 & d_{ijk}^{(s)} \in [0,2] \\ (4-d_{ijk}^{(s)})/2 & d_{ijk}^{(s)} \in [2,4] \\ 0 & d_{ijk}^{(s)} \notin [0,4] \end{cases}$$

第五灰类："差"$\{e=5\}$，$\otimes_5 \in [0,1,2]$，白化权函数为 f_5：

$$f_5(d_{ijk}^{(s)}) = \begin{cases} 1 & d_{ijk}^{(s)} \in [0,1] \\ (2-d_{ijk}^{(s)})/1 & d_{ijk}^{(s)} \in [1,2] \\ 0 & d_{ijk}^{(s)} \notin [0,2] \end{cases}$$

3.4 计算灰色评价系数

对于评价指标 U_{ij}，第 S 个指标属于第 e 个评价灰类的灰色评价系数为 $x_{ije}^{(s)}$，则有：$x_{ijt}^{(s)} = \sum_{k=1}^{p} f_e(d_{ije}^{(s)})$。

对于评价指标 U_{ij}，第 S 个指标属于各个评价灰类的总灰色评价系数为 $x_{ij}^{(s)}$，则有：$x_{ijt}^{(s)} = \sum_{e=1}^{4} f_e(d_{ije}^{(s)})$。

对 U_{11} 来说，各灰类的统计数为：

$e=1$

$x_{111} = f_1(3) + f_1(3.5) + f_1(4.5) + f_1(4) + f_1(4) + f_1(3.5) + f_1(3.5) + f_1(3) + f_1(3.5) + f_1(3.5)$
=3/5+3.5/5+4.5/5+4/5+4/5+3.5/5+3.5/5+3/5+3.5/5+3.5/5=7.2

$e=2$

$x_{112} = f_2(3) + f_2(3.5) + f_2(4.5) + f_2(4) + f_2(4) + f_2(3.5) + f_2(3.5) + f_2(3) + f_2(3.5) + f_2(3.5)$
=3/4+3.5/4+3.5/4+1+1+3.5/4+3.5/4+3/4+3.5/4+3.5/4=8.75

$e=3$

$x_{113} = f_3(3) + f_3(3.5) + f_3(4.5) + f_3(4) + f_3(4) + f_3(3.5) + f_3(3.5) + f_3(3) + f_3(3.5) + f_3(3.5)$
=1+2.5/3+1.5/3+2/3+2/3+2.5/3+2.5/3+1+2.5/3+2.5/3=8

$e=4$

$x_{114} = f_4(3) + f_4(3.5) + f_4(4.5) + f_4(4) + f_4(4) + f_4(3.5) + f_4(3.5) + f_4(3) + f_4(3.5) + f_4(3.5)$
=1/2+0.5/2+0+0+0+0.5/2+0.5/2+1/2+0.5/2+0.5/2=2.25

$e=5$

$x_{115} = f_5(3) + f_5(3.5) + f_5(4.5) + f_5(4) + f_5(4) + f_5(3.5) + f_5(3.5) + f_5(3) + f_5(3.5) + f_5(3.5)$
=0+0+0+0+0+0+0+0+0+0=0

因此 U_{11} 总评价系数 $x_{11} = x_{111} + x_{112} + x_{113} + x_{114} + x_{115}$ =7.2+8.75+8+2.25+0=26.2。

同理，可以计算其他指标的灰色评价系数。

3.5 计算灰色评价权向量及权矩阵

指标 U_{11} 的评价权向量 r_{11}：

$$r_{11} = (x_{111}/x_{11}, x_{112}/x_{11}, x_{113}/x_{11}, x_{114}/x_{11}, x_{115}/x_{11}) = (0.275, 0.334, 0.305, 0.086, 0)$$

同理，可计算 r_{12}，r_{13}，r_{14}，…，r_{44} 等 15 个指标的评价权向量。

根据以上计算，我们得到 U_1、U_2、U_3、U_4 指标的灰色模糊评价矩阵分别为 R_1、R_2、R_3、R_4。

$$R_1 = \begin{bmatrix} r_{11} \\ r_{12} \\ r_{13} \\ r_{14} \end{bmatrix} = \begin{bmatrix} 0.275 & 0.334 & 0.305 & 0.086 & 0.00 \\ 0.419 & 0.378 & 0.203 & 0.00 & 0.00 \\ 0.373 & 0.380 & 0.236 & 0.011 & 0.00 \\ 0.324 & 0.375 & 0.270 & 0.030 & 0.00 \end{bmatrix}$$

$$R_2 = \begin{bmatrix} r_{21} \\ r_{22} \\ r_{23} \\ r_{24} \end{bmatrix} = \begin{bmatrix} 0.351 & 0.366 & 0.251 & 0.031 & 0.00 \\ 0.318 & 0.367 & 0.275 & 0.040 & 0.00 \\ 0.236 & 0.295 & 0.333 & 0.136 & 0.00 \\ 0.261 & 0.329 & 0.313 & 0.094 & 0.00 \end{bmatrix}$$

$$R_3 = \begin{bmatrix} r_{31} \\ r_{32} \\ r_{33} \\ r_{34} \end{bmatrix} = \begin{bmatrix} 0.299 & 0.374 & 0.288 & 0.039 & 0.00 \\ 0.351 & 0.387 & 0.251 & 0.010 & 0.00 \\ 0.195 & 0.244 & 0.325 & 0.235 & 0.00 \\ 0.258 & 0.322 & 0.317 & 0.103 & 0.00 \end{bmatrix}$$

$$R_4 = \begin{bmatrix} r_{41} \\ r_{42} \\ r_{43} \\ r_{44} \end{bmatrix} = \begin{bmatrix} 0.231 & 0.288 & 0.337 & 0.144 & 0.00 \\ 0.269 & 0.336 & 0.309 & 0.085 & 0.00 \\ 0.373 & 0.391 & 0.236 & 0.00 & 0.00 \\ 0.324 & 0.375 & 0.270 & 0.030 & 0.00 \end{bmatrix}$$

3.6 计算综合评价值

（1）对一级评价指标 U_1 做出评价。一级评指标 U_1 的评价结果 B_1：

$$B_1 = W_1 \cdot R_1 = (0.377\ 2, 0.215\ 0, 0.232\ 7, 0.016\ 1, 0)$$

同理，我们可以计算 U_2，U_3，U_4 的综合评价值 B_2，B_3，B_4。

$$R = \begin{bmatrix} B_1 \\ B_2 \\ B_3 \\ B_4 \end{bmatrix} = \begin{bmatrix} 0.377\ 2 & 0.215\ 0 & 0.232\ 7 & 0.016\ 1 & 0.00 \\ 0.309\ 1 & 0.348\ 6 & 0.280\ 6 & 0.060\ 7 & 0.00 \\ 0.290\ 4 & 0.347\ 0 & 0.287\ 4 & 0.072\ 8 & 0.00 \\ 0.323\ 9 & 0.363\ 3 & 0.270\ 6 & 0.041\ 8 & 0.00 \end{bmatrix}$$

（2）计算综合评价值。由 $R = (B_1, B_2, B_3, B_4)^T$，且 $W = (0.345\ 3, 0.205\ 3, 0.205\ 3,$

0.244 1)可得综合评价值 $B=W*R$=(0.332 4, 0.305 7, 0.263 1, 0.043 2,0)。设将各评价灰类等级按"灰水平"赋值，即第一灰类"优秀"取 5，第二灰类"良好"取 4，第三灰类"中等"取 3，第四灰类"较差"取 2，第五灰类"差"取 1，则各级评价灰类等级值化向量 C=(5, 4, 3, 2, 1)，所以模糊灰色综合评价值：

$U=B*C^T$=(0.332 4, 0.305 7, 0.263 1, 0.043 2, 0)*(5, 4, 3, 2, 1)^T=3.760 5

4. 评价结果分析

根据上述模糊灰色综合评价方法分析，可得新闻媒体报道突发事件应急管理能力模糊灰色综合评价值为 3.760 5，按照前面的评价准则，新闻媒体报道突发事件应急管理能力属于良好水平，但距高级水平，即优一级水平还有一段距离。

根据层次分析法（AHP）分析所确定的一级指标、二级指标的权重可知，在一级指标中，社会责任能力和舆论导向能力所占比重很大，分别为 34.53%、24.41%；信息处理能力和综合沟通能力所占比重相对较小，均为 20.53%；在二级指标中，所占比重较大的有人道主义救助能力、与政府沟通能力、信息影响能力、引导舆论能力等指标，而与同行沟通协调能力、保障信息客观能力、制止流言能力等指标所占比重较小。这说明在新闻媒体报道突发事件应急管理能力体系中，一级指标的社会责任能力和舆论导向能力相对来说占有较大比重，所以应该将社会责任能力和舆论导向能力建设放在重要位置，加强这两方面的建设；二级指标的人道主义救助能力、与政府沟通能力、信息影响能力、引导舆论能力也占有较大比重，理应加强建设。虽然与同行沟通协调能力、保障信息客观能力、制止流言能力等指标所占比重较小，但它们都是新闻媒体报道突发事件应急管理能力体系不可缺少的组成部分之一，如果忽视它们的建设，将会对新闻媒体报道突发事件应急管理能力的整体提升造成不良影响，因此，对与同行沟通协调能力、保障信息客观能力、制止流言能力这三方面的建设不应忽视，反而要重点加强建设。

5. 结束语

本文以新闻媒体报道突发事件应急管理能力系统为评价对象，构造评价指标体系，建立评价模型，运用模糊灰色综合评价方法进行综合评价，不断完善新闻媒体报道突发事件应急管理能力系统。评价结果表明，运用模糊灰色综合评价方法对新闻媒体报道突发事件应急管理能力进行评价具有科学性及可行性，可为加强新闻媒体报道突发事件应急管理能力建设提供参考依据。[11]

参考文献

[1] 林海. 论突发性公共事件报道的舆论导向 [J]. 当代电视, 2009 (9): 66-67.

[2] 李文明, 王晶晶. 突发事件报道中的媒体责任 [J]. 青年记者, 2009 (4): 34-35.

[3] 陈秀梅. 群体性事件中的舆论引导艺术 [J]. 领导科学, 2010 (3): 32-33.

[4] 肖怀远. 提高舆论引导能力掌握舆论主导权 [J]. 求是, 2009 (12): 36-38.

[5] 燕道成. 国外网络舆论管理及启示 [J]. 南通大学学报, 2007 (2): 135-140.

[6] 吴亮亮. 从危机传播看政府、媒体、公民的责任 [D]. 南昌: 江西师范大学, 2010.

[7] 张洪蛟. 公共危机管理中的媒体角色与政府应对 [D]. 苏州: 苏州大学, 2008.

[8] 卓立筑. 危机管理新形势下公共危机预防与处理对策 [M]. 北京: 中共中央党校出版社, 2011.

[9] 王君超. 党报舆论引导的动因及舆论引导价值 [M]. 新闻与写作, 2009 (2): 23-25.

[10] 黄富峰. 大众传媒的功能和媒体社会的特征 [J]. 山东工商学院学报, 2007, 10, 21 (5): 108-115.

[11] 黄玖, 宋英华. 突发公共事件管理中政府与新闻媒体互动关系研究 [J]. 当代经济, 2006 (9): 85-89.

基于系统论的城市灾害预警能力体系建设研究

黄宏纯

广西财经学院　广西　南宁　530030

[摘要] 本文运用系统论原理，阐明了城市灾害预警能力的内涵及构成要素，并在分析目前我国城市灾害预警能力体系建设现状及存在问题的基础上，提出了构建基于系统论的城市灾害预警能力体系的建议，以期为政府加强城市灾害预警能力体系建设，增强城市灾害预警能力提供借鉴。

[关键词] 系统论；城市灾害；预警能力；体系；建设

当前，我国已经进入突发事件"突发期"，城市突发事件频频发生，给社会和民众造成了巨大的损失，而我国各级政府长期以来固有"重应急、轻预警"的片面观念，造成城市灾害预警体系建设相对滞后，城市灾害预警能力不强，未能有效地预防突发事件发生或减少突发事件造成的各种损失，所以如何进一步加强城市灾害预警能力建设有待于深化研究，为各级政府加强城市灾害预警能力体系建设提供理论支撑[1]。据此，本文运用系统论原理，探讨构建基于系统论的城市灾害预警能力体系，以期进一步提升城市灾害预警能力，确保高效应对各种城市灾害事件。

1 基于系统论的城市灾害预警能力概述

1.1 系统论基本原理

系统论是研究各种系统的共同特征，用数学方法定量地描述其功能，寻求并确立适用于一切系统的原理、原则和数学模型。系统论的基本思想方法，就是把所研究和处理的对象当作一个系统，分析系统的结构和功能，研究系统、要素、环境三者的相互关系和变动的规律性，并优化系统观点看问题。[2,3]

1.2 基于系统论的城市灾害预警能力内涵

基于系统论的城市灾害预警能力是指运用系统论的基本思想方法，把城市灾害预警能力体系看作一个复杂的系统，将城市灾害预警能力系统按照应对城市灾害流程划分为监测能力、研判能力、信息处理能力、决策能力和执行能力五大子能力系统，通过五大子能力系统的相互作用及有机运行，实现对城市灾害的监测、研判、信息处理、决策和执行的一系列预警活动，提升城市灾害预警能力体系综合能力，有效地预防城市灾害事件发生或减少城市灾害事件造成的各种损失。

1.3 基于系统论的城市灾害预警能力要素体系结构

通过上述城市灾害预警能力内涵分析，本文认为基于系统论的城市灾害预警能力是由监测能力、研判能力、信息处理能力、决策能力和执行能力五大子能力系统所组成的一个完整的城市灾害预警能力体系。

在城市灾害预警能力体系中，信息处理能力子系统是实现整体城市灾害预警能力的基础与保障；监测能力子系统、研判能力子系统、决策能力子系统、执行能力子系统是城市灾害预警能力体系的流程主线。其中，监测能力子系统是实现整体城市灾害预警能力的首要前提，研判能力子系统是实现整体城市灾害预警能力的关键部分，决策能力子系统是实现整体城市灾害预警能力的核心环节，执行能力子系统是实现整体城市灾害预警能力的重要体现。通过监测能力子系统、研判能力子系统、决策能力子系统、执行能力子系统的有效运行，提升整体城市灾害预警能力，将有效地预防城市灾害事件发生或减少城市灾害事件造成的各种损失。

2 我国城市灾害预警能力体系建设现状

近年来，我国各级政府加强城市灾害预警能力体系建设，取得了一定的成果，城市灾害应急管理能力体系建设初步完善，城市灾害预警能力体系基本形成，监测能力、研判能力、信息处理能力、决策能力和执行能力均有不同程度的加强，一定程度上有效地预防了城市灾害事件发生或减少了城市灾害事件造成的各种损失。[4]虽然我国在城市灾害预警能力体系建设中取得了较大的进步，但是仍然存在着一些问题。缺乏完善的安全监测与控制体系，监测能力子系统落后；由于缺乏高端科技支撑，研判能力子系统的研判能力不强，信息处理能力不准确；决策能力子系统建设缺乏应急理论知识指导，造成应急决策能力系统低效化；执行能力子系统由于缺乏专业应急执行人员操作而变得执行力差。[5]

3 基于系统论的城市灾害预警能力体系构建

3.1 构建高效的监测能力子系统

要运用高端预警监测分析技术，构建完善的安全监测与控制系统，对各种潜在的城市灾害源进行时刻监控，第一时间掌握城市灾害源演化的最新动态，及时将灾害源的动态信息传递给预测系统；要依托先进的预警预测技术，构建科学精确的预警预测系统，运用系统化分析法，对安全监测与控制系统第一时间传递的灾害源的动态信息进行科学预测，将预测信息第一时间准确无误地传递给研判能力子系统。通过加强安全监测与控制系统和预警预测系统建设，建立高效的监测能力子系统，提升应急预警监测能力。

3.2 构建精确的研判能力子系统

要依托高端研判技术支撑和专业研判人员的指导，构建由研究子能力系统、分析子能力系统、判断子能力系统组成的精确的研判能力子系统。研究子能力系统要重点对灾情预测信息进行筛选，去伪存真，并进行科学分类，提出研究方案供分析子能力系统开展分析活动；分析子能力系统要重点对研究方案进行科学分析，评价灾情概率，分析实施方案经济效果，形成科学分析情况供判断活动之需；判断子能力系统要对分析情况做出科学判断，并将判断传递给决策能力子系统。

3.3 构建准确的信息处理能力子系统

要构建由收集子能力系统、处理子能力系统、传递子能力系统所组成的准确的信息处理能力子系统。要通过应用拥有高新科技支撑的信息管理系统，对监测、研判、决策、执行活动的各类信息进行高效的收集、处理、传递。要构建综合性的应急信息传送、交流、报告和发布平台，增强应急信息传输效率和质量，确保各职能部门第一时间掌握最新的应急信息，并第一时间做出相应的处置，从而实现应急信息处理能力高效化。

3.4 构建快速的决策能力子系统

要重视应急管理人才，依托应急管理人才的决策辅助作用，构建快速的城市灾害预警决策能力的组织体系，提升整体城市灾害预警决策能力；要依据突发事件可能造成的危害程度、紧急程度和发展势态，明确预警级别及相应预警决策职权；要明确职能部门责任，加强职能部门间的协同合作，增强城市灾害预警决策响应综合协调能力。

3.5 构建迅速的执行能力子系统

要建立科学的应急决策信息发布制度，完善应急决策信息发布机制的主体、渠道、传送、发布方式，增强预警信息发布能力；要依托专业应急执行人员的专业技能与作用，建立科学的预警决策实施系统，提升预警决策实施能力。通过构建由科学的应急决策信息发布制度和预警决策实施系统组成迅速的执行能力子系统，增强预警决策执行力。

4 结束语

随着我国经济社会不断加快发展，我国的社会结构进入了转型期，各种社会矛盾交织在一起并不断激化，造成了城市灾害事件频频发生，对城市灾害应急管理能力建设，特别是城市灾害预警能力建设提出了新的要求[5]。为此，加强基于系统论的城市灾害预警能力体系建设，进一步提升系统性的城市灾害预警能力，有效地预防城市灾害事件发生或减少城市灾害事件造成的各种损失已经成为各级政府的当务之急。[7]

参考文献

[1] 吴竹. 群体性事件预警指标体系研究 [J]. 政法学刊, 2007 (03): 20-21.

[2] 魏宏森. 系统论：系统科学哲学 [M]. 北京：清华大学出版社, 1995 (6): 15-16.

[3] 宋英华. 突发公共事件应急管理导论 [M]. 北京：中国经济出版社, 2009: 20-21.

[4] 庄越. 安全事故应急管理 [M]. 北京：中国经济出版社, 2009: 25-28.

[5] 刘莉. 社会转型期群体性突发事件成因及对策研究 [D]. 北京：中国人民大学学报, 2008 (5): 41-44.

[6] 宋英华, 王容天. 基于危机周期的突发事件全面应急管理机制研究 [J]. 华中农业大学学报, 2009: 10.

[7] 黄玖. 构建巨灾保险制度，增强中国风险管理能力 [J]. 中国应急管理, 2008 (6): 18-22.

基于模糊综合评价法的煤矿安全事故应急管理能力评价

黄宏纯

武汉理工大学管理学院　湖北　武汉　430070

[摘要]近年来煤矿重大事故频频发生,煤矿安全事故已经成为各级政府日益关注和亟须解决的核心问题,对煤矿安全事故应急管理能力的评价十分必要。本文给出了基于 AHP 和模糊综合评价法的煤矿安全事故应急管理能力综合评价的模型,并且进行了实证分析。首先阐述了煤矿安全事故应急管理能力的内涵和包含的主要内容,然后建立了安全事故应急管理能力的综合评价指标体系,并且通过 AHP 确定一级指标权重,最后通过模糊综合评价法对某地煤矿安全事故应急管理能力进行综合评价。

[关键词]煤矿安全事故；应急管理能力；AHP；模糊综合评价法

1　引言

我国煤矿自然灾害严重、地质条件复杂,煤炭企业生产力水平整体偏低、安全生产基础比较薄弱,加上从业人员的整体素质不高,导致煤矿在开采过程中通常会伴随多种灾害事故的发生,如瓦斯爆炸、煤尘爆炸、透水、瓦斯突出、火灾、炸药爆炸等。煤矿工人在煤矿井下狭小的工作场所内,进行多工种、多方位、多系统、立体交叉连续生产作业,加之地质构造比较复杂,导致事故的危险因素非常多。

中华人民共和国成立以来,我国煤矿共发生一次死亡 100 人以上的重特大爆炸事故 22 起。2005—2010 年,仅一次死亡 30 人以上的特别重大煤矿事故就发生了 40 余起,给我国国民经济和国际声誉造成了很大影响。工矿商贸企业中,有 1/3 的事故、1/2 的重大事故和 3/4 的特大事故发生在煤矿企业；煤矿企业发生的特别重大事故数占到了工矿商贸企业的 100%和全国的 85.71%,死亡人数则相应是 100%和 88.59%。

煤矿重特大事故的频频发生,均是对煤矿重大危险源的辨识、安全评价和风险控制不足造成的。如何建立煤矿应急管理体系、对应急资源进行整合、预防和控制重特大事故、降低其造成的损失和影响，以确保煤矿的生产安全和社会稳定，实现煤矿可持续发展，已成为各级政府和煤矿日益关注和需要解决的核心问题。

2 煤矿安全事故应急管理概述

煤矿安全事故是由多种因素引起的，主要可以归结为环境因素和主观因素。环境因素主要包括宏观环境和微观环境；主观因素是最主要的因素，因为整个煤矿的生产和安全系统都是由人来进行设计、维护和管理的。人的不安全行为和环境的不安全状态都是导致伤亡事故的直接原因，其中人的不安全行为是导致伤亡事故的本质原因。煤矿安全事故应急管理应该主要包括环境因素管理和主观因素管理两个方面。

2.1 煤矿安全事故的环境因素分析

煤矿安全事故的环境因素包括微观环境和宏观环境两个方面。

1）微观环境

煤矿安全事故的微观环境主要包括煤矿企业的通风设施和照明系统的完备情况、机器维护和使用的状况、噪声处理系统，以及地质构造、空气湿度和水文自然条件等。

煤矿企业矿井的通风系统利用通风动力向井下各用风地点提供新鲜的空气，并且稀释和排出有毒气体，其优劣与否直接影响工人的身体健康和生命安全。完善的照明系统和噪声处理系统则能为工人营造一个舒适良好的作业环境，减少事故发生的可能性。机器的维护和使用状况如果比较良好，则能减少安全事故潜在发生概率。

对不同的煤矿建设工程而言，工程所在区域的自然地理条件、气象、水文以及地质条件等方面都会存在较大差别。对于不同地区来说，主要诱发地质灾害的因素肯定是不一致的。因此，还应该分析和评估煤矿地区的地质条件、空气湿度和水文自然条件等，需要查明已发现地质灾害的分布情况、分布特点以及影响因素；并分析矿产开采方法、开采规模，研究矿山建设引发岩石移动、变形规律和可能引发地质灾害的位置以及对生态环境的影响。

2）宏观环境

煤矿安全事故的宏观环境主要包括国家相应的政策法规、煤矿企业的市场准入制度、安全监督与检查和事故责任追究制度等。

国家相关方面的政策法规是从保护人民群众生命和财产安全的角度出发，主要目的是预防和减少事故的发生，使各相关主体明确自己的权利与义务，为决策、指挥以及行动提供法律依据。

市场准入制度是国家或有关政府准许公民或法人进入市场，从事商品生产经营活动的条件和程序的各种制度与规范的总称。可以通过规定市场准入条件，如生产的资格审查和对安全许可等方面的限制，来对煤矿行业内厂商的数目进行限定以及为生产的流程和管理的安全性进行规范。

安全监督与检查制度、事故责任追究制度则是为了对煤矿企业日常生产安全进行必要的预防性管制，执行安全生产法规，对违章失职行为进行纠正和惩戒。通过严格的事故责任追究制度，对煤矿企业安全生产工作形成一个闭合的反馈，通过事故调查明确事故责任，提出改进措施以防止事故的重复发生。

2.2 煤矿安全事故的主观因素分析

煤矿安全事故的主观因素包括安全事故预警管理机制、安全事故应急救援系统、安全事故善后处置、安全事故应急预案和企业安全管理等，如图1所示。

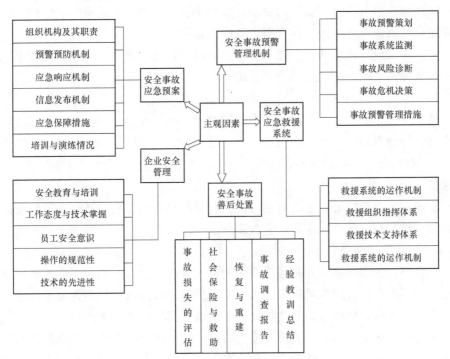

图1 煤矿安全事故的主观因素构成

1）安全事故预警管理机制

煤矿安全事故预警管理机制是指管理者通过预测危机与灾难事故可能发生的趋势和具体时间范围，评估事故可能带来的风险与损失，提前发出警报，为生产组织有效防范与应对事故风险做好准备。

对于安全事故预警管理而言，需要进行两个方面的努力：第一是要及时识别可能存在的风险,并且提前预警;第二是要通过实施一系列管理的和技术的措施使风险能够得到合理规避。

安全事故预警管理主要包含以下几个方面的内容:事故预警策划、事故系统监测、事故风险诊断、事故危机决策、事故预警管理措施和事故预警技术措施等。

2)安全事故应急救援系统

煤矿安全事故应急救援系统是指通过一个专业化的应急救援组织体系,在专业的应急救援预案的指导下,运用信息通信技术和各类安全事故应急处置技术,对遭受安全事故的煤矿企业实施紧急救助,使其生命和财产安全得到充分保障的救援活动以及管理机制的总称。

安全事故应急救援系统是承担安全事故应急救援的执行主体,要使建立的应急救援系统能够在事故发生时进入有效的整体运行状态,高效地完成应急救援任务,实现减轻事故危害与损失的目的。安全事故应急救援有明确的工作程序,一旦在生产范围内发现事故,则立即启动应急救援预案。

安全事故应急救援体系主要包括应急救援组织指挥体系、应急救援技术支持体系和救援系统的运作机制三个子系统[1]。

3)安全事故善后处置

煤矿安全事故发生后,地方与企业应急管理相关部门要组织对安全事故起因及责任进行调查,并对事故的灾难者进行善后处置,争取早日实现恢复正常生产秩序。其目标是尽快消除事故的不良后果和影响,妥善安置受害及受影响的人员,确保社会的稳定。

安全事故的善后处置主要包括的内容有事故损失的评估、社会保险与救助、恢复与重建、事故调查报告和经验教训总结等。

4)安全事故应急预案

安全事故应急预案是针对可能发生的重大事故及其影响和后果的严重程度,制定科学、规范、合理和可操作性强的应急预案,对应急机构的人员、技术、装备、设施、物资、救援行动及其指挥与协调等方面预先做出详细安排。

安全事故应急预案是各类突发重大事故的应急基础,明确了应急救援的范围和体系,有利于在安全事故发生时做出高效及时的应急响应,从而把损失降低到最低的限度。

安全事故应急预案主要包括组织机构及其职责、预警预防机制、应急响应机制、信息发布机制、应急保障措施和培训与演练情况等。

5)企业安全管理

对于煤矿企业而言,通过加强企业自身的安全管理,保证企业人员严格遵守国家的安全生产法规以及行业、企业的各项操作章程,对于煤矿企业安全生产的实现非常重要。而且事实证明，尽管煤矿安全问题异常复杂，但只要企业安全管理到位，企业人员严格按有关规章制度行事，伤亡事故完全可以得到有效遏制。

煤矿企业安全管理主要包括安全教育与培训、工作态度与技术掌握、员工安全意识、操作的规范性和技术的先进性等[2]。

3 煤矿安全事故应急管理能力评价指标体系的建立

对煤矿安全事故应急管理能力进行评价首先必须建立一套科学合理的评价指标体系。本文根据煤矿安全事故应急管理能力评价指标体系建立的原则，借鉴已有的评价工作，根据安全事故应急管理包含的内容，从科学性和创新性的角度出发，选取评价指标并建立相应的评价指标体系。

3.1 煤矿安全事故应急管理能力评价指标体系建立的原则

（1）科学性原则。煤矿安全事故应急管理能力评价的指标体系应该建立在科学的基础上，能客观真实地反映煤矿安全事故应急管理能力的情况，包括技术现状和运行效率等。

（2）系统性原则。煤矿安全事故应急管理能力系统是由多个子系统构成的，在建立煤矿安全事故应急管理能力评价指标体系时，应将各个子系统的体系尽可能考虑得完整、全面，这样才能系统地反映煤矿安全事故应急管理能力的强弱情况。

（3）实用性原则。拟定的评价指标体系应当思路清楚、层次分明、能准确全面表现应急能力的实际状况。评价指标的测定必须有良好的可操作性、简单明确、使用方便、便于统计和量化计算，而且能保证评价指标值可以准确、快速地获取。

（4）可操作性原则。建立煤矿安全事故应急管理能力评估体系的目的是对煤矿安全事故应急管理能力进行具体的评价，以达到明确煤矿安全事故应急管理能力的目的，所以，必须具有较强的可操作性。

（5）层次性原则。层次性原则是根据选取指标的具体情况划分出不同的层次，它可以反映指标体系的复杂程度。

3.2 煤矿安全事故应急管理能力评价指标体系的建立

根据煤矿安全事故应急管理能力包含的内容及其评价指标体系建立的原则，建立煤矿安全事故应急管理能力的评价指标体系（表1）。它包含7项一级指标和36项二级指标[3]。

表 1　煤矿安全事故应急管理能力的评价指标体系

一级指标	一级指标	二级指标
煤矿安全事故应急管理能力评价指标体系	安全事故预警管理机制	事故预警策划
		事故系统监测
		事故风险诊断
		事故危机决策
		事故预警管理措施
		事故预警技术措施
	安全事故应急救援系统	救援组织指挥体系
		救援技术支持体系
		救援系统的运作机制
	安全事故善后处置	事故损失的评估
		社会保险与救助
		恢复与重建
		事故调查报告
		经验教训总结
	企业安全管理	安全教育与培训
		工作态度与技术掌握
		员工安全意识
		操作的规范性
		技术的先进性
	安全事故应急预案	组织机构及其职责
		预警预防机制
		应急响应机制
		信息发布机制
		应急保障措施
		培训与演练情况
	微观环境状况	通风系统
		照明系统
		机器维护
		空气湿度
		水文自然条件
		噪声处理系统
		地质构造

煤矿安全事故应急管理能力评价指标体系	一级指标	二级指标
	宏观环境状况	国家政策法规
		市场准入制度
		安全监督与检查
		事故责任追究制度

4 煤矿安全事故应急管理能力的评价分析

对煤矿安全事故应急管理能力进行评价分析主要采用 AHP 与模糊综合评价法结合的方法。AHP 是一种将人的主观判断用数量形式表达和处理的方法。为此将 AHP 和模糊综合评判法相结合，通过 AHP 确定各指标权重，用模糊综合评判法进行评判。

4.1 根据 AHP 确定一级指标的权重

AHP 是美国匹兹堡大学萨蒂教授于 20 世纪 70 年代提出的将定性分析与定量分析相结合的多目标决策方法。

一级指标包含：事故预警管理机制 D_1、事故应急救援系统 D_2、事故善后处置 D_3、企业安全管理 D_4、安全事故应急预案 D_5、微观环境状况 D_6、宏观环境状况 D_7。

4.1.1 构造判断矩阵

以目标 D_i 与 D_j 两两比较，若 D_i 与 D_j 同等重要，则取 $a_{ij}=1$；若 D_i 比 D_j 稍微重要，则取 $a_{ij}=3$；若 D_i 比 D_j 明显重要，则取 $a_{ij}=5$；若比 D_j 强烈重要，则取 $a_{ij}=7$；D_i 比 D_j 极端重要，则取 $a_{ij}=9$；介于以上中间的可取 2，4，6，8。得到时判断矩阵如表 2 所示。

表 2 判断矩阵

	D_1	D_2	D_3	D_4	D_5	D_6	D_7
D_1	1	1/2	2	4	6	8	9
D_2	2	1	3	5	7	8	9
D_3	1/2	1/3	1	2	4	7	8
D_4	1/4	1/5	1/2	1	2	3	5
D_5	1/6	1/7	1/4	1/2	1	2	3
D_6	1/8	1/8	1/7	1/3	1/2	1	2
D_7	1/9	1/9	1/8	1/5	1/3	1/2	1

4.1.2 判断矩阵求解

（1）首先计算判断矩阵 A 中每行元素的几何平均数 β_i，对向量 $\boldsymbol{\beta}=(\beta_1,\beta_2,\cdots,\beta_7)^T$ 进行归一化处理，得到特征向量 $\boldsymbol{W}=(w_1,w_2,\cdots,w_7)^T$，即

$$w_i = \frac{\beta_i}{\sum_{k=1}^{7}\beta_k} \quad (i=1, 2, \cdots, 7)$$

带入数据求得 $\boldsymbol{\beta}=(2.900\,7, 3.954\,4, 1.851\,8, 0.959\,7, 0.562\,7, 0.357\,3, 0.244\,0)^T$。
特征向量：$\boldsymbol{W}=(0.267\,8, 0.365\,1, 0.171\,0, 0.088\,6, 0.052\,0, 0.033\,0, 0.022\,5)^T$。

（2）最大特征根的计算公式

$$\lambda_{\max} = \frac{1}{n}\sum_{i=1}^{7}\frac{(AW)_i}{w_i}$$

代入数据计算得：

$\lambda=1/7*(7.188\,2+7.359\,7+7.151\,8+7.105\,0+7.109\,7+7.186\,2+7.358\,8)$
$=7.208\,5$

（3）一致性检验。

一致性指标 CI，CI 越小说明一致性越大，计算公式为

$$CI = \frac{\lambda - n}{n-1}, \quad n=7$$

故 $CI = \dfrac{7.208\,5 - 7}{7-1} = 0.034\,7$

检验系数 $CR = \dfrac{CI}{RI}$，当 $n=7$ 的时候，$RI=1.32$

故求得检验系数 $CR = \dfrac{CI}{RI} = \dfrac{0.034\,7}{1.32} = 0.026\,3$

结论：检验系数 $CR=0.026\,3<0.1$，所以判断矩阵具有满意的一致性，权重计算有效。所以在煤矿安全事故应急管理能力评价体系中，事故预警管理机制 D_1 所占权重为 26.78%，事故应急救援系统 D_2 所占权重为 36.51%，事故善后处置 D_3 所占权重为 17.10%，企业安全管理 D_4 所占权重为 8.86%，安全事故应急预案 D_5 所占权重为 5.20%，微观环境状况 D_6 所占权重为 3.30%，宏观环境状况 D_7 所占权重为 2.25%。煤炭安全事故应急管理能力体系中各一级指标权重如图 2 所示。

从图 2 可以看出，事故应急救援系统所占比重最大，为 36.51%；其次是事故预警管理机制，所占比重为 26.78%；宏观环境状况和微观环境状况所占比重最小，分别为 2.25%、3.30%。

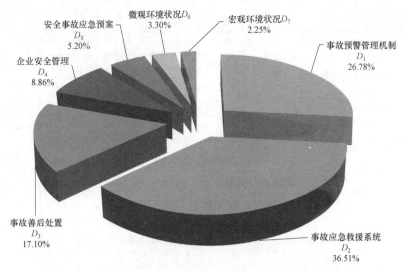

图 2 煤矿安全事故应急管理能力评价体系中各一级指标权重

4.2 运用模糊综合评价法进行评判

1）确定评价对象的因素集

这里的评价对象 D 为煤矿安全应急管理能力，评价对象包含的因素集就是评级指标体系中的一级指标，包括事故预警管理机制 D_1，事故应急救援系统 D_2，事故善后处置 D_3，企业安全管理 D_4，安全事故应急预案 D_5，微观环境状况 D_6，宏观环境状况 D_7。即 $D=\{D_1, D_2, D_3, D_4, D_5, D_6, D_7\}$。各评价因素的权重分别为 W=（0.267 8，0.365 1，0.171 0，0.088 6，0.052 0，0.033 0，0.022 5）^{T}。

2）确定评语集、求评价矩阵

这里将每一项二级指标的评价分为5个等级：优秀，良好，中等，较差，差，即评价等级集合={优秀、良好、中等、较差、差}。例如，通过 20 位相关专家对某煤矿企业 36 项二级指标评判等级和确定二级指标的权重，权重确定结果和等级评判结果分布如表 3 所示[4]。

表 3　权重确定结果和等级评判结果分布

煤矿安全事故应急管理能力评价指标体系	一级指标	二级指标	权重	优秀	良好	中等	较差	差
	事故预警管理机制 D_1 0.267 8	事故预警策划 X_1	0.1	3	9	5	3	0
		事故系统监测 X_2	0.2	4	7	6	3	0
		事故风险诊断 X_3	0.1	2	9	6	3	0
		事故危机决策 X_4	0.2	2	10	5	2	1
		事故预警管理措施 X_5	0.2	1	9	7	2	1
		事故预警技术措施 X_6	0.2	2	8	6	3	1

续表

一级指标		二级指标	权重	优秀	良好	中等	较差	差
煤矿安全事故应急管理能力评价指标体系	事故应急救援系统 D_2 0.365 1	救援组织指挥体系 X_7	0.4	4	9	6	1	0
		救援技术支持体系 X_8	0.3	3	9	4	3	1
		救援系统的运作机制 X_9	0.3	1	9	7	1	2
	事故善后处置 D_3 0.171 0	事故损失的评估 X_{10}	0.2	6	8	4	2	0
		社会保险与救助 X_{11}	0.2	4	9	4	3	0
		恢复与重建 X_{12}	0.3	6	9	4	1	0
		事故调查报告 X_{13}	0.1	5	8	4	2	1
		经验教训总结 X_{14}	0.2	7	8	5	0	0
	企业安全管理 D_4 0.088 6	安全教育与培训 X_{15}	0.3	2	6	9	2	1
		工作态度与技术掌握 X_{16}	0.2	3	7	6	2	2
		员工安全意识 X_{17}	0.2	3	7	7	2	1
		操作的规范性 X_{18}	0.1	2	6	7	3	2
		技术的先进性 X_{19}	0.2	2	8	5	4	1
	安全事故应急预案 D_5 0.052 0	组织机构及其职责 X_{20}	0.1	3	9	5	3	0
		预警预防机制 X_{21}	0.2	3	6	8	1	2
		应急响应机制 X_{22}	0.2	3	7	7	3	0
		信息发布机制 X_{23}	0.1	1	6	10	2	1
		应急保障措施 X_{24}	0.2	1	7	8	3	1
		培训与演练情况 X_{25}	0.2	1	6	9	3	1
	微观环境状况 D_6 0.033 0	通风系统 X_{26}	0.3	3	7	5	3	2
		照明系统 X_{27}	0.1	3	9	5	3	0
		机器维护 X_{28}	0.2	3	8	6	2	1
		空气湿度 X_{29}	0.1	3	9	4	3	1
		水文自然条件 X_{30}	0.1	2	7	7	3	1
		噪声处理系统 X_{31}	0.1	3	8	5	3	1
		地质构造 X_{32}	0.1	3	7	6	3	1
	宏观环境状况 D_7 0.022 5	国家政策法规 X_{33}	0.2	5	9	4	2	0
		市场准入制度 X_{34}	0.2	2	6	8	3	1
		安全监督与检查 X_{35}	0.3	2	7	7	3	1
		事故责任追究制度 X_{36}	0.3	4	6	6	4	0

3）评价因素矩阵

通过对每一项二级指标专家评定等级的人数进行归一化处理，得到各项评价因素的评价因素矩阵。

安全事故预警管理机制（D_1）及事故应急救援系统（D_2）的评价矩阵分别为：

$$R_1 = \begin{pmatrix} 0.15 & 0.45 & 0.25 & 0.15 & 0 \\ 0.20 & 0.35 & 0.30 & 0.15 & 0 \\ 0.10 & 0.45 & 0.30 & 0.15 & 0 \\ 0.10 & 0.50 & 0.25 & 0.10 & 0.05 \\ 0.05 & 0.45 & 0.35 & 0.10 & 0.05 \\ 0.10 & 0.40 & 0.30 & 0.15 & 0.05 \end{pmatrix} \quad R_2 = \begin{pmatrix} 0.20 & 0.45 & 0.30 & 0.05 & 0 \\ 0.15 & 0.45 & 0.20 & 0.15 & 0.05 \\ 0.05 & 0.45 & 0.35 & 0.05 & 0.10 \end{pmatrix}$$

安全事故善后处置（D_3）及企业安全管理（D_4）的评价矩阵分别为：

$$R_3 = \begin{pmatrix} 0.30 & 0.40 & 0.20 & 0.10 & 0 \\ 0.20 & 0.45 & 0.20 & 0.15 & 0 \\ 0.30 & 0.45 & 0.20 & 0.05 & 0 \\ 0.25 & 0.40 & 0.20 & 0.10 & 0.05 \\ 0.35 & 0.40 & 0.25 & 0 & 0 \end{pmatrix} \quad R_4 = \begin{pmatrix} 0.10 & 0.30 & 0.45 & 0.10 & 0.05 \\ 0.15 & 0.35 & 0.30 & 0.10 & 0.10 \\ 0.15 & 0.35 & 0.35 & 0.10 & 0.05 \\ 0.15 & 0.30 & 0.35 & 0.15 & 0.05 \\ 0.10 & 0.40 & 0.25 & 0.20 & 0.05 \end{pmatrix}$$

安全事故应急预案（D_5）及微观环境状况（D_6）的评价矩阵分别为：

$$R_5 = \begin{pmatrix} 0.15 & 0.45 & 0.25 & 0.15 & 0 \\ 0.15 & 0.30 & 0.40 & 0.05 & 0.10 \\ 0.15 & 0.35 & 0.35 & 0.15 & 0 \\ 0.05 & 0.30 & 0.50 & 0.10 & 0.05 \\ 0.05 & 0.35 & 0.40 & 0.15 & 0.05 \\ 0.05 & 0.30 & 0.45 & 0.15 & 0.05 \end{pmatrix} \quad R_6 = \begin{pmatrix} 0.15 & 0.35 & 0.25 & 0.15 & 0.10 \\ 0.15 & 0.45 & 0.25 & 0.15 & 0 \\ 0.15 & 0.40 & 0.30 & 0.10 & 0.05 \\ 0.15 & 0.45 & 0.20 & 0.15 & 0.05 \\ 0.10 & 0.35 & 0.35 & 0.15 & 0.05 \\ 0.15 & 0.40 & 0.25 & 0.15 & 0.05 \\ 0.15 & 0.35 & 0.30 & 0.15 & 0.05 \end{pmatrix}$$

宏观环境状况（D_7）的评价矩阵为：

$$R_7 = \begin{pmatrix} 0.25 & 0.45 & 0.20 & 0.10 & 0 \\ 0.10 & 0.30 & 0.40 & 0.15 & 0.05 \\ 0.10 & 0.35 & 0.35 & 0.15 & 0.05 \\ 0.20 & 0.30 & 0.30 & 0.20 & 0 \end{pmatrix}$$

4）综合评价

做权系数矩阵 W_i 与 R_i 的模糊乘积运算，这里采用的算子是 M（·，⊕）。
计算公式为 $D_i = W_i \circ R_i$，计算结果分别如下：

$$D_1 = W_1 \circ R_1 = (0.1 \quad 0.2 \quad 0.1 \quad 0.2 \quad 0.2 \quad 0.2) \circ \begin{pmatrix} 0.15 & 0.45 & 0.25 & 0.15 & 0 \\ 0.20 & 0.35 & 0.30 & 0.15 & 0 \\ 0.10 & 0.45 & 0.30 & 0.15 & 0 \\ 0.10 & 0.50 & 0.25 & 0.10 & 0.05 \\ 0.05 & 0.45 & 0.35 & 0.10 & 0.05 \\ 0.10 & 0.40 & 0.30 & 0.15 & 0.05 \end{pmatrix}$$

$$= (0.115 \quad 0.430 \quad 0.295 \quad 0.130 \quad 0.030)$$

$$D_2 = W_2 \circ R_2 = (0.4 \quad 0.3 \quad 0.3) \circ \begin{pmatrix} 0.20 & 0.45 & 0.30 & 0.05 & 0 \\ 0.15 & 0.45 & 0.20 & 0.15 & 0.05 \\ 0.05 & 0.45 & 0.35 & 0.05 & 0.10 \end{pmatrix}$$

$$= (0.140 \quad 0.450 \quad 0.285 \quad 0.080 \quad 0.045)$$

$$D_3 = W_3 \circ R_3 = (0.2 \quad 0.2 \quad 0.1 \quad 0.1 \quad 0.2) \circ \begin{pmatrix} 0.30 & 0.40 & 0.20 & 0.10 & 0 \\ 0.20 & 0.45 & 0.20 & 0.15 & 0 \\ 0.30 & 0.45 & 0.20 & 0.05 & 0 \\ 0.25 & 0.40 & 0.20 & 0.10 & 0.05 \\ 0.35 & 0.40 & 0.25 & 0 & 0 \end{pmatrix}$$

$$= (0.285 \quad 0.425 \quad 0.210 \quad 0.075 \quad 0.005)$$

$$D_4 = W_4 \circ R_4 = (0.3 \quad 0.2 \quad 0.2 \quad 0.1 \quad 0.2) \circ \begin{pmatrix} 0.10 & 0.30 & 0.45 & 0.10 & 0.05 \\ 0.15 & 0.35 & 0.30 & 0.10 & 0.10 \\ 0.15 & 0.35 & 0.35 & 0.10 & 0.05 \\ 0.15 & 0.30 & 0.35 & 0.15 & 0.10 \\ 0.10 & 0.40 & 0.25 & 0.20 & 0.05 \end{pmatrix}$$

$$= (0.120 \quad 0.340 \quad 0.350 \quad 0.125 \quad 0.065)$$

$$D_5 = W_5 \circ R_5 = (0.1 \quad 0.2 \quad 0.2 \quad 0.1 \quad 0.2 \quad 0.2) \circ \begin{pmatrix} 0.15 & 0.45 & 0.25 & 0.15 & 0 \\ 0.15 & 0.30 & 0.40 & 0.05 & 0.10 \\ 0.15 & 0.35 & 0.35 & 0.15 & 0 \\ 0.05 & 0.30 & 0.50 & 0.10 & 0.05 \\ 0.05 & 0.35 & 0.40 & 0.15 & 0.05 \\ 0.05 & 0.30 & 0.45 & 0.15 & 0.05 \end{pmatrix}$$

$$= (0.100 \quad 0.335 \quad 0.395 \quad 0.125 \quad 0.045)$$

$$D_6 = W_6 \circ R_6 = (0.3 \quad 0.1 \quad 0.2 \quad 0.1 \quad 0.1 \quad 0.1 \quad 0.1) \circ \begin{pmatrix} 0.15 & 0.35 & 0.25 & 0.15 & 0.10 \\ 0.15 & 0.45 & 0.25 & 0.15 & 0 \\ 0.15 & 0.40 & 0.30 & 0.10 & 0.05 \\ 0.15 & 0.45 & 0.20 & 0.15 & 0.05 \\ 0.10 & 0.35 & 0.35 & 0.15 & 0.05 \\ 0.15 & 0.40 & 0.25 & 0.15 & 0.05 \\ 0.15 & 0.35 & 0.30 & 0.15 & 0.05 \end{pmatrix}$$

$$= (0.145 \quad 0.385 \quad 0.270 \quad 0.140 \quad 0.060)$$

$$D_7 = W_7 \circ R_7 = (0.2 \quad 0.2 \quad 0.3 \quad 0.3) \circ \begin{pmatrix} 0.25 & 0.45 & 0.20 & 0.10 & 0 \\ 0.10 & 0.30 & 0.40 & 0.15 & 0.05 \\ 0.10 & 0.35 & 0.35 & 0.15 & 0.05 \\ 0.20 & 0.30 & 0.30 & 0.20 & 0 \end{pmatrix}$$

$$= (0.160 \quad 0.345 \quad 0.315 \quad 0.155 \quad 0.025)$$

利用 D_1，D_2，D_3，D_4，D_5，D_6，D_7 构建基于评价因素集的煤矿安全事故应急管理能力的综合评价矩阵：

$$D = W \circ R = (0.267\,8 \quad 0.365\,1 \quad 0.171\,0 \quad 0.088\,6 \quad 0.052\,0 \quad 0.033\,0 \quad 0.022\,5) \circ$$

$$\begin{pmatrix} 0.115 & 0.430 & 0.295 & 0.130 & 0.030 \\ 0.140 & 0.450 & 0.285 & 0.080 & 0.045 \\ 0.285 & 0.425 & 0.210 & 0.075 & 0.005 \\ 0.120 & 0.340 & 0.350 & 0.125 & 0.065 \\ 0.100 & 0.335 & 0.395 & 0.125 & 0.045 \\ 0.145 & 0.385 & 0.270 & 0.140 & 0.060 \\ 0.160 & 0.345 & 0.315 & 0.155 & 0.025 \end{pmatrix}$$

$$= (0.154\,9 \quad 0.420\,1 \quad 0.286\,5 \quad 0.102\,5 \quad 0.028\,7)$$

5）评价结果分析

上述矩阵 D 即为煤矿安全事故应急管理能力综合评价的结果，从评价结果中可以看出，认为该煤矿安全事故应急管理能力优秀的占 15.49%，认为良好的占 42.01%，认为中等的占 28.65%，认为较差的占 10.25%，认为差的占 2.87%。

可以看出，该煤矿安全事故应急管理能力优秀和良好两个等级的隶属度之和为 57.5%，因此可以认为该煤矿安全事故应急管理能力综合评价结果为中等[5]。

如果将优秀量化为 100 分，良好量化为 80 分，中等量化为 60 分，较差量化为 40 分，差量化为 20 分，则该煤矿安全事故应急管理能力的综合得分为：

$$Z = W \cdot D = 0.154\,9 \times 100 + 0.420\,1 \times 80 + 0.286\,5 \times 60 + 0.102\,5 \times 40 +$$
$$0.028\,7 \times 20 = 70.962$$

5 总结

本文给出了基于 AHP 和模糊综合评价法的煤矿安全事故应急管理能力综合评价的模型,并且进行了实证分析。首先,阐述了煤矿安全事故应急管理能力的内涵和包含的主要内容;接着,建立了安全事故应急管理能力的综合评价指标体系,并且通过 AHP 确定了一级指标权重,再通过模糊综合评价法对某地煤矿安全事故应急管理能力进行综合评价,得出的结果为中等,综合得分为 70.92。

由于应急管理本身属于新的研究领域,可以对煤矿安全事故应急管理能力的评价模型进行进一步的研究,以及对二级指标的权重进行更准确的划分,提高评价结果的准确性,为煤矿安全事故应急管理能力的综合评价和管理决策提供依据。

参考文献

[1] 宋英华. 突发事件应急管理导论[M]. 北京:中国经济出版社,2009.

[2] 庄越,雷培德. 安全事故应急管理[M]. 北京:中国经济出版社,2009.

[3] 张乃平,夏东海. 自然灾害应急管理[M]. 北京:中国经济出版社,2009.

[4] 史波. 煤矿企业应急管理系统构建与应急能力评级研究[D]. 哈尔滨:哈尔滨工程大学,2008,10.

[5] 席煜宸. 煤矿应急管理体系建设探讨[J]. 中国安全科学学报,2010,1(1):159–164.

实施"全面应急管理"
提升政府应急能力

黄宏纯

广西财经学院　广西　南宁　530030

[摘要] 我国对突发公共事件的应急管理提出了"一案三制"（应急管理的预案、法制、体制、机制）的设想，取得了较好的效果。为了进一步提高政府保障公共安全和处置突发公共事件的能力，加快政府职能转变的步伐，在借鉴美国、日本等发达国家经验的基础上，本文建议在我国针对突发公共事件开展"全面应急管理"。

[关键词] 突发公共事件；全面应急管理；应急能力

我国对突发公共事件的应急管理提出了"一案三制"（应急管理的预案、法制、体制、机制）的设想、颁发了《国家突发公共事件总体应急预案》、正在编写《突发公共事件应急体系建设规划》，并在一些地区建立了"突发公共事件应急管理系统"，取得了较好的效果。为了进一步提高政府保障公共安全和处置突发公共事件的能力，加快政府职能转变的步伐，促进经济社会全面、协调、可持续发展，在借鉴美国、日本等发达国家经验的基础上，建议在我国针对突发公共事件开展"全面应急管理（total emergency management，TEM）"。

一、全面应急管理的含义

"突发公共事件全面应急管理"是指以科学发展观为指导，以构建社会主义和谐社会为目标，以现代科学技术为手段，以科学管理为支撑，前瞻我国国民经济和社会发展的长远需求，以人为本，更新观念，全方位思考，系统规划，分步建设实施，完善应急管理制度，对突发公共事件实施"六全"管理模式。

1. 全过程管理

狭义的应急管理主要是指应急处置这一个环节，即为了应对突发事件而实施的一系列的计划、组织、指挥、协调、控制的过程。其主要任务是及时有效地处置各种突发事件，最大限度地减少突发事件的不良影响。"突发公共事件全面应急管理"则是在突发公共事件爆发前、爆发后、消亡后的整个时期内，用科学的方法对其加以干预和控制，使其造成的损失达到最小的全过程管理。它要求我们克服"重应急，轻预警"的传统观念，科学分析突发公共事件的形成与演变机理，对突发公共事件实施动态监测、风险评估和预警管理，并编制科学的预案，对突发公共事件的应急处置、善后处理进行系统设计，通过评估及时发现问题，改善应急管理全过程。

2. 全系统管理

突发公共事件的全系统管理是以"统一指挥、分工协作、预防为主、平战结合、及时灵活、科学有效"为原则，建设集预警预报、指挥调度、处置实施、信息管理、决策辅助、资源保障、通信保障等多功能于一体的"突发公共事件全面应急管理系统"。其中，指挥调度子系统是全系统管理体系中的最高决策机构，其他子系统分别对指挥调度提供不同功能的支持，以保证指挥调度子系统做出及时有效的决策，同时它们之间也存在相互协作、相互支持的关系。

3. 全方位管理

突发公共事件的全范围管理是以规划为先导，加强应急项目和应急系统的建设，科学编制突发公共事件的应急预案，重点解决处置突发公共事件的基本程序和责任分工问题，统筹考虑关键项目的布局和建设问题，强化应急响应中的薄弱环节。应急项目和应急系统是全面应急管理的落脚点，重点是建设应急平台。要进一步深化应急预案体系建设，不断增强预案的针对性、操作性和实用性。科学编制和实施应急体系建设规划，实现应急资源优化配置。加快推进应急平台建设，提高应急处置效率和水平。

4. 全面应急响应

突发公共事件的全面应急响应是指对突发公共事件实施分类分级管理和应急联动管理，对重大突发事件实施国际协调和全球合作管理。在对突发事件进行分类分级的同时，要对处置机构进行分类分级，使其和突发公共事件的分类分级相对应、相匹配，建立重大突发事件的直接响应模式和快速垂直联动指挥机制。全面应急响应就是要打破原有多个应急指挥中心条块分割、各自为政的传统管理方式，综合各种应急服务资源，统一指挥，联合行动，为社会公众提供快捷的紧急救援服务，为国家公共安全提供强有力的保障。随着全球化趋势的加快，突发事件的应急管理也逐渐走向国际合作。在应对突发公共事件问题上我们应致力于寻求全球合作管理，尤其要借助于各相关领域国际组织的力量，形成最有效的管理。

5. 全手段管理

突发公共事件的全手段管理是综合应用行政手段、法律手段、经济手段和技术手段进行突发公共事件的管理。全手段管理强调各种手段齐抓共管，尤其是发挥经济杠杆在全过程应急管理中对各方经济利益的调节、约束、补偿等功能，以及高新技术在全系统应急管理中的技术支撑作用，达到标本兼治的效果。

6. 全社会管理

突发公共事件的全社会管理要求针对突发公共事件建立全员参与、群防群治机制，加大宣传力度，充分依靠群众，实施全员培训，强化应急演练，动员社会各方面力量积极有序地参与突发公共事件应对工作，提高社会应急能力。利用社会资源和智力，大力培养应急管理专业人才，组建全面应急响应的职业队伍和志愿者群体、团队，尽快适应当前社会管理与服务的需要。

二、全面应急管理体系

突发公共事件全面应急管理以 TEM 体系建设为支撑。其组织模型如图 1 所示。

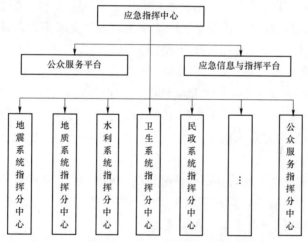

图 1　全面应急管理体系组织结构

TEM 体系由国家或区域突发公共事件应急指挥中心统一指挥，下设两个重要的平台：公众服务平台和应急信息与指挥平台。

公众服务平台主要处置非紧急求助事务，通过整合后的 110 报警系统，负责接受公众水、电、气、市政、城管、环境、医疗救助等具有公共服务性质的各种求助，通过指挥中心的信息分拣系统，借助计算机网络系统，向相应的职能部门、行业管理部门、企业等下达服务指令信息，并通过建立"一事一档、三级（用户、行业管理部门、应急管理部门）考核、百分之百回访"的管理和考核机制，监督服务质量。

应急信息与指挥平台是为保障各种预案的实施而建立的包括监测预警系统、

应急指挥调度系统、决策辅助系统在内的系统平台。监测预警系统收集各种公共事件状态的数据，或接受公众关于突发公共事件的报警，通过风险评估，判断风险状态，自动或人机结合判断应急处置的级别，并启动相应级别的应急预案；应急指挥调度系统是借助大屏幕显示系统、视频会议系统和计算机指挥系统把握突发公共事件现场状态，调度各种应急资源，对突发公共事件进行应急处理的计算机、通信与网络系统；决策辅助系统包括 GPS、GIS、RS、应急基础数据库等数据系统和专家系统，为指挥调度决策提供支撑。

三、全面应急管理模式的特点

与目前的大多数应急体系相比，TEM 模式具有以下特点：

1. 以人为本

TEM 模式以政府为社会公众提供良好公共服务为目标，在常态下，通过公众服务平台，服务于社会公众的日常公共需求；在危机状态下，通过应急信息与指挥平台来保障人民的生命财产安全、最大限度地减少灾害损失为目标，充分体现了以人为本、构建社会主义和谐社会的精神实质。

2. 快速反应

TEM 系统借助现代监控技术和信息技术，通过监测系统，适时了解公共事件所处状态，判断风险级别，并向指挥中心传递状态信息。一旦出现灾害状况，指挥中心可通过大屏幕显示系统了解现场状况，并及时做出应急反应。

3. 统一指挥

TEM 体系可根据突发公共事件适时状况和事件级别，自动或人机结合启动相应级别的应急预案，并在相应级别的指挥中心实行统一指挥和调度各种应急资源，避免职责不清造成的相互推诿、协调困难。

4. 科学决策

TEM 体系强调专家支撑。一是通过建立专家信息库，收录各类突发事件所属专家的信息资料，一旦灾害发生，可迅速通知专家到位，为事件处理提供专业意见；二是突出专家系统（决策辅助系统）的支撑，通过事先建立的各种数据系统和各种状态的专家处理意见，可生成突发事件的处置方案建议，供决策参考，从而大大提高决策的科学性。

5. 整合资源

TEM 体系强调"物理分散、信息集中、上级调度、协调配合"机制。"物理分散"是指各分指挥中心根据应急需要建立本系统突发公共事件的应急体系，并为上级指挥中心提供接口；"信息集中"是指按照信息报送原则，各级分中心关于突发事件的状态信息、基础数据信息（包括应急资源信息、人口数据信息、地理数据信息、法人单位信息、建筑物现状信息、管线信息等）等信息在同级别的相关指挥中心和上一级指挥中心实现共享，便于实现资源的统一计划安排和使用调度，可避免系统的重复建设，大大提高资源使用的效率。

6. 全面联动

突发公共事件的应急处理往往涉及多部门的协调配合问题。以 TEM 体系平台建设为基础，以应急预案建立的机制为保障，通过统一指挥，可实现突发公共事件相关部门的全面联动，避免单一部门处理事件力量不足、专业性不强、资源不够等问题，也可避免因部门间的协调而延误时间。

四、结束语

"突发公共事件全面应急管理"要求各级领导更新观念，建立 TEM 思维模式。政府在未发生突发事件时的常态管理中，在处理好经济发展和社会稳定关系的同时，提高对公共安全问题的预警管理意识，居安思危；一旦发生突发公共事件，则政府的主要负责人——决策者要快速转换处理问题的思维方法，按 TEM 的基本思想和方法科学地处理及应对各类危机与灾害。

"突发公共事件全面应急管理"要以形成应急管理的动态评价与完善机制为抓手，以建立专门的监察机构定期进行 TEM 能力评价为突破口，及时发现突发公共事件应急管理的问题和不足，逐步完善应急管理系统，不断提高政府保障公共安全和处置突发公共事件的能力。

突发事件的全面应急管理模式研究

——以湖北省为例

黄宏纯

广西财经学院　广西　南宁　530030

[摘要] 当前社会的突发事件越来越多，对社会经济发展造成了很大的灾难、灾害影响。本文介绍了世界各国应急管理的现状与发展，对应急管理的研究理论从宏观和微观两个方面做了发展归纳，指出了我国应急管理存在的问题和缺陷。由此提出了突发事件的全面应急管理模式，以应对我国的突发事件。全面应急管理模式通过全过程、全系统、全方位、全面应急响应、全手段、全社会，对突发事件实施"六全"管理模式。为贯彻实施全面应急管理思想，提出了全面应急管理系统的设计目标，描述了系统体系、层级结构，并规划了系统的组织结构。基于全面应急管理模式，在我国中部省份湖北省，设计实施了应急管理系统，并写入了"十一五"湖北省突发事件应急体系建设战略规划。

[关键词] 突发事件；应急管理；全面应急管理；应急管理系统

一、引言

随着工业化进程的迅猛发展，社会经济生活日益繁荣。然而，繁荣背后的潜在事故隐患越来越多，人们面临的不安全因素也越来越多。

2001年的"9·11"事件，是一个完全由人类的一方对另一方的猝不及防的袭击。尽管不断有人宣称可以在之前的许多资料里找到这场袭击的蛛丝马迹，但该事件的发生完全是没有预料到的，只能按照它发生后的现状去考虑应对策略。而且，这样的事情不是仅仅使用科学的力量就可以阻止的，加强安全检查等措施都只是权宜之计。

2002年的"SARS事件"，是一件根本无从预料同时后果却又严重到威胁人类生存的大事，甚至多年后的今天，人们依然无法确定究竟是人之过还是自然对人类的无意识的恐吓。不过，从另一个角度而言，对于"SARS"，人们处理它的办法已经被证明是有效的，那就是使用科学的力量，在全世界范围内动用优秀的科研机构和科学家的智慧去寻找治疗方案与防治办法。这也为防范类似事件提供了帮助和借鉴。

2004年年底的印度洋海啸，是一个与"9·11"事件和"SARS事件"完全不同性质的事件，它的突然发生在几小时内就给人类带来了极大的灾难，四处狼奔豕突，受灾地区被毁灭的情形宛如世界末日。而人类对于这样的事件，可以用各种技术手段知道它的发生和兴起以及发展的途径和规律，甚至可以进行一定程度的预报，但是仍然没有快捷的反应能力来完全预防和避免灾难的发生，而且即便在海啸灾难出现的同时就通告了受灾地区和国家，也很难在短短几个小时内做出准确反应。因此，对于印度洋海啸这样的重大自然灾难，目前人类仍然束手无策。

2005年的美国新奥尔良飓风，导致成百上千人死亡，飓风给已经对这类事件有充分准备的美国以迎头打击，即便美国已经拥有了一个完善的应对系统以及应急处理体系，但仍然没有能够发挥出人们希望的作用。这是一个应该被牢记的教训，不为突发性的灾难本身，而为美国早在1979年就拥有的世界上最为全面和完善的紧急事务处理机构——联邦紧急事务管理局（FEMA）。尽管如此，一切还是发生了，除了灾难性的损失外，还有打砸抢等一些本来可以通过及时采取措施避免的次生事件。飓风事件的善后工作还未完成，FEMA的局长就辞去了职务，他饱为人们所诟病的就是协调不力、应急不当。

二、各国应急管理现状与研究

（一）各国应急管理现状

在突发事件愈发普遍的今天，世界各国政府都在迅速采取行动，寻求对策，应急管理已成为各国政府关注的焦点。

美国政府在20年前就根据一系列的自然灾害及各种突发事件设立了总统直接领导的"联邦紧急事务管理局"，规模为2 600人，在全国设了10个分区，以加强国家对灾害和突发事件的高效管理。2001年9月11日"9·11"事件后，各大城市基本都建立了"9·11"系统以应对突发事件；此外，还设有"3·11"系统处理非突发事件。美国政府在2002年成立了"国土安全部"，把FEMA及许多相关部门聚集在此部门下，力求解决国家的重大国土安全问题。

俄罗斯政府根据灾害及各种突发事件的发生状况，专门成立了"紧急事务和消除自然灾害后果部"，这个部门是俄罗斯的几大强力部门之一，在政府反恐行动及重大减灾活动中表现突出，成为俄罗斯安全减灾应急的主要部门。

日本成立了"防灾省"，任命了防灾大臣，建立了从中央到地方的防灾减灾信息系统及应急反应系统，注重现代科学技术在安全减灾中的应用。一旦国家发生重大灾难事件，日本政府首相将担任总指挥。

法国专门有一个内务部下辖的民事防务和公共安全局，管辖全国 24 万名消防队员及有关机构，有先进的信息系统及应对灾害和突发事件的装备。公共安全局一年 365 天 24 小时不间断值班，管理全国重大安全减灾及突发事件。

韩国在总理府大楼内，有一层楼为专门的防灾本部所用。它代表总理府处理国家突发事件及灾害，机构内有相应的技术系统及管理人员。

中国经历过 2002 年的"SARS"这一大规模的公共卫生突发事件以及后来的台风"麦莎""泰利"等危害较大的突发事件后，加上受其他国家突发事件的影响和启发，对于救灾减灾的重视已经提上各级政府的议事日程，不少城市相继建立了城市应急管理体系，比较有代表性的有：深圳紧急事务管理体系，广州 110 社会联动系统，上海城市综合减灾体系，乌鲁木齐 110 和 120 社会联动，武汉城市应急管理联动，南宁市社会应急联动系统。

（二）应急管理研究理论背景

1. 宏观领域的研究现状

宏观领域就是指将应急管理的指导思想、原则以及管理体系的建设等作为主要研究对象的研究领域。对应急管理体系的研究主要包括应急管理的主体是哪些机构或组织、这些机构的职责是什么、它们之间的关系是什么、这个管理体系是如何运行的等核心问题。将现有的文献分为两大类：机理层面和机制层面。这两类研究的目标都是建立一个有效的应急管理体系。机理是应急管理的基础，机制是保障应急管理顺利进行的保障。

机理有两层含义：一是指突发事件的发生、发展、消亡的演变规律；二是指应急管理的规律。目前关于机理的研究主要集中在突发事件的分类分级的探讨；也有文献是对应急管理者心理和决策行为的研究，而突发事件原因分析、分类是为了便于对突发事件进行研究和管理。

机制是指在应急管理这样一种系统工程中各机构的职责以及它们之间的联系，以及用来协调和规范各管理层面工作的规则、法律、法规、政策等。管理机制的研究大致可以分为应急管理体系中的机构设置及法律、法规、标准的制定两大类。

宏观领域中的研究现状可以总结如下：从研究突发事件的机理出发，结合应急管理的目的，进行相应的机制的研究，进而建立应急管理体系。总结现有的研究成果，主要结论有：第一，应急管理不仅是政府的行为，政府在应急管理中起主导作用，但仍然需要其他非政府机构的协作，包括公众个人的配合。应急管理是一个系统工程，需要各行各业的通力协作。总结起来就是应急管理应当坚持"统一指挥，分工协作"。第二，实现统一指挥，分工协作需要建立一个应急管理体系，在这个应急管理体系下,进行有序的突发事件应对工作。第三,做好预防对应急管理十分重要。

2. 微观技术领域的研究

与宏观研究的广泛适用性相比,目前微观技术研究仍分散于不同的领域,如警察、消防、医疗急救、抗灾救灾、森林火灾、核事故、交通事故、危险化学品的运输问题等。不同行业领域的研究重点又各不相同,但是正如前面所讲,应急管理已经逐渐成为不同行业同心协力才能做好的一项系统工程,综合现有的文献,应急管理中需要面对的研究问题一般有资源管理问题、人员撤离问题、应急预案编制、应急处置中在线决策支持、教育培训问题等。

对资源管理与人员撤离的研究是预案编制的基础工作之一,因为应急预案一般应当包括资源的调度与人员撤离计划。应急预案又是战时决策的预先准备,教育培训是对所有应急管理的参与者基本管理技能如沟通、协作等的训练。总体上,以上这些方面的问题基本涵盖了微观层面的"怎么管"的主要内容。

(三)我国应急管理现状与发展

1. 现实需要

党的十六大以来,我国各级政府高度重视突发事件应急工作,全面加强了应急预案体系,应急体制、机制和法制的建设,为应急体系建设提供了前所未有的发展机遇。

同时,根据发展经济学理论和国际经验可知,人均国内生产总值在 1 000～3 000 美元时,是突发事件的多发期,而我国的经济发展正处于这个区间。工业化、城市化进程的不断加快,与突发事件应急管理体系的相对薄弱之间的矛盾将越来越突出,社会应急管理能力面临严峻考验。

2. 现行应急体系的弊端

尽管我国已经做了许多有益的尝试,但已经建立起的一些城市或行业部门"应急管理体系"还有待完善,主要存在如下缺陷。

(1) 系统分立,服务单一,不利于联合行动,不能提供综合服务。现有应急体系各职能部门的信息系统自成体系、各自为政,相互封闭,形成了所谓的"信息孤岛",无法实现信息共享和联动应急。当今突发事件越来越朝着多因性、系统性和不可预期性发展,分散的管理机制很难适应现代突发事件系统化、跨学科、跨部门和全球化的管理需要。从国家甚至国际合作的角度建立应急管理体系,实施全局统一的指挥调度,人力和物资资源的全局调配与保障,建立完善的信息管理系统和专家决策系统,构建从突发事件应急管理体系平时状态、警戒状态、运作过程和事后处置的一整套解决方案,将能使突发事件得到长效的解决。

(2) 重应急,轻预警,缺乏全过程管理。现有的应急体系主要着眼于突发事件发生后的应对和恢复，重视事后的补救性措施，而缺乏对突发事件的全过程管理。应急管理应该是一个有机的整体，包括突发事件内在规律的研究、预案的编制、突发事件的评估和预警、突发事件的应对和灾害恢复及应急管理保障体系自身的循环完善。仅仅着眼于事后的"救灾"只能陷于被牵制的局面。

（3）应急手段落后，应急响应迟缓。现有应急体系没有保障政府领导统一协调、联动指挥的平台，不利于政府领导应对突发事件，重特大和紧急灾难。除110、122、119和120外，其他系统设施简陋、功能有限，如有的系统还采用人工电话接警、手工记录、口传指令，容易丢失、误解信息，不便于信息的统计、分析、查询和快速决策。

（4）社会宣传不够，社会动员乏力。应急管理，尤其是面向公众安全的应急管理，是一个系统工程，需要各行各业的通力协作。然而，现行应急管理体系，一是应急知识的普及和宣传教育不够，公众的危机意识不强、自救互救能力不高；二是随着国有企业改制，应急管理的基层组织建设也面临种种困难，进行社会动员的难度加大，加上社会动员机制建设滞后于社会实际发展需要，政府对各类非政府组织、基层单位、私营组织和社会公众的动员能力明显不足。

3. 现行理论研究的缺陷及趋势

根据文献调研以及实际观察分析，应急管理是一门应用科学，时刻关注现实生活中的突发事件的问题才是应急管理研究的根本所在，面向实践、面向问题的研究才会有旺盛的生命力。

随着应急管理实践的深入，越来越多的人已经认识到，由于突发事件的综合性，其预防、处置、后处理等工作都需要不同学科领域、不同组织的通力合作才能完成。由此带来以下问题，应急管理应当如何将突发事件消灭在萌芽中？如何应对突发事件，使人们的生命财产损失降到最低？如何用最短的时间恢复社会秩序？如何将已有的分散在各领域的应急力量综合到统一的应急管理体系中来？

应急管理的研究内容，就是为做好以上各项工作提供科学的方法。从宏观上讲，要研究突发事件的发生、发展、消亡的演变规律，要研究如何建立统一的应急管理体系；从微观上讲，要研究资源管理问题、预案管理、教育培训问题、人员撤离问题以及在线决策辅助的方法与模型。

展望应急管理的未来发展，从宏观层面上讲，应急管理不仅是政府部门的职责，而且是社会各种力量的有机结合体，未来的研究工作应当致力于消除这些部门之间的不和谐因素。目前我国正在致力于建立一个完善的应急管理体系，但是现有的理论研究仍然停留在不断提出原则和指导思想的层面，还没有一个真正能够指导应急管理体系建设的思路和方法。因此，应急管理体系建设的思路与方法成为将来应急管理研究的重点之一。

从微观层面来讲，应急管理中的决策辅助模型的研究与应用在我国还处于相对薄弱的状况。随着我国不断加快的城市化进程，城市容量的不断加大，对应急管理的需求也越来越迫切。由此，国内要加大对资源布局、资源调度、人员撤离的方法和模型的研究工作以及软件的开发力度。因此，结合现实需要建立易用的决策辅助模型也是未来应急管理研究的重点之一。

三、全面应急管理模式的内涵

我国对突发事件的应急管理提出了"一案三制"（应急管理的预案、法制、体制、机制）的设想，颁发了《国家突发公共事件总体应急预案》，编写了《突发事件应急体系建设规划》，并在一些地区建立了"突发事件应急管理系统"，取得了较好的效果。为了进一步提高政府保障公共安全和处置突发事件的能力，加快政府职能转变的步伐，促进经济社会全面、协调、可持续发展，在借鉴美国、日本等发达国家经验的基础上，研究团队提出在我国开展突发事件"全面应急管理"。

突发事件"全面应急管理"是指以科学发展观为指导，以构建社会主义和谐社会为目标，以现代科学技术为手段，以科学管理为支撑，前瞻我国国民经济和社会发展的长远需求，以人为本，更新观念，全方位思考，系统规划，分布建设实施，完善应急管理制度，对突发事件实施"六全"管理模式。

（一）全过程管理

全过程管理是指控制应针对突发事件中的各个环节。狭义的应急管理主要是指应急处置这一个环节，即为了应对突发事件而实施的一系列的计划、组织、指挥、协调、控制的过程。其主要任务是及时有效地处置各种突发事件，最大限度地减少突发事件的不良影响。突发事件"全面应急管理"则是在突发事件爆发前、爆发后、消亡后的整个时期内，用科学的方法对其加以干预和控制，使其造成的损失达到最小的全过程管理。它要求克服"重应急，轻预警"的传统观念，科学分析突发事件的形成与演变机理，对突发事件实施动态监测、风险评估和预警管理，并编制科学的预案，对突发事件的应急处置、善后处理进行系统设计，通过评估及时发现问题，改善应急管理全过程。如图1所示，全过程管理从资金投入补偿、监测预警、信息共享、决策处置、社会动员、信息发布，直到善后恢复，共七个环节。

图1　应急管理的全过程环节

（二）全系统管理

全系统管理是指协同各种系统，共享资源，共同应对突发事件。"突发事件全系统管理"是以"统一指挥、分工协作、预防为主、平战结合、及时灵活、科学有效"为原则，建设集预警预报、指挥调度、处置实施、信息管理、决策辅助、资源保障、通信保障等多功能于一体的"突发事件全面应急管理系统"。其中，指挥调度子系统是全系统管理体系中的最高决策机构，其他子系统分别对指挥调度提供不同功能的支持，以保证指挥调度子系统做出及时有效的决策，同时它们之间也存在相互协作、相互支持的关系。以应急通信网络为例，应对突发事件，需要协调水利、地震、国土资源、农林、公安、民政、交通、铁道、电力、环保、气象、质检、旅游等各部门共同工作，如表1所示。

表1 应对突发事件的各部门应急通信网络系统

专业职能部门	通信系统类型
水利部门	语音数据传输系统、通信系统、信息传输系统
地震部门	卫星通信传输系统
国土资源部门	专用通信系统建设
农业和林业部门	重大病虫害、动物疫病、森林火灾信息通信系统
公安、民政、交通、铁道、电力、环保、气象、质检、旅游等专业部门	补充完善现有应急通信系统

（三）全方位管理

全方位管理是指统筹考虑应对突发事件的各个方面。全方位管理要求以规划为先导，加强应急项目和应急系统的建设，科学编制突发事件的应急预案，重点解决处置突发事件的基本程序和责任分工问题，统筹考虑关键项目的布局和建设问题，强化应急响应中的薄弱环节。应急项目和应急系统是全面应急管理的落脚点，重点是建设应急平台。要进一步深化应急预案体系建设，不断增强预案的针对性、操作性和实用性。科学编制和实施应急体系建设规划，实现应急资源优化配置。加快推进应急平台建设，提高应急处置效率和水平。

作为全方面管理的实施，在湖北省，各部门都成立了各类专项应急指挥（组织、协调）机构（含临时性的领导小组等），包括省地震局、省民政厅、省公安厅、省安监局、省交通厅、省通信管理局、省水利厅、省建设厅、省环保局、省卫生厅、省国土资源厅、省气象厅、省环保局、武汉铁路局等；确定了专职或兼职人员负责应急管理工作。根据自然灾害的类别，湖北省应急主管部门和应急协管部门的分布如表2所示。随着应急管理体制的健全和实际情况的变化，突发事件的应急主管部门和协管部门将不断补充、调整和完善。

表2　湖北省应急主管部门和应急协管部门的全方位应急管理

类别	突发事件	应急主管部门	应急协管部门
自然灾害	地震灾害	省地震局	省防震减灾工作领导小组成员单位
	地质灾害	省国土资源厅	省交通局、省建委、省水利局、省民政局、省卫生局、省气象局等
	气象灾害	省气象局	省气象局、省地震局等
	水旱灾害	省水利局	省政府防汛抗旱指挥部成员单位
	森林火灾	省林业局	省防火指挥部成员单位
事故灾难	道路交通事故	省公安厅	省预防道路交通事故联席会议制度成员单位
	工矿商贸企业事故	省安监局	省卫生局、省经委等
	火灾事故	省公安局	省安监局等
公共卫生事件	传染性疾病	省卫生局	省非典型肺炎防治工作协调小组成员单位
	重大动物疫情	省农业局	省防止动物疫情指挥部成员单位
	食品安全	省食品监管局、省卫生局	省贸易局、省农业局、省粮食局、省质监局、省工商局等
社会安全事件	群体性事件	省公安局	省信访局等相关职能部门
	恐怖袭击	省公安局	省反恐工作协调小组成员单位

（四）全面应急响应

全面应急响应包括对突发事件实施分类分级管理和应急联动管理，对重大突发事件实施国际协调和全球合作管理。在对突发事件进行分类分级的同时，要对处置机构进行分类分级，使其和突发事件的分类分级相对应、相匹配，建立重大突发事件的直接响应模式和快速垂直联动指挥机制。全面应急响应就是要打破原有多个应急指挥中心条块分割、各自为政的传统管理方式，综合各种应急服务资源，统一指挥，联合行动，为社会公众提供快捷的紧急救援服务，为国家公共安全提供强有力的保障。随着全球化趋势的加快，突发事件的应急管理也逐渐走向国际合作。在应对突发事件问题上应致力于寻求全球合作管理，尤其要借助于各相关领域国际组织的力量，以形成最有效的管理。在湖北省，基于各管理组织应对突发事件的全面应急响应如表3所示。

表3 基于各管理组织应对突发事件的全面应急响应

项目	气象灾害	地质灾害	地震灾害	生产事故	社会安全事件	公共卫生事件
监测预报	气象局	国土资源局	地震局	安全生产监督局	公安局	卫生局
防灾抗灾	各级政府、有关职能部门					
救灾	各级政府、民政部门、公安、武警、部队					
援建	各级政府					

（五）全手段管理

全手段管理是指综合应用行政手段、法律手段、经济手段和技术手段进行突发事件的管理。全手段管理强调各种手段齐抓共管，尤其是发挥经济杠杆在全过程应急管理中对各方经济利益的调节、约束、补偿等功能，以及高新技术在全系统应急管理中的技术支撑作用，达到标本兼治的效果。

全手段管理的行政手段包括建立灾害警报发布机构、建立发布灾害警报的制度、用公共关系手段调节社会传闻、有效引导新闻媒体，等等。法律手段包括《中华人民共和国防震减灾法》、《中华人民共和国防洪法》、《中华人民共和国安全生产法》、各级应急预案，等等。经济手段包括拓宽资金来源渠道、保障应急资源，等等。技术手段包括通信系统、计算机网络、视频会议、移动应急平台，等等。图2所示为全面应急的全手段管理。

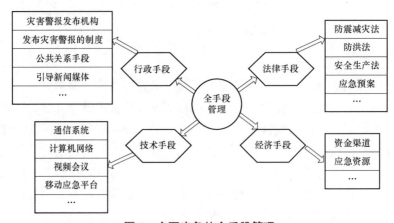

图2 全面应急的全手段管理

（六）全社会管理

全社会管理是指动员和利用全社会的力量应对突发事件。全社会管理要求建立全员参与、群防群治机制，加大宣传力度，充分依靠群众，实施全员培训，强化应急演练，动员社会各方面力量积极有序地参与突发事件应对工作，提高社会应急能力。利用社会资源和智力，大力培养应急管理专业人才，组建全面应急响应的职业队伍和志愿者群体、团队，尽快适应当前社会管理与服务的需要。

全社会管理的应急人员体系建设主要包括三方面：专业应急救援队伍、应急管理专家队伍、应急志愿者群体，如图 3 所示。

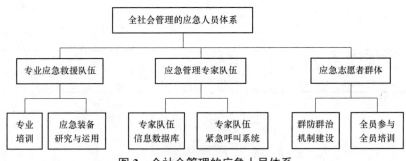

图 3　全社会管理的应急人员体系

四、基于 TEM 模式的应急管理系统

湖北省处于我国经济和交通发展的中部区位，属于各类灾害多发省份，具有"灾害种类多，发灾频度高，季节性强，灾害损失大"的特点。"十五"期间，全省各类突发事件造成的直接经济损失约 528 亿元，死亡约 2 万人。自 2004 年以来，省委、省政府及各级党委政府加强应急管理方面的基础工作，应对突发事件的综合能力有了明显增强。

基于 TEM 模式的思想，研究团队在湖北省进行了实证研究。在"十一五"湖北省突发公共事件应急体系建设的战略中，根据全面应急管理模式，设计并实施了应急管理系统。

（一）应急管理系统设计目标

应急管理系统的总体设计目标是以 TEM 模式进行应急管理，处理各类社会突发事件，保障促进经济社会全面、协调，可持续发展。

基于总体目标，应急管理系统的具体目标是，通过应急平台的建设达到快速响应的目的，通过应急资源的整合达到联动应急的目的。

（二）应急管理系统体系结构

应急管理系统的体系结构如图4所示。

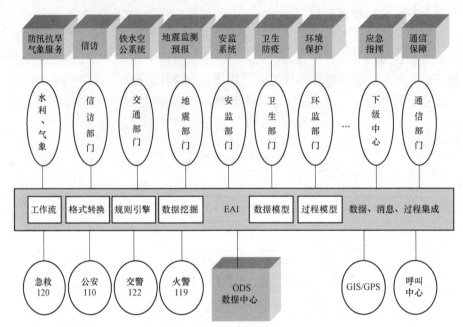

图4　应急管理系统的体系结构

应急管理系统上半部是应急预警事件及其对应的应急联动部门。系统核心为ODS和EAI，即可操作数据系统和用户应用集成。系统提供优秀和成熟的以ODS+EAI为基础的CAM（计算机辅助管理）体系结构，非常适合于我国以应急预案为核心的公共安全指挥系统常态和非常态的需求。

应急管理系统不仅可以实现实时响应、即时调度、及时救助的目标，还可以保护原有系统的投资和独立，增加新系统的灵活性，降低事实风险，充分实现应急资源的信息融合和集成，真正使应急指挥中心成为应急联动资源的网络连接中心、数据交换中心、命令转达中心、数据备份中心、数据支持中心、实时决策中心、监督和预警中心、数据格式统一中心。

（三）应急管理系统层级结构

应急管理系统可分为四个主要层次，依次为联动层、应用层、支持层和数据层。应急管理系统的层级结构如图5所示。

联动层提供各种人机界面接口，提供多渠道和系统平台应用层交互。

应用层实现系统平台公众服务、自动预警、应急指挥、信息采集和发布功能。

支持层是系统平台的核心，为系统平台的各种应用提供物理保障。

数据层负责系统平台数据的安全存储。

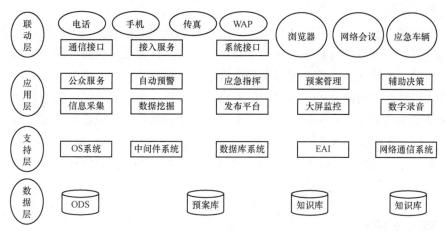

图 5　应急管理系统层级结构

（四）应急管理系统组织结构

基于全面应急管理模式的应急管理系统的组织结构如图 6 所示。TEM 体系由国家或区域突发事件应急指挥中心统一指挥，在应急指挥中心下，分设地震系统、地质系统、水利系统、卫生系统、民政系统、交通系统等指挥分中心。应急指挥中心下设两个重要的平台：公众服务平台和应急指挥平台。

公众服务平台和应急指挥平台各自执行不同的功能和作用。

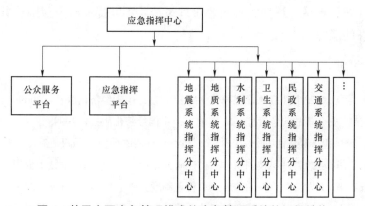

图 6　基于全面应急管理模式的应急管理系统的组织结构

公众服务平台主要执行非紧急救助服务功能，通过整合后的 110 报警系统，负责接受公众水、电、气、市政、城管、环境、医疗救助等具有公共服务性质的各种求助，通过指挥中心的信息分检系统，借助计算机网络系统，向相应的职能部门、行业管理部门、企业等下达服务指令信息，并通过建立"一事一档、三级

（用户、行业管理部门、应急指挥中心）考核、百分之百回访"的管理和考核机制，监督服务质量。

应急指挥平台是为保障各种预案的实施而建立的包括监测预警系统、应急指挥调度系统、决策辅助系统在内的系统平台。监测预警系统收集各种公共事件状态的数据，或接受公众关于突发事件的报警，通过风险评估，判断风险状态，自动或人机结合判断应急处置的级别，并启动相应级别的应急预案；应急指挥调度系统是借助大屏幕显示系统、视频会议系统和计算机指挥系统把握突发事件现场状态，调度各种应急资源，对突发事件进行应急处理的计算机、通信与网络系统；决策辅助系统包括 GPS、GIS、RS、应急基础数据库等数据系统和专家系统，为指挥调度决策提供支撑。

五、结论

突发事件"全面应急管理"要求各级领导更新观念，建立 TEM 思维模式。政府应在未发生突发事件时的常态管理中，在处理好经济发展和社会稳定关系的同时，提高对公共安全问题的预警管理意识，居安思危；一旦发生突发事件，则政府的主要负责人——决策者要快速转换处理问题的思维方法，按 TEM 的基本思想和方法科学地处理与应对各类危机和灾害。

突发事件"全面应急管理"要以形成应急管理的动态评价与完善机制为抓手，以建立专门的监察机构定期进行 TEM 能力评价为突破口，及时发现突发事件应急管理的问题和不足，逐步完善应急管理系统，不断提高政府保障公共安全和处置突发事件的能力。

参考文献

[1] 宋英华. 突发事件应急管理导论［M］. 北京：中国经济出版社，2009.

[2] 庄越. 安全事故应急管理［M］. 北京：中国经济出版社，2009.

[3] 宋英华. 基于经济性边际效应的城市安全风险评估体系［J］. 武汉理工大学学报，2007（4）.

[4] 宋英华. 应急管理科技创新体系构建研究［J］. 科学学与科学技术管理，2009（3）.

[5] 宋英华. 突发公共事件的政府应急管理制度完善［J］. 城市管理，2008（5）.

[6] 宋英华. 我国食品安全应急管理体系建设现状与对策研究［J］. 武汉理工大学学报，2009（3）.

[7] 宋英华. 应急预防标准的风险评估及其经济分析［J］. 华中农业大学学报（社科版），2009（1）.

[8] 宋英华. 美国应急管理学科体系及其借鉴［J］. 华中农业大学学报（社科版），2009（2）.

[9] 夏东海，等. 构建数字化的智能消防信息互动平台［C］//中国科协 2004 学术年会论

文集. 武汉：武汉理工大学出版社，2004.

［10］夏东海，等. 论智能化消防指挥决策思想及实现方法［J］. 消防科学技术，2001（2）.

［11］万明国. 环境治理的适度公共投资决策分析［J］. 武汉理工大学学报（信息与管理工程版），2007（8）.

［12］万明国. 基于和谐社会建设的公共支出统筹管理［J］. 武汉理工大学学报（信息与管理工程版），2006（10）.

［13］宋英华. 基于成本—损失边际分析的突发事件应急管理的经济学研究［J］. 军事经济，2009（3）.

［14］Xia Donghai. Intelligent Fire Protection Information Interactive Platform Based on Digital Urban and Building. Proc. International Conference for Young Computer Scientist，2001.11.

［15］Wang Mingguo，Martin de Jong. Evaluation of Government Emergency Management Based on Chinese Cases Study. In Proceedings of Building Networks for a Brighter Future，De Doelen Congress Centre，Rotterdam，Netherlands，2008.11.

［16］Wang Mingguo，Michel van Eeten. Governmental Information Disclosure During Emergency Management in China：A Paradox of Control. In Proceedings of Building Networks for a Brighter Future，De Doelen Congress Centre，Rotterdam，Netherlands，2008.11.

［17］Boin，R. A.，P. Hart，et al. Conclusions：The Politics of Crisis Exploitation. Governing after Crisis［M］. Cambridge，Cambridge University Press，2008.

［18］Keiji Nagatani，Kazuya Yoshida. Development of a Networked Robotic System for Disaster Mitigation［J］. Field and Service Robotics，2008.

［19］Boin，A.，A. McConnell，et al. Governing after Crisis：The Politics of Investigation，Accountability and Learning［M］. New York，Cambridge University Press，2008.

［20］Moynihan，Donald P. and Pamela Herd. Joining-up Government in Emergency Situations［C］. Paper for the IRSPM IX，Milan，Bocconi University，2005（4）.

［21］Moynihan，Donald P. Goal-based Learning and the Future of Performance Management［J］. Public Administration Review，2005，65（2）.

重视重大经济波动下的社会应急处置

——在股市热潮中的逆向思维

黄宏纯

广西财经学院　广西　南宁　530030

[摘要] 在一个过热的经济走向下，导致宏观经济出现重大波动的可能概率增大，即发生重大经济波动的风险增大，如何尽量减小发生重大经济波动的概率，以及在发生重大经济波动情况下的社会应急处置等成为当前需要引起高度重视的问题。因此，本文指出，首先要重视重大经济波动与社会稳定发展之间的关联效应；其次要重视转换思维方式，确立社会应急处置意识；最后要重视重大经济波动下的社会应急处置对策研究与制定，以便尽量减小发生重大经济波动的概率。

[关键词] 经济波动；社会应急处置；股市热潮；逆向思维

近段时间以来，我国宏观经济出现了近几年来少有的高速增长态势（GDP年增长大于10%）。据专家分析，今年的宏观经济已呈偏快且过热发展的特点，尤其是股票、基金等资本市场以势不可当的趋势向上递增，如股票指数（上海证券交易所）仅用32天就完成了从3 000点到4 000点的进程，日涨幅超过30点，每天新开设的A股（以人民币计价的普通股票）股票账户从去年的几万个猛增到今年的30多万个，股市开户总数达到近1亿户的规模。来自沪深证券交易所的最新数据显示，截至4月末，沪深两市股票总市值已高达17.43万亿元，而同期我国居民户存款为17.37万亿元，股票资产超过居民存款，已成为国民财富的重要组成部分。在这样一个过热的经济走向下，无论是市场经济下的经济杠杆自动调节需要，还是政府对宏观经济发展速度的适度调整需要，均会导致宏观经济出现重大波动的可能概率增大，即发生重大经济波动的风险增大，因此，如何尽量减小发生重大经济波动的概率，以及在发生重大经济波动情况下的社会应急处置等成为当前需要引起高度重视的问题。

1. 要重视重大经济波动与社会稳定发展之间的关联效应

2014年以来，资本市场发生了转折性变化，各项基础性制度改革取得成效，投资者信心明显增强。值得注意的是，随着市场不断活跃，投机性经济行为受到热烈追捧，大量缺乏风险意识和风险承担能力的新投资者入市，市场违规行为也有所抬头。在此背景下，经济参与的社会特点也呈现出不同于以往的更大风险的累积，其突出特点体现在四个方面：

（1）庞大的城市社会群体参与投机性投资明显过热。目前，房市的高温还没有下降，股市的牛气已经迎头赶上。街头巷尾和各式聚会中，炒股无不是最热门的话题，而贷款炒股、高息拆借，乃至典当住房和汽车炒股等也已不是新闻。每天 30 万个的开户数、近 1 亿个的开户总数已反映出在城市社会中有较大比例的社会群体参与到投机性资本市场中，而这种现象使人们已感到整个市场在发烧和过热的显著趋势特征。

（2）居民生活性资金、储备应急资金参与投机性投资比例明显偏大。中国人民银行近期公布的宏观金融数据表明，2015 年第一季度人民币各项存款增加 1.88 万亿元，同比少增 597 亿元，其中居民户存款增加 1.1 万亿元，同比少增 836 亿元，仅 4 月，居民银行存款又减少 1 674 亿元，保险业务市场也出现大量退保现象，有大量存款资金和退保变现资金进入股市，股票市场的财富效应让许多人不满足于银行存款现有的利息收入和保险投资分红，居民储蓄存款持续流入股市成了我国居民近期资产结构调整的一大特点。在庞大的投机性投资队伍中已经出现大量风险意识严重不足的成员。有报道称一位普通的中学教师，不仅把自己仅有的 4 万元投入股市，还高息借款举债进行炒股。正是由于其用于投资股市的资金是生活必备资金，他们能够承受的市场经济波动的幅度将十分有限，稍有亏损即危及其正常生活。这就造成在股市狂热时就蜂拥而入，逢低便买，越是低价垃圾股越追捧，一旦消息面变化，行情逆转，他们又会蜂拥而出，然而到真正想要退出时可能就会身陷其中，难以自拔。于是，对于那些将自己维持生计的基本生活、生产物质抵押、贷款、借债等投入股市的股民，重大经济波动一旦发生，将会直接影响其基本生计、基本养老、医疗保障，并且他们已没有可使用的自有储备应急资金来恢复基本生活。

（3）困难弱势群体参与投机性投资比例明显上升。2015 年 1 月，我国投资者开设的 A、B 股和封闭式基金账户在突破 8 000 万户整数关口。4 月，A 股股票账户已达 9 394.54 万户，直逼 1 亿户大关，比 2005 年的 7 336 万户增加了 2 000 多万户。在这大量蜂拥而入的人中，股民来源的结构变化却值得注意，在股价连续翻番之后，大量对证券市场及其风险所知不多，甚至毫无所知的人像潮水般涌进股市，经济学和社会学称之为赚钱示范下的"羊群效应"，这里边有相当多的人并不清楚他们行为的真正后果，对股市隐藏的风险也缺乏起码的预期，特别是其中很多人是承担风险能力很差的低收入阶层和社会弱势群体。

（4）普通社会经济实体与机构参与投机性投资热情明显高涨。由于股市的资金收益效率已远高于普通资金运营和使用效率，因此，目前一些纯生产性和生活服务性企业的普通社会经济实体以及社会机构，直接或变相地将生产流动资金、发展储备资金等自有资金或抵押贷款资金投入股市，以期获得最大的收益。

以上这些经济参与的社会特点最终集中反映在经济发展中的重大波动与社会稳定发展的关联性更加紧密。正如党的十六届六中全会所指出的"目前，我国正处于经济高速发展期和社会矛盾凸现期"，而且，当前如果出现重大经济波动的情形也已不能与 1997—1998 年发生的"亚洲金融风暴"时的情形进行直接对比。这主要是因为当年"亚洲金融风暴"时出现的经济波动对我国社会的影响，在现在看来，可以用"影响范围小、波及面窄、冲击力有限、不涉及普通居民生计"来描述："影响范围小"是指当年股市、房市等投机性市场内的参与人数总量远小于目前的数量，因此，即使发生重大波动，影响的社会群体数量也较少；"波及面窄"是指由于当时我国还未加入 WTO，因此，当年受到影响的主要是外向型经济实体，而对于广大的内向型企业几乎没有影响；"冲击力有限"是指当时的经济发展总量远小于目前的经济发展水平，尤其是股市、房市等投机性市场的经济发展总量，因此，其对整个社会经济的冲击是有限的，而目前投机性市场的发展速度对 GDP 的贡献水平已越来越大，可以直接拉动整个经济的快速增长；"不涉及普通居民生计"是指当年居民储蓄等生活性资金和应急储备资金——这只"老虎"还未释放出来，即使发生波动，大部分居民还可以动用储蓄资金渡过难关，而从目前的情况来看，大量在银行内沉睡了多年的储蓄资金已源源不断地冲进股市等投机性经济市场。因此，在当年的情况下，经济波动与社会稳定不会产生直接的关联，也不会冲击人们的心理恐慌底线。

然而，当前的经济环境已经远不同于"亚洲金融风暴"时的情形，经济的任何重大波动均可能产生"影响范围大、波及面宽、冲击力强、涉及普通居民生计"的社会影响，对社会稳定发展带来负效应；尤其是在经济发生重大波动时，利益损失群体、生计困难群体、社会底层群体、弱势群体等与其相对群体之间的矛盾就会凸显、容易激化，从而导致整个社会稳定的失衡。另外，由于我国已经加入 WTO，随着全球经济一体化进程的深入，我国的国内经济已与世界经济有着十分紧密的联系，相互关联、相互影响，各种经济手段的使用会受到更多因素的制约。例如，一方面是资金从银行体系转移到资产市场的过程中，过多的流动性会推动资产价格上涨，虽然在当前的国际金融环境下，可以通过大幅度提高利率来调节资金流动速度，可能会缓解流动性的问题，但反过来也可能制造更多的流动性，2015 年 3 月的国际收支数据显示，有越来越多的境外热钱已经流入我国的资本市场；另一方面是股票与存款之间的预期相对收益存在显著差异，面对股市的大幅上涨，即便将利率提高一倍，仍然难以从根本上直接改变股市热症，即通过货币政策来改变股市与存款之间的相对预期收益，从而调节流动性，可能需要一定的时间或者作用有限；与此同时，实体经济可能因难以承受如此大幅度的利率上调而深受其害。因此，一旦在经济宏观调控出现暂时性失衡，就会发生重大经济波动，并伴随发生三个层次的关联效应：第一层次是货币经济层面的较深下滑，如股市重大下跌，并连带汇市、楼市下滑，一系列的经济突发事件的出现可能导致市场信心的群体性崩溃效应，从而导致整体性效应的爆发；这些效应将快速传导到第二层次——真实经济层面，包括产业结构改造、国有企业改革等方面问题，并进一步放大效应，如生产下降导致企业开工不足、经营疲软，进而影响就业不足，而就业不足又会导致购买力的下降，加深经济波动幅度，最终影响到第三层次，即社会层次，对社会稳定发展产生不利因素，不利于建设和谐社会。

所以，综合各方面的因素来分析，在目前的经济发展水平和社会结构现状下，发生重大经济波动，必然会带来社会稳定的较大扰动，如果不及时建立有效的社会应急保障机制、完善的社会应急保障体系，以及树立正确的应急处置思想，一旦发生重大波动，将会直接影响到社会经济的平稳发展，对和谐社会建设带来负面影响。

2. 要重视转换思维方式，确立社会应急处置意识

近期证监会发出的加强投资者教育，防范市场风险的通知指出，要对个别投资者中出现的抵押房产炒股、拿养老钱炒股等情况，加大告诫力度，使他们理解并始终牢记生活必需和必备资金关系身家性命，切勿冒险投资；特别要求加强和提高投资者风险防范意识与风险控制能力。客观上讲，这一通知的出现有其必然性，因为一些市场中介机构一直以来形成了重客户开发轻客户风险评估、重业务规模轻风险提示的经营策略，会直接放大经济波动程度，危及和谐社会的建设成果。然而，对投资者的风险教育工作任重道远，加之当前我国资本市场还处在新兴加转轨阶段，资本市场持续稳定运行的基础仍不牢固，加强投资者风险教育只是一个长期的防范措施，其是否能够达到降低经济参与的投机性效果还需较长的时间进行考量。

因此，为了防止重大经济波动的可能发生，以及控制和减小发生波动后的经济社会影响，需要迅速转换思维方式，确立社会应急处置意识。一是在金融层面上必须坚持控制金融风险因素，在实体经济层面上应该坚决地把还没有转移到资本市场方面去的那些由政府掌握的资源，转移到调整社会矛盾方面来，并加强措施打压权力资本、投机资本，缓和社会矛盾，提高广大老百姓应对重大经济波动情况下的正常生活能力。二是社会大众，尤其是弱势群体积极参与投机性投资的形成来源于既往的政策失误与群众的心理惯性，应该得到持续的转变；因为基于生活成本支出上升的忧虑，弱势群体更担心遭遇生活的窘迫，迫切希望寻求财富的增加与积累，然而既往股市的发展历程导致人们相信，股市是一定会被救的"政策市"，有些股民多少近似自我安慰地认为，投资股市就像是向国家领取"红包"，

因此股民心理作用有很强的惯性依赖，这种状况会严重影响健康股民教育的实际效果；其实，人们过去不止一次见证过，有时在利好事件发生之时股市也会出现大幅下挫，借助政策的虚幻理由鼓励炒作信心其实并无依据，并放大股市泡沫渐起时化解的风险和对社会的影响深度，造成不合时宜的经济波动和社会紧张。三是重大经济波动由于新的经济社会参与特征将可能导致明显不同于以往轻微经济波动的严重后果，并可能由于经济的重大波动，加剧一些关系群众切实利益的民生问题解决的难度，需要加以高度关注；其比较突出的严重社会后果包括：一方面贫富差距将进一步拉大，广大参与资本市场投机的普通老百姓会由于财富缩水或资产丧失变得更加弱势，甚至无法正常生活；在国际上，一般运用基尼系数来衡量贫富差别，正常情况下的基尼系数约为 0.3，根据有关统计，目前我国家庭财富基尼系数达到 0.46，有的研究机构计算的结果甚至高达 0.59。这些数据说明我国目前贫富分化已经成为社会事实，而普通及弱势群体的增加导致社会购买力不足会放大我国经济发展的严重性制约程度。其次，经济的重大波动可能会恶化社会领域积累的一系列矛盾和问题，以常规的社会保障措施而言，就业、收入分配、社会保障、教育和医疗卫生等关系百姓民生的现实问题还未得到妥善解决，一旦出现重大经济波动，将进一步恶化一些盲目参与资本市场投机的社会群体的生存条件与生活环境，因此有必要在突发重大经济波动的情况下，积极做好各种应急社会保障的准备，这也是建设和谐社会的必然要求。另外，重大经济波动也将危及企业生存和竞争力的提升，尤其是一些违规进行资本运作的企业将不该用于资本投机的资金投入股市，造成无法承受重大经济波动的打击，其严重者将危及企业生存和竞争力的提升，而大量违规企业的存在，势必影响一个地区、国家的经济繁荣和长远发展，因此广大经济实体也应加强投资风险教育，做好经济波动的防范与应急处置准备。同时，值得注意的是重大经济波动的产生始终存在内、外部因素的极大影响，当国际投机者实际掌握了大量人民币，而外汇管制效力有限时，就不能及时杜绝投机资本通过贸易项目的自由兑换混入，难以避免其对股市的冲击，从而进一步放大了经济波动的效应，所以有关政府监管部门有责任加强对重大经济波动的风险预警，时刻做好应急处置准备。

从客观分析的角度来看，我国未来产生重大经济波动的可能性是存在的，其突发性是不以人们的主观意志为转移的，虽然近几十年的改革开放使我国的综合国力得到空前提高，但也产生了相当多的问题，特别是社会矛盾日益突出，尽管经济的持续高速增长、人民生活水平的不断提高可能会稀释和缓解这些矛盾，但是一旦经济出现重大波动、经济发展出现停滞，这些矛盾就会越发暴露和凸显，使困难局面的处理更加复杂。因此，负有社会责任的政府及有关部门有必要转换思维方式，树立忧患意识和社会应急处置意识，做最坏的打算，做好相应的应急准备。

鉴于上述原因，有必要加强对重大经济波动下的社会应急保障研究，建立在重大经济波动下的社会应急保障机制，努力维护在重大经济波动过程中的社会稳定发展，积极构建和谐社会。

3. 要重视重大经济波动下的社会应急处置对策研究与制定

日本20世纪80年代后期的资产泡沫及其破裂导致"失落的10年"，美国2000年新经济泡沫爆破导致纳斯达克股指在3年后的今天仍然一蹶不振，不知多少人从暴富变为一贫如洗。因为宏观经济降温、证券牛市转向、多渠道吸纳流动性，都是迟早要到来的事，如果不能提前研究社会应急保障对策，制定应急预案，建立高效、完备的社会应急保障体系和机制，一旦遭遇经济的重大波动，就会带来经济和社会的动荡，不仅损害广大老百姓利益，也会冲击经济全局、危及社会和谐。任何风险的化解，总是越早越主动越好，对此应保持清醒的认识。

政府干预与应急处置的着力点应该从救市转向救人。对于重大经济波动的应急处置不同于一般突发公共事件的处理，就政府部门的决策和应对而言，不是政府要不要干预的问题，而是如何以正确的方式进行引导和发挥作用。政府发挥作用的着力点应该做出调整，从救市转向救人："与其救市，不如救人；与其护市，不如加强应急保障、维护社会稳定。"其主要出发点：一是股市涨跌等经济波动是市场经济的自主调节结果，不宜过多地进行人为干预；二是维持人民的基本生计是政府不可推卸的社会责任；三是对经济运行中的常态调控与管理，可以有效地减少发生重大经济波动的风险，但是对在出现重大经济波动后的非常态紧急处置与应急保障方法则需要进行积极探索与创新；四是建立与完善各类社会保障机制，如社会应急保障机制，提高在重大经济波动下的社会应急保障能力是维护社会稳定、化解社会矛盾、平衡社会对立、构建和谐社会的需要。

从目前的常态宏观经济调控来看，虽然可以拉长经济持续增长的周期，但是一旦面临重大经济波动，政府就要抢在重大经济波动发生之前为转入非常态紧急处置和应急保障赢得准备时间，抓紧解决面临的紧迫问题，如社会应急保障机制和体系，公民教育、应急处置资金积累等问题，只有真正解决了这些问题，才能做到有备无患，减少社会稳定对经济涨落过分的依赖性。

积极研究社会应急保障新方法、新机制。社会应急保障与常态条件下的社会保障明显不同，不仅时间紧任务重，更需要对传统的社会保障途径与方法进行创新性研究。鉴于当前股市可能出现重大波动的现实情况，首先应该尽快设立国家负责重大经济波动社会应急处置的专门机构，迅速开展有关研究工作，制定和建立相关社会应急处置预案、机制与体系，积极做好应急准备。其次是在借鉴国外经验的基础上，结合实际国情，积极探索社会应急保障的新方法、新机制，主要包括：

（1）债务紧急冻结。在重大经济波动后，对出现重大经济债务、无法维持生计的群体，实现短期的债务紧急冻结，以利于疏解困局，留出时间和空间来解决问题。

（2）债务风险紧急转移。通过社会保险、金融机构，在政府支持或政府担保的情况下，紧急将债务转移和收购于保险、金融机构中，再在这些专门机构的安排下，制订分步的债务偿还计划，实现风险的紧急转移。

（3）心理辅导和疏导。政府通过聘请专业心理咨询机构，深入社区对不同的困难人群进行心理疏导。

（4）提供公益性工作岗位，扩大社会就业需求。政府购买公益性事业岗位是扩大就业的有效方法，如以"工"代赈救济贫困家庭的效果十分明显。

（5）迅速出台解决困难群众日常生活问题的各种应急措施。如印发各种临时票证、赊销商品、以货易货、凭票取货、凭代用币乘车等。

（6）建立社会应急保障资金储备机制。采取"以丰补歉"的方法，在牛市等经济状况好时，从政府在股市的收益，如印花税、交易费等，抽取一定比例的资金作为储备，建立社会应急保障资金，用于对特别困难群体的紧急救助经费；同时，财政、民政等部门也可以向社会筹集应急保障基金。

（7）加快改革、完善与落实各种社会保障制度，进一步提高整个社会的综合保障能力。

（8）合理拓展投资渠道，分流社会资金。老百姓积累的家庭资产，应当合理分布在货币储蓄、房产以及各类不同风险的保险、债券、基金、股票上，以防止居民储蓄盲目转向和流入股市。目前股市已经形成自我循环和膨胀的风险系统，牛市本身在制造牛市，如券商的高收益，保险公司的超常利润（去年我国保险公司利润的77%以上来自证券投资），投资收益造成上市公司的重新估值，等等，这均说明股市火爆的原因之一是投资渠道不多，投资品种太少所致，因此，可以探索发展规范化的公司债券等多种投资品种，既增加了企业融资渠道、发展了直接融资，又分散了银行风险，分流股市资金，为广大散户和机构投资人增加了投资新渠道。

（9）建立重大经济波动社会应急保障的法律基础，为在经济波动时启动各项紧急措施提供法律依据，如债务紧急冻结和风险紧急转移等，以确保合法、有效地实施社会应急保障的各项措施。

突发事件应急管理战略理论发展研究

黄宏纯

广西财经学院　广西　南宁　53300

[摘要] 本文分析了应急管理战略提出的现实背景，初步界定了应急管理战略基本理论含义及基本框架，并指出了应急管理战略研究启开应急管理全新研究领域，展望了应急管理战略的发展前景，认为以后应急管理战略将向启蒙应急管理战略—全面应急管理战略—应急管理核心能力战略—国际协同合作应急管理战略—动态应急管理战略方向发展演化，并运用AHP-模糊综合评价法建立了突发事件应急管理战略体系的评价模型，对突发事件应急管理战略体系进行了评价，系统地反映了突发事件应急管理战略体系中存在的优势和不足，从而为今后从国家发展战略层面来科学规划突发事件应急管理战略体系建设提供决策依据。

[关键词] 突发事件；应急管理；战略；层次分析法（AHP）；模糊综合评价

中图分类号：D625　　文献标识码：A

1　突发事件应急管理战略的提出

进入21世纪以来，随着经济全球化和国际合作不断深入，国家之间的经贸往来和相互联系更加紧密，突发事件的国际性因素更显突出，2001年的"9·11"事件，2002年的"SARS事件"，2004年年底的印度洋海啸，2005年的美国新奥尔良飓风中的应急管理明显暴露出了依据传统应急管理理论而构建应急管理体系已经不能适应应对国际化突发事件的需要，为此，有必要也必须创新应急管理理论，构建全新的应急管理体系，为以后高效地应对更大更广的国际化突发事件提供理论基础。

为了科学把握新形势下国际化突发事件演化的需要，2006年7月，湖北省危机与灾害应急管理研究中心应急管理学术团队，广泛地吸收了国内外对应急管理新的理解与研究，并在借鉴国际经验和国内外研究成果的基础上，基于进一步提高我国政府保障公共安全和处置突发事件的能力、加快政府职能转变的步伐、促进经济社会可持续发展的目的，首次提出在我国对突发事件进行"全面应急管理"。[1-3]

2008年5月的汶川地震、2010年的舟曲地震暴露出了我国应急管理的许多问题。2011年3月11日，日本东北部的9.0级强地震也同样暴露出了作为发达国家，应急管理体系较完善、应急管理能力较强的日本在应急管理体系建设方面存在的明显缺陷。[4-6]为此，湖北省危机与灾害应急管理研究中心应急管理学术团队在深化突发事件全面应急管理理论的基础上，敏锐地洞察了突发事件国际化、复杂化的发展态势、影响程度及演化成因，首次将战略思想应用到突发事件应急管理，提出了应急管理战略理论，急切希望在我国开展国家应急管理战略工程建设，超前谋划我国应急管理体系建设规划，增强国家应急管理综合能力，确保国家经济社会稳定发展和科学保障广大民众人身与财产安全。据此，本文拟在前人对应急管理战略相关研究的基础上，进一步深化对应急管理战略研究，展望应急管理战略的发展前景，丰富与发展应急管理理论，并运用AHP-模糊综合评价法建立突发事件应急管理战略体系的评价模型，对突发事件应急管理战略体系进行系统评价，从而为今后国家发展战略层面科学规划突发事件应急管理战略体系建设提供决策依据。

2　突发事件应急管理战略理论的含义及其基本框架构想

2.1　突发事件应急管理战略理论的含义

关于应急管理战略，本文认为应急管理战略指的是政府基于战略的角度研究应急管理，根据国家的应急管理理念、应急管理原则和应急管理发展构想，在科学分析研判国内外应急管理综合发展环境的基础上，选择最适合的国家应急管理建设与发展模式，科学规划国家应急管理的总体发展方向、长期目标、发展重点及优化应急管理资源配置，合理配置国家应急管理所必需的各项资源，充分协调发挥各级各部门的应急管理能力，进一步增强应急管理综合能力，科学应对新形势下复杂多变的国际化突发事件，减少给国家与社会带来的各种损失的一系列规划活动。

关于应急管理战略理论，本文认为应急管理战略理论是研究国家应急管理战略的一般模式、结构和规律，囊括战略分析、战略制定、战略实施、战略评价和调整的全过程，是具有逻辑和数学性质的科学。

2.2　突发事件应急管理战略基本框架构想

应急管理战略，主要是指应急管理战略制定和战略实施的过程。一般说来，应急管理战略包含四个关键要素[7]：

（1）应急管理战略分析——了解组织所处的环境和相对竞争地位。

（2）应急管理战略选择——战略制定、评价和选择。
（3）应急管理战略实施——采取措施发挥战略作用。
（4）应急管理战略评价和调整——检验战略的有效性。

应急管理战略的基本框架如图 1 所示。

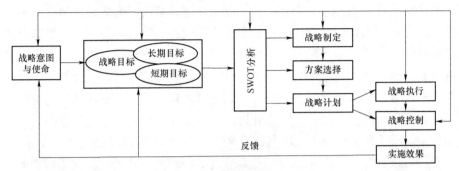

图 1　应急管理战略基本框架

——应急管理战略分析阶段的主要目的是评价影响某个国家或地区目前和今后应急管理建设发展的关键因素，并确定在战略选择步骤中的具体影响因素；应急管理战略分析阶段明确了"某个国家或地区应急管理建设发展的目前状况"。

——应急管理战略选择阶段所要回答的问题是"某个国家或地区应急管理建设发展走向何处"。

——应急管理战略实施就是将战略转化为行动。

——应急管理战略评价就是通过评价某个国家或地区应急管理建设发展的规划效果，审视应急管理战略的科学性和有效性。

3　突发事件应急管理战略理论研究的发展展望

随着社会的不断发展，国际化突发事件频频发生，应急管理战略理论作为适应于应对新形势复杂化突发事件的需要的一种新兴的应急管理理论，将实现由人们不了解、不重视到受广泛重视并广泛推广运用于实践的飞跃式发展；应急管理战略理论的发展必将与一般学科理论的发展一样都是沿萌芽阶段—成长阶段—成熟阶段—创新发展阶段（衰退阶段）方向发展的。在不久的将来，世界各国众多应急管理专家必将广泛地对应急管理战略进行深化研究，产生许多研究成果；世界各国政府必将应急管理战略理论运用于指导本国的应急管理建设规划，对应急管理建设的总体方向和总体目标进行具有纲领性的规划和设计，对应急管理建设长远性、全局性发展作出一种谋划，决定相当长的一段时间内的应急管理建设的总体目标、总体思路和建设重点。总而言之，在不久的将来，应急管理战略理论必将为世人所了解、所接受，并且产生强大的理论指导价值和实际应用价值。

本文认为，从战略管理运用于应急管理领域的范围和深度来研究，以后应急管理战略将沿启蒙应急管理战略—全面应急管理战略—应急管理核心能力战略—国际协同合作应急管理战略—动态应急管理战略方向发展演化。

——启蒙应急管理战略

到目前为止，国内外均未有相关的应急管理战略的研究成果，但这并不代表国内外应急管理领域的专家、学者没在深化与发展应急管理理论，将战略管理理论与应急管理结合起来，只是由于各种原因的影响，比如说政府对应急管理重视程度不够、政府对应急管理的指导思想存在偏差、对应急管理研究的资金投入不多等因素影响，未能将战略管理理论与应急管理有机结合起来，从宏观层面谋划应急管理发展与建设。目前，国内外许多应急管理领域的专家、学者在众多的研究成果中，已经有了初步用战略思维研究的应急管理的启蒙思想了！在 Fink 的应急管理四阶段划分理论、Mitroff 的应急管理五阶段划分理论、薛澜等学者的《危机管理：转型期中国面临的挑战》一书中已经从不同程度映射了战略管理在应急管理战略中的运用，但只是零星的技术性运用，没有全面性的运用，我们可以说这一阶段是启蒙应急管理战略阶段。[8,9,10]

——全面应急管理战略

至今，真正将战略管理理论运用于应急管理领域，并形成全面的应急管理战略理论的要属湖北省危机与灾害应急管理研究中心应急管理学术团队。

2006 年 7 月，湖北省危机与灾害应急管理研究中心应急管理学术团队首次提出突发事件"全面应急管理（Total Emergency Management，TEM）理论"。2010 年 12 月，危灾中心学术团队在借鉴国内外有关应急管理理论研究成果的基础上，对全面应急管理理论作了进一步深化研究，首次提出将战略管理理论运用于应急管理领域，形成全面应急管理战略理论，丰富与发展了全面应急管理理论，为以后国内外政府加强应急管理建设与发展提供了理论指导，开启了应急管理研究进入战略研究发展阶段之门。

本文认为全面应急管理（TEM）战略是指为了科学应对新形势下复杂多变的国际化突发事件的需要，政府科学规划全面应急管理的总体发展方向、长期目标、发展重点及优化应急管理资源配置，并在全面应急管理总体发展规划的指导下，规划确定了全过程管理战略、全系统管理战略、全方位管理战略、全面应急响应战略、全手段管理战略、全社会管理战略（"六全"管理战略）的一系列规划活动。全面应急管理（TEM）战略的要素构成如图 2 所示。

——应急管理核心能力战略

湖北省危机与灾害应急管理研究中心应急管理学术团队在提出全面应急管理战略理论之后，敏锐洞察了国内外应急管理研究发展趋势，在全面应急管理战略基础上提出了应急管理核心能力战略。本文认为应急管理核心能力战略是指基于全面应急管理理论，政府科学规划确定了基于全过程管理的应急管理核心能力战略、基于全系统管理的应急管理核心能力战略。基于全方位管理的应急管理核心能力战略、基于全面应急响应的应急管理核心能力战略、基于全手段管理的应急管理核心能力战略、基于全社会管理的应急管理核心能力战略（基于"六全"管理的应急管理核心能力战略）的一系列规划活动。基于"六全"管理的应急管理核心能力战略的要素构成如图3所示。

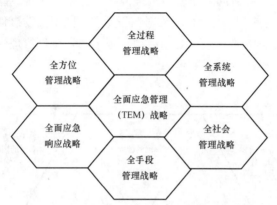

图 2　全面应急管理（TEM）战略的要素构成

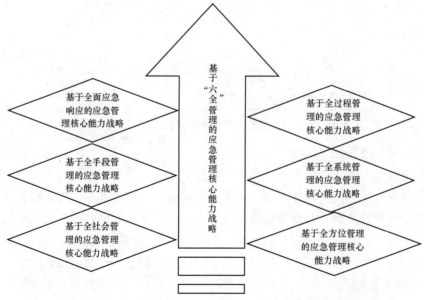

图 3　基于"六全"管理的应急管理核心能力战略的要素构成

——国际协同合作应急管理战略

本文认为，国际协同合作应急管理战略是指基于全面应急管理理论，国际上两个或两个以上的国家为了协同合作，共同应对国际化、复杂化突发事件的需要，科学规划确定国际协同合作应急管理战略发展与建设的共同的长期目标、发展方向和建设重点任务，并在协同合作应急管理总体发展规划的指导下，规划确定了基于全过程管理的国际协同合作应急管理战略、基于全系统管理的国际协同合作应急管理战略、基于全方位管理的国际协同合作应急管理战略、基于全面应急响应的国际协同合作应急管理战略、基于全手段管理的国际协同合作应急管理战略、基于全社会管理的国际协同合作应急管理战略（基于"六全"管理的国际协同合作应急管理战略），并采取联合行动应对突发事件，减少突发事件给事发国带来的损失和不良的国际影响的一系列规划活动。基于"六全"管理的国际协同合作应急管理战略的要素构成如图4所示。

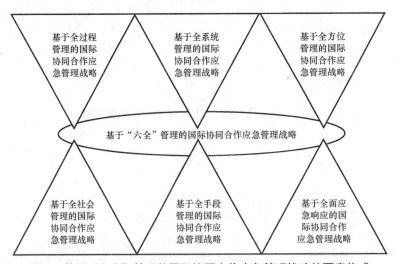

图4 基于"六全"管理的国际协同合作应急管理战略的要素构成

——动态应急管理战略

本文认为，动态应急管理战略就是指基于全面应急管理理论，为了应对复杂多样、动态变化的突发事件需要，政府根据应急管理的内外部环境变化而进行动态调整应急管理策略，科学规划确定了基于全系统管理的动态应急管理战略、基于全方位管理的动态应急管理战略、基于全面应急响应的动态应急管理战略、基于全手段管理的动态应急管理战略、基于全社会管理的动态应急管理战略（基于"六全"管理的动态应急管理战略），并落实，有效预防或减少突发事件给全社会带来的各种损失的一系列规划活动。基于"六全"管理的动态应急管理战略的要素构成如图5所示。

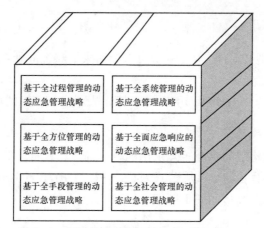

图 5　基于"六全"管理的动态应急管理战略的要素构成

4　突发事件应急管理战略体系评价模型设计

突发事件应急管理战略体系是一个包含多层次和多要素的综合复杂系统，主要包括应急管理预案体系、应急管理组织体系、应急管理过程机制、应急管理法律体系四大部分。本文首先建立了突发事件应急管理战略体系的评价指标体系，如表 4 所示。它包含 4 项一级指标和 20 项二级指标，并通过 AHP 法确定评价指标体系中各级指标权重，再通过模糊综合评判法对突发事件应急管理战略体系进行综合评价。

根据突发事件应急管理战略体系综合评价指标体系，确定因素集：$D=\{D_1,D_2,D_3,D_4\}$，即评价指标体系，并且建立 2 个层次的评估指标集。主因素层评估指标集为 $D=\{D_1,D_2,D_3,D_4\}$，子因素层评估指标集为 $D_i=(D_{i1},D_{i2},\cdots,D_{in})$，其中，应急管理组织体系为 D_1、应急管理预案体系为 D_2、应急管理过程机制为 D_3、应急管理法律法规体系为 D_4。

4.1　AHP 确定权重[11,12,13]

4.1.1　构造判断矩阵

运用层次 AHP 法构造一个层次结构模型，将隶属于同一上一层的各元素按"1~9"标度法进行两两比较，将判断定量化，建立判断矩阵 A。D_i、$D_j(i,j=1,2,\cdots,n)$ 表示因素，a_{ij} 表示 D_i 对 D_j 相对性数值，并由 a_{ij} 组成判断矩阵 $A=(a_{ij})_{n\times n}(i,j=1,2,\cdots,n)$。

4.1.2　计算各指标的权重系数

本文采用"方根法"计算判断矩阵每一行元素的乘积 $M_i=\prod_{j=1}^{n}a_{ij}(i=1,2,\cdots,n)$，

求 M_i 的 n 次方根 $\overline{W}_i = \sqrt[n]{M_i}$；然后对向量 $\overline{W} = [\overline{W}_1, \overline{W}_2, \cdots, \overline{W}_n]$ 做归一化处理，即 $W_i = \overline{W}_i \Big/ \sum_{j=1}^{n} \overline{W}_j$，则 $W = [W_1, W_2, \cdots, W_n]$ 即为所求的特征向量；最后计算判断矩阵的最大特征根 $\lambda_{\max} = \sum_{i=1}^{n} (AW)_i / nW_i$，[$(AW)_i$ 表示向量 AW 的第 i 个元素]。

4.1.3 一致性检验

为了评价用所构造的判断矩阵求出的特征向量（权重）的合理性，还需对判断矩阵的一致性进行检验。常用公式为 $CR = (\lambda_{\max} - n) / [(n-1)RI]$，其中，$RI$ 是平均随机一致性指标，其值如表 1 所示。

表 1 平均随机一致性指标

1	2	3	4	5	6	7	8	9
0.00	0.00	0.58	0.90	1.12	1.24	1.32	1.41	1.45

当 $CR < 0.1$ 时，即认为该判断矩阵具有满意的一致性，说明特征向量（权重）分配是合理的；否则，就需要调整判断矩阵，直至具有满意的一致性。

4.2 建立评价集

评价集是评价者对评价对象可能做出的各种总的评价结果组成的集合。用 V 表示，$V = \{v_1, v_2, v_3, \cdots, v_n\}$，其中，$v_j$ 代表第 j 个评价结果，n 为总的评价结果数。在本模型中，取 n 为 5，$V = \{v_1, v_2, v_3, v_4, v_5\} = \{优秀, 良好, 中等, 较差, 差\}$。

4.3 模糊判断矩阵的确定[14]

在评价模型中，对子因素进行评价时，建立单因素模糊评判矩阵：

$$R_i = \begin{bmatrix} r_{i11} & r_{i12} & \cdots & r_{i1n} \\ r_{i21} & r_{i22} & \cdots & r_{i2n} \\ \vdots & \vdots & & \vdots \\ r_{im1} & r_{im2} & \cdots & r_{imn} \end{bmatrix}, \quad i = 1, 2, 3, 4$$

其中，m 为评价指标集 D_i 中元素的个数，n 为评价集 v 中元素的个数，其值为 5；r_{imj} 表示评价因素 D_{im} 第 j 级评价的隶属度，其值等于针对评价指标做出第 j 级评价的人数 x_{imj} 占总测评人数 $\sum x_{imj}$ 的百分比，即 $r_{imj} = x_{imj} / \sum x_{imj}$。

4.4 对各评价指标进行模糊综合评价

根据上面得到的权重 W_i 和单因素模糊评价判断矩阵 R_i，进行如下综合评判：

$$B_i = W_i \circ R_i = (b_{i1}, b_{i2}, b_{i3}, b_{i4}, b_{i5}), \quad i = 1, 2, 3, 4 \tag{1}$$

$$R = [B_1, B_2, B_3, B_4]^{\mathrm{T}} \tag{2}$$

$$B = W \circ R = W \circ [B_1, B_2, B_3, B_4]^{\mathrm{T}} = (b_1, b_2, b_3, b_4, b_5) \tag{3}$$

其中，这里的符号"∘"表示广义的合成运算。

4.5 评价结果处理

本文运用加权平均法对评判指标进行处理，即以 b_j 为权重，对各个评价集元素 v_j 进行加权平均运算，所得的值作为模糊评价综合评价的结果，即 $V' = \sum_{j=1}^{n} b_j v_j \bigg/ \sum_{j=1}^{n} b_j$，其中，对 v_j 进行赋值，即 $V = \{v_1, v_2, v_3, v_4, v_5\} = \{$优秀，良好，中等，较差，差$\} = \{100, 80, 60, 40, 20\}$，制定相应的标准并提出切实可行的对策，如表 2 所示。

表 2 突发事件应急管理战略体系评价标准

评价结果	$V' \geqslant 90$	$90 > V' \geqslant 80$	$80 > V' \geqslant 70$	$70 > V' \geqslant 60$	$V' < 60$
评价结论	优秀	良好	中等	较差	差
对策	保持并推广	保持	适当改进	需要改进	急需改进

5 突发事件应急管理战略体系评价模型的应用

本文为了验证所建立的突发事件应急管理战略体系评价指标体系的科学性、合理性和评价模型的可操作性与适用性，通过发放调查问卷、电话咨询、直接访谈等方式咨询了国内应急管理方面许多知名的专家、学者，了解并综合了他们对各级指标重要性的看法和意见，对突发事件应急管理战略体系进行了模糊综合评价。

5.1 确定权重和隶属度

依据建立的评价模型，首先通过两两比较指标间重要程度，采用判断矩阵标度的"1~9"标度法得到主因素层的判断矩阵 A，如表 3 所示；计算判断矩阵 A 每行元素的乘积 M_i，计算 M_i 的 4 次方根 $\overline{W_i}$，然后对向量 $\overline{W} = (\overline{W_1}, \overline{W_2}, \overline{W_3}, \overline{W_4})$ 做归一化处理，$W_i = \overline{W_i} \bigg/ \sum_{j=1}^{4} \overline{W_j}$，则 $W = (W_1, W_2, W_3, W_4) = (0.466\ 8, 0.095\ 3, 0.160\ 3, 0.277\ 5)$ 即为所求的特征向量，并且 $CR = 0.009\ 4 < 0.1$，表明判断矩阵 A 具有满意的一致性，因此 $W = (W_1, W_2, W_3, W_4)$ 的各个分量可以作为 $U = \{D_1, D_2, D_3, D_4\}$ 的权重系数。按上述方法计算子因素层的权重集，如表 3 所示。

表 3 主因素层的判断矩阵 A

D	D_1	D_2	D_3	D_4
D_1	1	4	3	2
D_2	1/4	1	1/2	1/3
D_3	1/3	2	1	1/2
D_4	1/2	3	2	1

通过发放调查问卷、电话咨询、直接访谈等方式组织 40 位国内具有丰富应急管理经验的专家、学者对每个二级指标的执行情况进行隶属度评价,并进行归一化处理,其统计结果如表 4 所示。

表 4 各指标权重及隶属度评价

一级评价指标	权重 W	二级评价指标	权重 a_{ij}	指标模糊评价隶属度				
				优秀	良好	中等	较差	差
应急管理组织体系 D_1	0.466 8	应急管理指挥协调系统 D_{11}	0.412	0.15	0.45	0.25	0.15	0
		应急管理决策支持系统 D_{12}	0.152	0.20	0.35	0.30	0.15	0
		应急管理信息处理系统 D_{13}	0.101	0.10	0.45	0.30	0.15	0
		应急管理处置实施系统 D_{14}	0.213	0.10	0.50	0.25	0.10	0.05
		应急管理资源保障系统 D_{15}	0.122	0.05	0.45	0.35	0.10	0.05
应急管理预案体系 D_2	0.095 3	预警预防机制 D_{21}	0.313	0.15	0.45	0.20	0.15	0.05
		应急响应机制 D_{22}	0.344	0.25	0.25	0.35	0.05	0.10
		信息发布机制 D_{23}	0.172	0.10	0.40	0.30	0.15	0.05
		应急保障机制 D_{24}	0.106	0.05	0.45	0.25	0.15	0.10
		培训与演练情况 D_{25}	0.065	0.10	0.45	0.25	0.10	0.10
应急管理过程机制 D_3	0.160 3	应急管理的决策机制 D_{31}	0.368	0.30	0.40	0.20	0.10	0
		应急管理的预警机制 D_{32}	0.109	0.30	0.45	0.20	0.05	0
		应急管理的救援机制 D_{33}	0.207	0.25	0.40	0.25	0.10	0.05
		应急管理的社会参与机制 D_{34}	0.109	0.35	0.40	0.25	0	0
		应急管理的善后处理机制 D_{35}	0.207	0.15	0.45	0.25	0.10	0.05
应急管理法律法规体系 D_4	0.277 5	应急管理法律体系 D_{41}	0.709	0.10	0.30	0.45	0.10	0.05
		应急管理行政法规或规章 D_{42}	0.158	0.15	0.35	0.30	0.10	0.10
		应急管理地方性法规 D_{43}	0.133	0.15	0.30	0.30	0.10	0.05

突发事件应急管理战略评价指标体系

5.2 模糊综合评价结果及分析[15]

5.2.1 模糊综合评价

根据表 4 确定的指标权重和隶属度，按照式（1）进行一级模糊综合评价，结果为：

$$B_1 = W_1 \circ R_1 = (0.129\ 7,\ 0.445\ 5,\ 0.274\ 9,\ 0.133\ 3,\ 0.016\ 8)$$
$$B_2 = W_2 \circ R_2 = (0.093\ 2,\ 0.441\ 4,\ 0.277\ 4,\ 0.112\ 4,\ 0.075\ 8)$$
$$B_3 = W_3 \circ R_3 = (0.264\ 1,\ 0.415\ 8,\ 0.216\ 8,\ 0.083\ 7,\ 0.020\ 7)$$
$$B_4 = W_4 \circ R_4 = (0.115\ 2,\ 0.307\ 9,\ 0.406\ 4,\ 0.100\ 0,\ 0.057\ 9)$$

由式（2）得：

$$R = \begin{bmatrix} B_1 \\ B_2 \\ B_3 \\ B_4 \end{bmatrix} = \begin{bmatrix} 0.129\ 7 & 0.445\ 5 & 0.274\ 9 & 0.133\ 3 & 0.016\ 8 \\ 0.093\ 2 & 0.441\ 4 & 0.277\ 4 & 0.112\ 4 & 0.075\ 8 \\ 0.264\ 1 & 0.415\ 8 & 0.216\ 8 & 0.083\ 7 & 0.020\ 7 \\ 0.115\ 2 & 0.307\ 9 & 0.406\ 4 & 0.100\ 0 & 0.057\ 9 \end{bmatrix}$$

由表 4 得：

$$W = (0.466\ 8,\ 0.095\ 3,\ 0.160\ 3,\ 0.277\ 5)$$

由式（3）可得到突发事件应急管理战略体系的最终模糊综合结果：

$$B = W \circ R = (0.143\ 7,\ 0.402\ 1,\ 0.302\ 3,\ 0.114\ 1,\ 0.031\ 5)$$

根据最大隶属度原则，突发事件应急管理战略体系的最终模糊综合评价为良好级。

5.2.2 结果分析

1）根据 AHP 的评价结果分析

根据 AHP 法分析，我们可知，应急管理组织体系和应急管理法律法规体系所占比重很大，分别为 44.68%、27.75%；其次是应急管理过程机制，所占比重为 16.03%；应急管理预案体系所占比重最小，为 9.53%。即在突发事件应急管理战略体系中，应急管理组织体系和应急管理法律法规体系相对来说占有较大比重，所以应该将应急管理组织体系和应急管理法律法规体系的建设放在重要位置，加强这两方面的建设；其次，应急管理过程机制和应急管理预案体系也占有一定比重，这两方面的建设也不容忽视。

2）根据 AHP–模糊综合评价法的评价结果分析

根据 AHP–模糊综合评价法的评价结果分析，认为突发事件应急管理战略体系优秀的占 14.37%，认为其良好的占 40.21%，认为其中等的占 30.23%，认为其较差的占 11.41%，认为其差的占 3.15%。根据最大隶属度原则，认为突发事件应急管理战略体系属于良好水平。

根 $V=\{v_1, v_2, v_3, v_4, v_5\}$ = {优秀、良好、中等、较差、差} = {100，80，60，40，20}，我们将优秀量化为 100 分，良好量化为 80 分，中等量化为 60 分，较差量化为 40 分，差量化为 20 分，则突发事件应急管理战略体系评价的综合得分为：

$$V' = \frac{\sum_{j=1}^{n} b_j v_j}{\sum_{j=1}^{n} b_j} = 0.143\ 7 \times 100 + 0.402\ 1 \times 80 + 0.302\ 3 \times 60 + 0.114\ 1 \times 40 + 0.031\ 5 \times 20 = 69.87$$

突发事件应急管理战略体系评价综合得分为 69.87，评价结论为较好，这是由于近年来国家高度重视突发事件应急管理体系建设，从中央到地方，建立了科学、统一的应急管理机构，构建了较健全的应急预案体系和相对完善的应急机制，并初步从国家发展战略层面来谋划突发事件应急管理体系建设，增强了应急预警、应急决策、应急救援与处置和应急保障四方面的应急管理能力。但从总体上讲，当前我国仍然存在应急管理法律体系建设不健全，应急管理组织体系建制不科学，应急管理过程机制缺乏高端应急管理技术支撑，造成应急低效化、应急管理预案体系不科学、可操作性不强等诸多问题，加上国家未真正意识到突发事件应急管理战略规划与建设的重要性，没有真正从国家可持续发展战略层面来科学规划突发事件应急管理体系建设及优化应急管理资源配置，充分协调发挥各级各部门的应急管理能力，进一步增强政府应急管理综合能力，所以从国家科学发展战略层面来科学规划突发事件应急管理战略体系建设还需进一步加强。

6 结束语

突发事件发生的日益频繁化和复杂化，对突发事件应急管理理论创新与建设实践提出了新的要求[16]。今后用战略思维来审视应急管理研究，拓展应急管理深化研究的全新领域，将应急管理研究上升到国家战略层面谋划无疑对保障国家经济社会安全稳定和可持续发展具有深远而重大的战略意义。

本文在初步界定了应急管理战略基本理论含义及基本框架，并展望应急管理战略的发展前景的基础上，运用 AHP - 模糊综合评价法，建立了科学的突发事件应急管理战略体系评价指标体系和模糊综合评价模型，对突发事件应急管理战略体系进行了评价，系统地反映了突发事件应急管理战略体系中存在的优势和不足，为今后国家科学发展战略层面科学规划突发事件应急管理战略体系建设提供了决策依据。

参考文献

[1] 宋英华. 突发公共事件应急管理导论 [M]. 北京：中国经济出版社，2009：5-6.

［2］庄越. 安全事故应急管理［M］. 北京：中国经济出版社，2009：14－15.

［3］宋英华，等. "十一五"期间湖北省突发事件应急体系建设规划［R］. 武汉：湖北人民出版社，2006：75－76.

［4］宋英华. 应急管理技术创新体系构建研究［J］. 科学学与科学技术管理，2009（4）：87－90.

［5］宋英华. 突发公共事件的政府应急管理制度完善［J］. 城市管理，2008（5）：8－12.

［6］王方舜. 基于应急管理过程论的消防应急管理体系建设［J］. 武汉理工大学学报（信息与管理工程版），2011（3）：440－442.

［7］陈继祥. 战略管理［M］. 上海：上海人民出版社，2008.

［8］W. Timothy Coombs. On Going Crisis Communication－Planning，Managing，and Responding［M］. New York：Sage Publication，Inc，1999.

［9］Mitroff. Crisis Management and Environmentalism：A Natural Conflict［J］. California Management Review，1994，36（2）：101－113.

［10］薛澜，张强，钟开斌. 危机管理：转型期中国面临的挑战［M］. 北京：清华大学出版社，2003.

［11］G. Eason，B. Noble，and I. N. Sneddon，"On Certain Integrals of Lipschitz－Hankel Type Involving Products of Bessel Functions，" Phil. Trans. Roy. Soc. London，Vol. A247，pp.529－551，April 1955.（*references*）

［12］张江华，郑小平，彭建文. 基于模糊层次分析法的应急能力指标权重确定［J］. 安全与环境工程，2007，14（3）：80－82.

［13］常建娥，蒋太立，等. 层次分析法确定权重的研究［J］. 武汉理工大学学报：信息与管理工程版，2007，29（1）：153－155.

［14］郭亚军. 综合评价理论、方法及应用［M］. 北京：科学出版社，2007：25－80.

［15］马景涛，乔建江，陈德胜. 石化企业事故应急管理模糊综合评价方法介绍［J］. 石油化工安全环保技术，2010，26（4）：26－32.

［16］宋英华，王容天. 基于危机周期的我国突发事件应急管理机制研究［J］. 华中农业大学学报，2010，（4）：104－107.

中国国家石油储备应急动用机制构建与完善研究

黄宏纯

广西财经学院　广西　南宁　530030

[摘要] 文章从界定国家石油储备应急动用机制含义入手，科学分析了国家石油储备应急动用机制五大要素构成部分：应急动用预警机制、应急动用响应程序、应急动用决策与处置机制、应急动用信息报告与发布机制、应急动用保障机制，指出了当前我国国家石油储备应急动用机制建设现状及存在问题，从而提出了构建与完善我国国家石油储备应急动用机制的建议，以期进一步提升国家石油储备应急动用能力，维护国家能源安全。

[关键词] 国家石油储备；应急动用机制；构建；完善；研究

中图分类号：D035.1　　文献标识码：A

1. 引言

石油作为当今世界最重要的能源之一和石化基础原料，在各国经济的发展中起着十分重要的作用。石油产品的供给安全对一个国家的国民经济与社会稳定发展影响重大。由于国际政治经济局势多变，重特大自然灾害、安全生产事故以及不可预料的战争等因素往往会带来国家或地区的石油供应中断与供应危机，造成严重的经济与社会动荡[1]。因此，世界各国都建立了自己的国家石油储备，一些国家之间还就石油储备及动用结成了国际性联盟，并建立了相应的石油储备管理体系和石油储备动用等内在运行管理机制。近年来，石油进口和相关的能源安全问题已成为关乎我国新世纪经济持续发展和国家安全的重要问题，中央政府高度重视国家石油储备体系建设，我国的石油储备体系已逐步完善，但由于历史经验及现实状况的原因，我国国家石油储备的制度建设相对滞后，尚未确立起科学规范且具可操作性的动用机制。为此，本文从国家石油储备应急动用机制含义入手，在分析国家石油储备应急动用机制现状及存在问题的基础上提出了构建与完善国家石油储备应急动用机制的建议。

2. 国家石油储备应急动用机制含义及要素构成

2.1 国家石油储备应急动用机制含义

国家石油储备应急动用是指政府为了平抑因国际政治经济局势多变、战争、自然灾害、安全生产事故等因素造成的石油市场供求剧烈波动或应对石油供应中断与供应危机而采取的一系列有规划、有步骤、有秩序的动用国家石油储备的应急行动,其目的在于维护市场供求的稳定、抑制价格的巨幅波动、应对石油供应中断与供应危机,保障石油供应正常运行、石油价格平稳,维护国家经济安全和民众的经济利益。

国家石油储备应急动用机制是指政府为了更好地应对由国际政治经济局势多变、战争、自然灾害、安全生产事故等因素造成的石油市场供求剧烈波动或石油供应中断与供应危机,确保国家能源安全和国家经济安全而建立起来的一套行之有效的处置办法与制度安排。

2.2 国家石油储备应急动用机制要素构成

国家石油储备应急动用机制应是一个包含预警、响应、决策与处置、信息、保障系统的五位一体的构架体系,以实施各种应对石油市场供求剧烈波动或石油供应中断与供应危机事件的方案和措施。国家石油储备应急动用机制要素构成如图1所示。

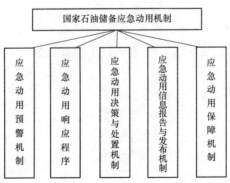

图1 国家石油储备应急动用机制要素构成

——应急动用预警机制。应急动用预警机制是指为了有效应对各类由国内外各种复杂因素影响产生的石油市场供求剧烈波动或石油供应中断与供应危机事件,依据危机事件的紧急和严重程度、不同的市场信息和价格变化,拟定一套完整的信息反应预警系统,对可能造成的市场供求的巨大波动做出科学分析和预测,以最大限度减轻因石油市场供求剧烈波动或石油供应中断与供应危机对国民经济健康发展及社会稳定造成的不利影响,确保国家能源安全和国家经济安全。

——应急动用响应程序。根据石油储备动用应急预案,对由于国内外各种复杂因素影响而产生的石油市场供求剧烈波动或石油供应中断与供应危机事件的性质、程度、潜在范围和影响进行预先判断,并在此基础上根据预案或紧急处理导则启动应急响应处理过程的一套具有可操作性的科学工作程序。

——应急动用决策与处置机制。应急动用决策与处置机制是指为了应对由于国内外各种复杂因素影响而产生的石油市场供求剧烈波动或石油供应中断与供应危机事件,减少灾害损失,最大限度地降低可能因发生突发石油危机事件造成的损失,保证人民群众财产安全,维护国家能源安全和国家经济安全,保障经济的平稳发展而建立的一套科学的管理组织体系及保障组织体系正常运转、高效处置突发石油危机事件而制作的一系列运行机制。

——应急动用信息报告与发布机制。应急动用信息报告与发布机制是指在由于国内外各种复杂因素影响而产生的石油市场供求剧烈波动或石油供应中断与供应危机事件发生时,为了在第一时间主动、及时、准确地向有关主管部门报告有关石油危机事件即时信息及向公众发布应急动用方面的信息,提高主动引导和把握舆论的能力,增强信息透明度,把握舆论主动权而制定的一种工作机制。

——应急动用保障机制。应急动用保障机制是为确保应对石油市场供求剧烈波动或石油供应中断与供应危机事件所需的物资、经费、应急动员等提供保障,建立国家石油储备应急动用预案,充分发挥应急动员工作,确保有效地应对突发石油危机事件,维护国家能源安全和国家经济安全而制定的一套制度安排和工作流程。

3. 我国国家石油储备应急动用机制建设现状

虽然目前中央政府加强国家石油储备体系建设,国家发改委和国家石油储备中心根据国家能源安全需要制定了一套完整的国家石油储备管理体系及国家石油储备应急动用运行机制,但是由于历史经验及现实状况的原因,国家石油储备应急动用机制仍然存在诸多问题[2],尚未确立起科学规范且具可操作性的动用机制。

3.1 国家石油储备应急动用机制要素构成不完善

由于我国长期以来一直持有"重应急、轻预警"的观念,现阶段我国将石油危机应急动用的重点放在危机爆发期的响应和善后期的补救上,对于潜伏期的预警力度则明显不足。目前国家石油储备应急动用机制体系构成中将应急动用预警机制排除在外,这样将不能即时获得国内外石油市场信息和价格变化的动态情况、对可能造成的市场供求巨大波动或石油供应中断与供应危机发生做出的科学分析和预测，这样应急动用预警机制缺乏或由于未将应急动用预警机制纳入国家石油储备应急动用机制内而造成应急动用预警机制与应急动用决策处置机制关联度不强，会导致我国应对石油危机事件决策处置能力低效，进而造成整个国家石油储备应急动用机制运行低效化。

3.2 国家石油储备应急动用预警机制落后

目前，除了国家石油储备应急动用预警机制未纳入国家石油储备应急动用机制的构成要素而造成整个国家石油储备应急动用机制运行低效化外，国家石油储备应急动用预警机制自身作为国家石油储备应急动用管理体系的一部分，由于缺乏高端动态预警分析技术支撑，应急动用预警监测分析职能主体是国家发改委或国家石油储备中心均未明确，综合性的预警信息平台尚未建立，危机状态下的信息收集、分析和披露制度缺乏统一规划等原因而运行低效化，应急动用预警监测能力不强。

3.3 国家石油储备应急动用响应程序不科学

目前，我国政府在应对由国内外各种复杂因素影响产生的石油市场供求剧烈波动或石油供应中断与供应危机事件时，应急动用响应机制组织体系不科学，缺乏协调机制；应急动用响应机制分级响应标准不科学；应急动用响应机制响应流程不合理，缺乏可靠的应急动用响应信息管理系统和决策系统，造成应急反馈落后，应急响应能力低下。

3.4 国家石油储备应急动用决策与处置未形成有效机制

目前，我国的国家石油储备应急动用决策与处置组织体系不完善，动用决策层、指挥监督层、动用执行层的责任部门未明确，应急管理效率低下，综合协调能力不强，缺乏持续性；同时，由于国家能源管理体制还不科学，部门之间职责交叉、权能交叉现象比较突出，有效的应急动用决策与处置机制未形成。

3.5 国家石油储备应急动用保障机制和信息报告与发布机制不健全

目前，我国没有石油储备法，应急动用法律保障体系不完善，石油储备应急动用预案不科学，社会应急动员保障体系不健全，信息报告与发布制度不完善，缺乏综合性的信息平台，信息收集、整理、上报、发布渠道分散，与大众社会权威媒体良好合作关系缺乏，信息发布主体部门不明确，信息发布方式单一。

4. 国家石油储备应急动用机制构建与完善

4.1 构建与完善国家石油储备应急动用机制体系

要将应急动用预警机制纳入国家石油应急动用机制的构成要素中，使国家石油应急动用机制形成由应急动用预警机制、应急动用响应程序、应急动用信息报告与发布机制、应急指挥与处置机制、应急动用保障机制五部分组成的一体化构架体系（图2），并且逐步趋向科学化，增强应急动用预警机制与应急响应程序、应急动用信息报告与发布机制、应急指挥与处置机制、应急动用保障机制之间的关联度，提高应对石油危机事件决策处置能力，实现整个国家石油储备应急动用机制高效运行。通过国家石油应急动用机制的正常运行，实现对石油危机事件的响应启动、应急决策与处置、应急保障，确保能源安全。

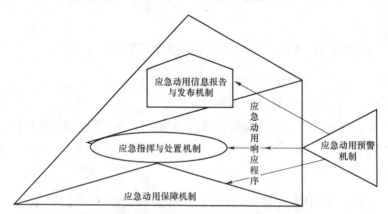

图2 国家石油储备应急动用机制的要素构成

其中应急动用预警机制是国家石油储备应急动用机制实施的前提基础，应急动用保障机制是国家石油储备应急动用机制正常运行的保障力量，应急指挥与处置机制是国家石油储备应急动用机制的核心部分，应急动用响应程序是国家石油储备应急动用机制正常运行的程序依据，应急动用信息报告与发布机制是国家石油储备应急动用机制正常运行的关键部分，决定着国家石油储备应急动用机制运行的方向。

4.2 构建与完善国家石油储备应急动用预警机制

要利用高端预警监测技术，建立一套灵敏、迅速、准确的国际国内石油市场供需及市场价格信息分析预警机制，作为国家石油储备应急动用的决策和执行依据。在预警机制中要强调数据上报的法定强制性、基础数据的完整性、统计方法的科学性、信息处理的及时性以及分析工具的先进性，增强石油供给安全预测预警的科学性、准确性。明确由国家石油储备中心承担起国家石油供给安全应急预警任务，实时监测国内国际石油市场，准确、及时进行石油供给预警。国家石油储备中心在收集、分析和储存各石油企业和石油基地数据的基础上，建立完整的石油储备数据库，掌握中国各石油企业的石油商业储备以及国家石油储备库存量实时信息及国内市场石油供给消费量差额数据；同时，建立中国石油商业储备以及国家储备的石油供给与需求平衡数据库分析决策平台，选择合适的统计分析系统，建立在线统计信息查询系统，实时监测国内市场石油供给与消费量差额，及时发布预警信息。

4.3 构建科学国家石油储备应急动用响应程序

要根据石油储备动用应急预案，构建科学国家石油储备应急动用响应程序（图3），提高应急动用响应能力和效率。由国务院作为国家石油储备应急动用的决策机构，作为战略石油储备的动用决策层。国家石油储备中心负责中国石油储备基地建设和管理，并承担战略石油收储、轮换和动用任务，承担起石油储备应急动用中管理层的角色。在一般情况下，国家石油储备中心应负责提出国家石油储备订货、轮换和动用建议并组织实施，按规定权限审批或审核石油储备设施项目，监督管理商业石油储备。国家各石油储备基地公司、政府成品油储备机构、企业义务和商业储备担当国家石油储备体系中执行层的角色。按照此思路，在发

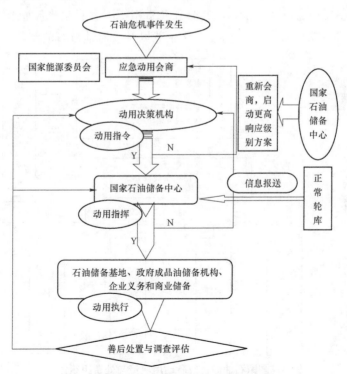

图3 科学国家石油储备应急动用响应程序

生石油进口受阻、重大自然灾害和油价大幅波动等应急动用情况时，按照《石油储备法》或《国家石油储备条例》（建议尽快推出）的相关规定，国务院做出相应应急动用国家石油储备的决策；国家石油储备中心按照国务院的有关应急动用指令，根据《石油储备应急动用预案》，直接指挥动用国家战略储备、政府成品油储备、企业义务储备、企业商业储备四种储备石油，应对石油危机。

4.4 建立与形成科学高效的国家石油储备应急动用决策和处置机制

要构建完善的国家石油储备应急动用决策与处置组织体系（图4）。国务院成立国家石油储备应急动用决策机构。国家石油储备应急动用决策机构具体组成以国家能源委员会为基础，以国家发展和改革委员会、财政部、商务部、国有资产管理委员会、国家税务总局以及国家能源局、国家石油储备中心和国家物资储备局的主要负责人为主。当重大突发事件、能源市场危机以及国际协作需要并触及我国国家石油储备应急动用的警戒条件时，决策机构进行集中会商，根据决策辅助机构的建议，形成应急方案（当认为需要动用时形成动用方案），最后由总理（国家石油储备应急动用决策机构最高首长）签发应急动用令。同时，应明确应急动用方案的具体指挥权。根据中国石油的现实状况和各相关部门的职责，应确立国家发改委及其下属国家能源局、国家石油储备中心、国家物资储备局的具体指挥权。当总理签发应急动用令后，由其分别负责指挥国家石油储备基地（公司）、国家物资储备局（成品油库）、各商业石化企业以及政府地方石油储备的动用。要确

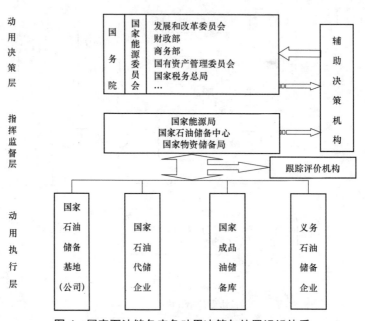

图4　国家石油储备应急动用决策与处置组织体系

定以国家石油储备中心为中枢，建立国家石油储备动用的信息监测、预测和预警体系，不仅负责监测统计国家战略石油储备信息，同时也要求所有的石油商业企业以及地方政府按要求定期或不定期地上报石油库存信息[3]。通过构建与完善国家石油储备应急动用决策与处置组织体系，健全应急处置协调联动机制，形成科学高效的国家石油储备应急动用决策与处置机制，增强国家石油储备应急动用决策与处置能力，减少石油危机造成的社会和国家经济损失，确保国家能源安全和经济平稳发展。

4.5 完善国家石油储备应急动用保障机制和信息报告与发布机制

要尽快出台《石油储备法》或《国家石油储备条例》，建立科学国家石油储备应急动用应急预案，完善应急动用法律保障体系，健全社会应急动用保障体系，建立一种持续而有效的社会合作，形成国家石油储备应急动用管理的巨大合力。要构建高效的综合信息平台，加强信息传送、交流和沟通能力；要健全国家石油储备应急动用信息报告工作制度，明确信息报告的主体，并对迟报、谎报、瞒报和漏报行为依法追究责任，确保信息不迟报、谎报、瞒报和漏报；要完善国家石油储备应急动用信息发布制度，明确信息发布的职责部门，加强信息发布、舆情分析和舆论引导工作，健全对相关信息的核实、审查和管理制度[4]；要建立政府与大众社会权威媒体的良好合作关系，通过政府与媒体职能互补，实现国家石油储备应急动用管理，确保国家能源安全和经济平稳发展。

5. 结束语

随着我国经济社会高速发展不断加大对石油消费量的需求，石油安全在今后很长的一段时期内将成为我国面临的重大问题[5]，建立完善国家石油战略储备体系，构建一套科学规范且具可操作性的国家石油储备应急动用机制，增强国家石油储备应急动用管理能力无疑对保障我国能源安全和经济社会可持续发展具有深远而重大的战略意义。

参考文献

[1] 宋英华. 突发公共事件应急管理导论 [M]. 北京：中国经济出版社, 2009.

[2] 庄越. 安全事故应急管理 [M]. 北京：中国经济出版社, 2009.

[3] 宋英华. 建立和完善国家石油储备应急动用机制研究报告 [R]. 武汉：湖北人民出版社, 2010.

[4] 汪金敖. 长株潭突发公共事件应急联动机制建设研究 [EB/OL]. 湖南社会学网, 2010－11－27.

[5] 黄宏纯. 构建巨灾保险制度, 增强中国风险管理能力 [J]. 中国应急管理, 2008（6）.

创新环境与企业应急管理技术创新绩效的关联性研究

黄宏纯

广西财经学院　广西　南宁　530030

[摘要] 本文指出并分析了影响企业应急管理技术创新绩效的六方面内部因素，即企业制度体系、企业家新观念、人才引进与培养、合理的科技人员激励方式、企业技术创新系统和创新文化氛围，从而对企业应急管理技术创新绩效的内部创新影响因素模型进行了假设验证，通过问卷调查及统计分析，实证检验了企业家创新观念、人才引进与培养以及创新型文化氛围对企业应急管理技术创新绩效具有显著的推动效应，进而提出了提升企业应急管理技术创新绩效的对策建议。

[关键词] 创新环境；应急管理技术创新；绩效；关联性研究

中图分类号：C931.2　　文献标识码：A

在创新驱动的新时代，从事应急管理技术研发、生产的企业推进应急管理技术创新是企业本身成长壮大的动力，从而使该企业在同行业竞争中处于先导地位，而创新的成功又来自企业内部的创新环境，特别是完善企业制度体系，完善企业技术创新系统、创新文化氛围激励，因此企业内部创新环境情况与应急管理技术创新绩效息息相关。本文力图通过实证研究，探寻企业内部创新环境与企业应急管理技术创新绩效的关联性。

1　研究综述

关于企业内部创新环境情况与技术创新绩效研究成果较多。Boris Snoj, Borut Milfelner, Vladimir Gabrijan[1]通过调查研究了技术创新和市场绩效之间的关系。Timothy Bresnahan, Pai-LingYin[2]认为企业发展主要来源于企业规模经济和技术进步。Olivier Meier[3]通过共生收购的方法，将创新资源进行了有效整合。向刚[4]科学论述了技术创新和制度创新的关系，并指出制度创新是推进技术创新的有力保证。张金水[5]通过关键因素分析得知企业家创新观念是企业技术创新的关键影响因素之一。马永红[6]构建了创新型企业评价指标体系并开展了实证研究。吴和成[7]运用数理模型对企业创新投入效率进行了研究。戴炳鑫[8]构建了技术创新资源配置效率评价指标体系及评价模型。蒋旭灿[9]识别了创新资源共享的影响因素。综上所述，国内外关于企业技术创新的研究虽然从理论上剖析了影响企业技术创新成功的因素，但仍缺乏对企业内部创新环境与技术创新绩效的研究，因此，本文通过模型构建、指标体系设计和调查实证分析，力图探讨企业内部创新环境与企业应急管理技术创新绩效的相互关系。

2　研究假设

企业制度是企业持续成长的基础性条件，也是保障企业应急管理技术持续创新的重要保证。[10]为此我们提出假设1。

假设1：完善企业制度体系的激励对企业应急管理技术创新绩效具有显著的推动效应。

众多的研究表明，企业家在企业应急管理技术创新管理中具有重要的作用，其对创新的态度决定了企业内部资源分配的基本格局，为此我们提出假设2。

假设2：对企业家创新观念的激励对企业应急管理技术创新绩效具有显著的推动效应。

基于创新的内生式企业成长方式有赖于应急管理技术创新成果的产出，而成功的创新又与企业拥有得力的技术人才相关性很大，因此技术人才的数量和质量决定了企业应急管理技术创新的产出，也直接影响到企业应急管理技术创新绩效，为此我们提出假设3。

假设3：加强人才引进与培养对应急管理技术创新绩效具有显著的推动效应。

对于科技人员的创造性的研究活动，单纯的物质激励不一定能够取得最好的绩效，科技人员同样非常关注其自身价值的实现以及对其职业生涯发展的考虑，因此探索合理的科技人员创新激励方式也显得尤为关键，为此，我们提出假设4。

假设4：合理的科技人员创新激励方式对应急管理技术创新绩效具有显著的推动效应。

技术创新系统的完善是企业依靠技术体系取得创新成果、推动企业应急管理技术创新发展的基础条件。企业首先要建有技术研发机构，对于技术研发活动，要有相应的资金支持机制、管理体系和发展计划。为此我们提出假设5。

假设5：完善企业技术创新系统对应急管理技术创新绩效具有显著的推动效应。

在企业依靠应急管理技术创新的成长过程中，企业内部创新环境的激励因素占有主导性的地位，并形成独特的企业创新文化，为企业的规模扩张和应急管理技术竞争能力提升提供不竭的动力，为此提出假设6。

假设6：形成创新的文化氛围对应急管理技术创新绩效具有显著的推动效应。

3 模型构建与变量设计

3.1 研究模型

由以上列出的研究假设，本论文提出企业应急管理技术创新绩效的内部影响因素模型，如图1所示。[11] 该模型重点考察企业内部创新环境与企业应急管理技术创新绩效的关联性。

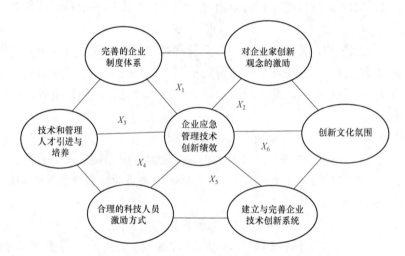

图1 企业应急管理技术创新绩效的内部影响因素模型

3.2 变量设计

1）企业应急管理技术创新绩效内部影响因素的测度变量设计

在图1所示的激励模型中，有以下六个变量，分别是：完善的企业制度体系，对企业家创新观念的激励，技术和管理人才引进与培养，合理的科技人员激励方式，建立与完善企业技术创新系统，创新文化氛围。这六个因素相互影响，又对企业应急管理技术创新绩效产生相应的不同影响。这六个变量由相应的测度变量来表示，如表1所示。

表1　企业应急管理技术创新绩效的内部影响因素的测度变量及描述性统计分析

主要影响因素	统计变量 （测度变量）	变量编号	影响重要性评分 均值	标准差
完善的企业制度体系（X_1）	企业治理结构的完善性	X_{11}	2.7500	1.03483
	主要股东的创新期望	X_{12}	2.4609	1.14261
	董事会对企业创新的要求	X_{13}	2.7402	1.31664
	技术创新投入的制度性保障	X_{14}	5.5484	1.14306
	科技人员工作绩效评估制度	X_{15}	3.3145	1.2161
对企业家创新观念的激励（X_2）	企业家年度绩效评估的研发目标考核	X_{21}	3.4567	0.8972
	企业家的年薪制	X_{22}	3.1732	1.03965
技术和管理人才引进与培养（X_3）	聘请国外技术专家	X_{31}	3.3858	1.17546
	聘请国内技术专家	X_{32}	3.3516	1.09824
	企业自行培养	X_{33}	3.4688	1.04194
	引进名牌大学的毕业生	X_{34}	2.7031	1.11086
	技术人才结构的合理性	X_{35}	3.4127	1.18841
合理的科技人员激励方式（X_4）	技术成果的一次性项目奖励	X_{41}	3.0703	0.94063
	技术人员的岗位工资	X_{42}	3.2031	0.88165
	技术骨干的股票期权激励	X_{43}	3.3906	1.14489
	有成绩技术人员的职务晋升	X_{44}	3.6641	0.94141
	有成绩技术人员的通报表扬	X_{45}	2.7480	1.00765
	企业内部技术人员晋升通道的形成	X_{46}	3.2813	0.83182
	社会荣誉对技术人员的激励	X_{47}	3.2778	1.07806
建立与完善企业技术创新系统（X_5）	企业技术机构的健全	X_{51}	2.7344	1.17376
	企业其他部门的协作与支持	X_{52}	2.5625	1.09221
	完善的技术开发内部融资渠道	X_{53}	2.6250	1.18388
	企业技术创新管理的内容与质量	X_{54}	3.2205	1.06095
	有效的技术战略或计划	X_{55}	3.7266	1.19523
创新文化氛围（X_6）	企业科技人员之间的交流	X_{61}	3.7323	1.08707
	企业内部创业的风气	X_{62}	2.8819	1.11707
	企业各部门全员创新的热情和意识	X_{63}	2.8425	1.25626
	对创新失败的宽容性	X_{64}	3.1811	1.29968

注：① 影响重要性评分值为 128 家创新型企业调查统计所得，此处数据提前给出，样本概况见 4.1。

② 有重大的影响，填 5 分；有很强的影响，填 4 分；有较强的影响，填 3 分；有较小的影响，填 2 分；几乎没有影响，填 1 分。（表 4、表 5 均以此数据和标准计算分析）

2）企业应急管理技术创新绩效的测度变量设计

企业要生存和发展，就要积极创新、持续创新。对于技术创新型企业而言，测度企业应急管理技术创新绩效的变量，不仅要包含各项财务指标变量的增长状况，还必须包含企业技术实力与管理水平所带来的企业核心竞争力的提升状况和趋势。为此，企业应急管理技术创新绩效确定基于以下五个方面的测度：

（1）近5年企业销售收入的年平均增长水平（P_1）。

（2）近5年企业利润的年平均增长水平（P_2）。

（3）近5年企业市场占有率增长水平（P_3）。

（4）近5年企业技术实力提升情况（P_4），如关键技术研发、新产品开发与积累等。

（5）近5年企业管理水平提升情况（P_5），如制度建设、人力资源激励、成本控制等。

4　实证分析

4.1　样本调查概况

1）样本企业分布

一年中（2014年7月到2015年7月），笔者对分布在全国各地区的197家从事应急管理技术研发与生产的科技型制造类企业进行了问卷调查，最后得到有效试卷128份，试卷回收率为65%，其中85%的企业为湖北省内企业。其样本企业的地域分布如表2所示。

表2　调研样本企业的地域分布

企业地域分布	武汉市	湖北省（除武汉）	其他省份（除湖北）
调研企业数量/家	108	6	14
所占比例/%	84.375	4.6875	10.9375

被调研企业的行业分布如表3所示。

表3　被调研企业的行业分布

企业行业分布	电子电气光纤	机械设备	材料制造	化工制造	计算机通信	生物科技	其他
调研企业数量/家	29	44	17	6	17	5	10
所占比例/%	22.6562	34.375	13.28125	4.6875	13.28125	3.90625	7.8125

2）调查的信度分析

信度是指对同一事物进行重复测量时，所得结果一致性的程度，即测量工具的稳定性或可靠性。本研究以 Cronbach'a Alpha 系数来判断各变量的内部一致性程度。

（1）内部环境影响因素共 31 个指标，对 128 家企业样本的分析表明：Cronbach'a Alpha=0.901，由此可认为对上述指标的调查信度高，能够进行有效分析。

（2）企业应急管理技术创新绩效评价因素共 5 个指标，对 128 家企业样本的分析表明：Cronbach'a Alpha=0.828，由此可认为对上述指标的调查信度高，能够进行有效分析。

3）调查的效度分析

效度指测评结果对所测评素质反映的真实程度，即测量结果与试图要达到的目标之间的接近程度。运用 SPSS 软件对其中 43 个指标题项进行探索性因子分析（EFA）表明，KMO 值为 0.775，满足因子分析的条件。采用主成分分析和方差最大法旋转，抽取出 10 个特征值大于 1 的因子，与分析模型基本对应，共解释总变异 66.099%。各题项都清晰地负载在所预期的因子上，且载荷都超过 0.55，故认为本研究也有理想的效度。

4.2 企业内部创新环境因素与企业应急管理技术创新绩效的关联性分析

主要的企业内部创新环境因素与企业应急管理技术创新绩效的相关系数矩阵如表 4 所示。

表 4　主要的企业内部创新环境因素与企业应急管理技术创新绩效的相关系数矩阵（$n = 128$）

	1	2	3	4	5	6	7	8
1. 企业治理结构的完善	1	.515（**）	.370（**）	.322（**）	.124	.415（**）	.209（*）	.340（**）
			.000	.000	.000	.165	.000	.018	.000
2. 董事会对创新的要求	.515（**）	1	.418（**）	.290（**）	.169	.492（**）	.210（*）	.376（**）
	.000		.000	.001	.057	.000	.018	.000
3. 创新投入的制度保障	.370（**）	.418（**）	1	.562（**）	.102	.257（**）	.295（**）	.259（**）
	.000	.000		.000	.261	.004	.001	.004

续表

	1	2	3	4	5	6	7	8
4. 科技人员绩效评估制度	.322(**)	.290(**)	.562(**)	1	.212(*)	.312(**)	.299(**)	.359(**)
	.000	.001	.000		.018	.000	.001	.000
5. 技术人才引进与培养	.124	.169	.102	.212(*)	1	.177(*)	.396(**)	.295(**)
	.165	.057	.261	.018		.046	.000	.001
6. 领导的技术创新精神	.415(**)	.492(**)	.257(**)	.312(**)	.177(*)	1	.250(**)	.505(**)
	.000	.000	.004	.000	.046		.004	.000
7. 对技术骨干的期权激励	.209(*)	.210(*)	.295(**)	.299(**)	.396(**)	.250(**)	1	.356(**)
	.018	.018	.001	.001	.000	.004		.000
8. 全员创新的热情和意识	.340(**)	.376(**)	.259(**)	.359(**)	.295(**)	.505(**)	.356(**)	1
	.000	.000	.004	.000	.001	.000	.000	
9. 企业成长绩效	.264(**)	.272(**)	.181(*)	.285(**)	.359(**)	.468(**)	.426(**)	.482(**)
	.003	.002	.044	.001	.000	.000	.000	.000

** Correlation is significant at the 0.01 level (2–tailed).
* Correlation is significant at the 0.05 level (2–tailed).

从表 4 中，我们可以发现企业应急管理技术创新绩效与企业治理结构的完善（$r=0.340$，$p=0.0001$），董事会对创新的要求（$r=0.376$，$p=0.0001$），科技人员绩效评估制度（$r=0.359$，$p=0.0001$）以及技术人才引进与培养（$r=0.295$，$p=0.0001$）、领导的技术创新精神（$r=0.505$，$p=0.0001$）、对技术骨干的期权激励（$r=0.356$，$p=0.0001$）和全员创新的热情和意识（$r=0.482$，$p=0.0001$）有比较密切的影响。同时具体内部创新环境因素的出现，也与其他内部因素存在某种关联性。

在相关分析的基础上，进一步运用逐步回归分析（Stepwise）考察表 1 提供的所有 28 个内部环境因素变量 X_i（$i=1，2，\cdots，28$）对企业应急管理技术创新绩效的影响。假定企业应急管理技术创新绩效为因变量 y。建立企业内部创新环境因素与企业应急管理技术创新绩效的回归方程模型见公式 1。

$$y = \beta_0 + \beta_1 x_1 + \beta_2 x_2 + \cdots + \beta_{28} x_{28} + \varsigma \tag{1}$$

分析结果如表 5 所示。

表 5　企业内部创新环境因素的逐步回归法分析结果

变量	Beta	t	Sig.	Tolerance
Constant		2.654	.009	
企业全员创新的意识与热情	.207	2.292	.024	.641
对技术与管理骨干的股票期权激励	.240	2.825	.006	.727
企业领导的创新精神及技术重视度	.308	3.598	.000	.716
技术人才引进与培养	.256	2.827	.006	.642
企业家绩效评估的研发导向	−.185	−2.093	.039	.672

R Square=0.260，Adjusted R Square=0.235

F=10.384，Sig.=0.000 1

Dependent Variable：企业应急管理技术创新绩效（Y）。

通过对企业内部创新环境因素的逐步回归分析，可以发现企业领导的创新精神及技术重视度对企业应急管理技术创新绩效的影响最大（β= 0.308，p=0.000 1），这也与企业的现实情况相一致，即企业家的创新精神是企业能够持续创新的前提；此外，排在第 2 位的是技术人才引进与培养（β= 0.256，p=0.006），以及对技术与管理骨干的股票期权激励（β= 0.240，p=0.006），该结果说明企业应急管理技术创新绩效的获得，创新人才以及对创新人才的长远物质激励是最关键的因素。另外，企业全员创新的意识和热情同样与企业应急管理技术创新绩效存在正向的关联（β= 0.207，p=0.024），上述事实凸显了创新观念的极端重要性，即如果没有企业家与全体员工的创新精神和意识，取得企业理想的应急管理技术创新绩效几乎是不可能的。

5　结束语

本论文从实证出发，探讨了影响企业应急管理技术创新绩效的内部创新环境因素，主要指的是企业内部的创新环境因素。得出：企业家的创新精神、技术人才引进与培养、对技术与管理骨干的相关激励对企业应急管理技术创新绩效有正相关影响。在以创新求生存和发展的现代市场经济环境下，企业除了时刻关注外部环境以外，更应该从自身出发，大力创新。特别是创新型企业，更应该从企内部出发,高度重视创新成长所依赖的根本要素即创新人才,通过引进、培养、激励以及建设企业创新文化等途径和措施实现企业应急管理技术创新绩效提升。在此,本文提出以下建议:

1)将培养勇于创新的企业家作为推进企业应急管理技术创新绩效提升的重要途径

要培育出一批勇于创新、富于创新的企业家,通过对企业家进行创新、创业培训,提升技术型创业人才的企业管理水平。要使创新型企业的企业家熟悉企业研究与开发的基本规律,高度重视企业的研发投入,并建立完善企业内部技术人员激励机制,增强创新型企业快速成长的后劲。要推动发挥创新型企业家协会的作用,形成企业家内部的相互激励机制,推进企业应急管理技术创新绩效提升。

2)把技术人才的引进与培养放在最优先的位置

首先要在企业树立重视人才、积极发挥人才作用的观念,努力为科技人才创造良好的工作生活条件,改善科技人才的创新环境。要鼓励创新型企业家建立完善企业研发机构,积极引进对企业发展具有战略作用的技术领军人才,使企业应急管理技术创新绩效的提升更多地依靠企业内生的技术创新活动。在加强对国内外技术人才引进的同时,也要重视对企业内部技术人员的培养,通过专业技术培训,以及大量企业研发活动的实践,使企业技术创新能力得到不断提升。

3)满足企业技术人才的长远发展需求

通过企业内部的管理变革,改革不利于激发人才创新活力的体制、机制。要使企业各项资源分配和管理制度建设以满足科技人员的需求作为出发点:首先要满足科技人才对事业发展机会和施展才能舞台的需求;其次是满足科技人才对其创造性劳动评价认可的公正性和对知识产权激励保护的有效性的需求,完善技术人才的绩效考评机制,充分调动科技人员的主动性和创造性,使企业科技人员的创新活动在企业成长中占据更为重要的地位。最后,要建立有利于自主创新的用人机制,进一步打破平均主义,对那些具有自主创新能力的人才,要通过诸如公司股票期权激励的方法,将企业技术人员的长远物质利益与企业成长紧密联系在一起,从而激发技术人才的创新热情,为企业成长提供不竭的动力源。[12]

4)努力营造企业创新文化氛围

创新型企业的建设和持续成长必须依靠以创新为根本理念的企业文化。企业创新文化的重点是营造崇尚创新的意识氛围。[13] 为此,首先要通过建立学习型组织等途径大力促进企业科技人员之间的交流,包括信息、知识和技术乃至情感交流,促进团结,形成创新共识与合力;此外,通过制度创新和企业文化活动,鼓励企业内部创新创业的风气,宽容创新失败,激发企业全员创新的热情和意识。

参考文献

[1] Boris Snoj, Borut Milfelner, Vladimir Gabrijan. An Examination of the Relationships among Market Orientation, Innovation Resources, Reputational Resources, and Company Performance in the Transitional Economy of Slovenia [J]. Canadian Journal or Administrative Sciences, 2007, 24 (03): 151-164.

[2] Timothy Bresnahan, Pai-Ling Yin. Reallocating Innovative Resources Around Growth Bottlenecks [J]. Industrial and Corporate Change, 2010, 5: 1589-1627.

[3] Michel Barabel, Olivier Meier. Combining Resources and Innovation: Symbiosis Acquisitions [J]. Gestion, 2000, 2010, 12: 77-90.

[4] 向刚. 企业持续创新动力机制研究 [J]. 科研管理, 2004 (11): 108-114.

[5] 张金水. 创新型企业衡量标准 [J]. 科技管理研究, 2006 (10): 27-29.

[6] 马永红, 等. 创新型企业评价体系的构建研究 [J]. 技术经济, 2007 (10): 1-3.

[7] 华海岭, 吴和成. 地域大中型工业企业创新资源配置效率研究 [J]. 中国科技论坛, 2011 (6): 79-86.

[8] 陆建芳, 戴炳鑫. 企业技术中心技术创新资源配置效率评价 [J]. 科研管理, 2012 (1): 19-26.

[9] 王海花, 彭正龙, 蒋旭灿. 开放式创新模式下创新资源共享的影响因素 [J]. 科研管理, 2012 (3): 49-55.

[10] 朱少英, 徐渝. 中小企业技术创新的关键在于中小企业与科技人员互动 [J]. 科学管理研究, 2003 (2): 19-22.

[11] 张炜, 谢吉华, 刑潇. 中小科技企业创业价值与成长绩效关系实证研究 [J]. 科学学与科学技术管理, 2007 (11).

[12] 王亚玲. 构建中小企业创新的政府支持系统——基于"智猪博弈"模型的分析 [J]. 生产力研究, 2008: 135-137.

[13] 刘二丽. 创业投资增值服务对创业企业成长绩效的影响研究 [J]. 工业技术经济, 2008 (27): 141-145.

基于系统论的应急预警能力体系构建与评价体系研究

黄宏纯

广西财经学院　广西　南宁　530030

[摘要] 本文运用系统论原理，阐明了突发事件应急预警能力的内涵及构成要素，并在分析我国突发事件应急预警能力体系建设现状及存在问题的基础上，构建基于系统论的突发事件应急预警能力体系，并建立基于系统论的应急预警能力评价指标体系和熵权模糊综合评价模型，以期为政府加强突发事件应急预警能力体系建设，增强突发事件应急预警能力提供借鉴。

[关键词] 系统论；应急预警能力；构建；评价体系；建设

中图分类号：D625　　文献标识码：A

当前，我国已经进入突发事件"突发期"，突发事件频频发生，给社会和民众造成了巨大的损失，而我国各级政府长期以来一直有"重应急、轻预警"的片面观念，造成突发事件应急预警体系建设相对滞后，突发事件应急预警能力不强，未能有效地预防突发事件发生或减少突发事件造成的各种损失，所以如何进一步加强城市灾害预警能力建设有待于深化研究，以为各级政府加强突发事件应急预警能力体系建设提供理论支撑[1]。据此，本文运用系统论原理，探讨构建基于系统论的突发事件应急预警能力体系，建立基于系统论的应急预警能力评价指标体系和熵权模糊综合评价模型，为开展突发事件应急预警能力评价提供科学依据，以期进一步提升突发事件应急预警能力，确保高效应对各种突发事件。

1. 基于系统论的突发事件应急预警能力概述

1.1　系统论基本原理

系统论是研究各种系统的共同特征，用数学方法定量地描述其功能，寻求并确立适用于一切系统的原理、原则和数学模型。系统论的基本思想方法，就是把所研究和处理的对象，当作一个系统，分析系统的结构和功能，研究系统、要素、环境三者的相互关系和变动的规律性，并优化系统观点看问题，世界上任何事物都可以看成一个系统，系统是普遍存在的[2]。

——整体性原理。系统是由若干要素组成的具有独立要素所没有的性质和功能的有机整体，表现出整体的性质和功能不等于各个要素性质和功能的简单叠加。

——层次性原理。由于组成系统的各个要素存在各种差异，系统组织在地位和作用、结构和功能上表现出具有质的差异的等级秩序性，即层次性。

——开放性原理。系统具有不断与外界环境进行物质、能量、信息交换的性质和功能，开放性是系统演化的前提，也是系统稳定的条件。

——目的性原理。系统在与环境相互作用的过程中，在一定范围内系统的发展和变化几乎不受条件与途径的影响，表现出某种趋向预定状态的特性。

运用系统论原理，我们知道突发事件应急预警能力体系是一个复杂的系统，突发事件应急预警能力体系中的各子能力要素相互联系、相互作用，共同构成了突发事件应急预警能力体系这一有机整体。每个子能力要素都是突发事件应急预警能力体系不可分割的一个组成部分，而且相互之间存在紧密的内在联系。只有从突发事件应急预警能力体系整体出发，剖析各子能力要素之间的相互关系，弄清各子能力要素之间相互作用的机理，才能够深刻理解每个子能力要素在突发事件应急预警能力体系中的地位和作用，真正领会每个子能力要素的本质内涵，对于有所侧重地加强突发事件应急预警能力体系中的各个子能力要素建设极为重要[3]。

1.2 基于系统论的突发事件应急预警能力内涵

突发事件应急预警能力是指政府在时间、资源、人力、信息等方面都非常有限的公共危机状态下，通过对公共危机局势的分析，对某些公共危机现象的约束性条件、未来发展趋势和演变规律等做出估计和判断，并确切地发出警示信号或信息、采取相应策略、防止和消除不利后果的一系列综合应急处理过程及能力集合[4]。

基于系统论的突发事件应急预警能力是指运用系统论的基本思想方法，把突发事件应急预警能力体系看作一个复杂的系统，将突发事件应急预警能力系统按照应对城市灾害流程划分为监测能力、研判能力、信息处理能力、决策能力和执行能力五大子能力系统，通过五大子能力系统的相互作用及有机运行，实现对城市灾害的监测、研判、信息处理、决策和执行的一系列预警活动，提升突发事件应急预警能力体系综合能力，有效地预防突发事件发生或减少突发事件造成的各种损失。

1.3 基于系统论的突发事件应急预警能力要素体系结构

通过上述突发事件应急预警能力内涵分析，本文认为基于系统论的突发事件应急预警能力是由监测能力、研判能力、信息处理能力、决策能力和执行能力五大子能力系统所组成的一个完整的突发事件应急预警能力体系（图1）。

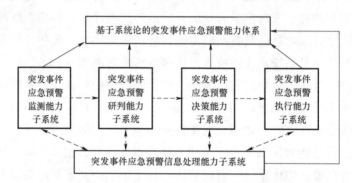

图1　基于系统论的突发事件应急预警能力体系要素体系

在突发事件应急预警能力体系中，信息处理能力子系统是实现整体突发事件应急预警能力的基础与保障；监测能力子系统、研判能力子系统、决策能力子系统、执行能力子系统是突发事件应急预警能力体系的流程主线，其中，监测能力子系统是实现整体突发事件应急预警能力的首要前提，研判能力子系统是实现整体突发事件应急预警能力的关键部分，决策能力子系统是实现整体突发事件应急预警能力的核心环节，执行能力子系统是实现整体突发事件应急预警能力的重要体现。通过监测能力子系统、研判能力子系统、决策能力子系统、执行能力子系统的有效运行，提升整体突发事件应急预警能力，将有效地预防突发事件发生或减少突发事件造成的各种损失。

2. 我国突发事件应急预警能力体系建设现状

近年来，我国各级政府加强突发事件应急预警能力体系建设，取得了一定的成果，突发事件应急管理能力体系建设初步完善，突发事件应急预警能力体系基本形成，监测能力、研判能力、信息处理能力、决策能力和执行能力都有不同程度的加强，一定程度上有效地预防了突发事件发生或减少了突发事件造成的各种损失[5]。

虽然我国在突发事件应急预警能力体系建设中取得了较大的进步,但是仍然存在一些问题。缺乏完善的安全监测与控制体系,监测能力子系统落后;缺乏高端科技支撑,造成研判能力子系统的研判能力不强,信息处理能力不准确;决策能力子系统建设缺乏应急理论知识指导,造成应急决策能力系统低效化;执行能力子系统由于缺乏专业应急执行人员操作而导致执行力差。[6]

3. 基于系统论的突发事件应急预警能力体系构建

针对我国突发事件应急预警能力体系建设存在的诸多问题,我们要应用系统论原理,构建由高效的监测能力子系统、精确的研判能力子系统、准确的信息处理能力子系统、快速的决策能力子系统、迅速的执行能力子系统组成的五位一体的突发事件应急预警能力体系(图2),提高整体突发事件应急预警能力。

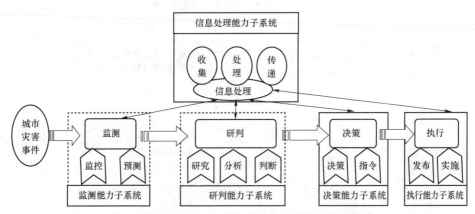

图2　基于系统论的突发事件应急预警能力体系构成

3.1 构建高效的监测能力子系统

要运用高端预警监测分析技术,构建完善的安全监测与控制系统,对各种潜在的灾害源进行时刻监控,第一时间掌握灾害源演化的最新动态,及时将灾害源的动态信息传递给预测系统;要依托先进的预警预测技术,构建科学精确的预警预测系统,运用系统化分析法,对安全监测与控制系统第一时间传递的灾害源的动态信息进行科学预测,形成预测信息第一时间准确无误地传递给研判能力子系统。通过加强安全监测与控制系统和预警预测系统建设,建立高效的监测能力子系统,提升应急预警监测能力。

3.2 构建精确的研判能力子系统

要依托高端研判技术支撑和专业研判人员的指导，构建由研究子能力系统、分析子能力系统、判断子能力系统组成的精确的研判能力子系统。研究子能力系统要重点对灾情预测信息进行筛选，去伪存真，并进行科学分类，提出研究方案供分析子能力系统开展分析活动；分析子能力系统要重点对研究方案进行科学分析，评价灾情概率，分析实施方案经济效果，形成科学分析情况供判断活动之需；判断子能力系统要对分析情况作出科学判断，并将判断传递给决策能力子系统。通过研究子能力系统、分析子能力系统、判断子能力系统三个子能力系统的高效运行，实施对灾情预测信息的研究、分析、判断过程，形成精确的灾害判断信息传递给决策能力子系统。

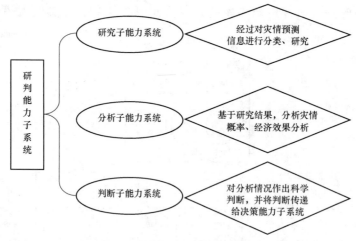

图3 研判能力子系统功能示意

3.3 构建准确的信息处理能力子系统

要构建由收集子能力系统、处理子能力系统、传递子能力系统所组成的准确的信息处理能力子系统。要通过应用拥有高新科技支撑的信息管理系统，对监测、研判、决策、执行活动的各类信息进行高效的收集、处理、传递。要构建综合性的应急信息传送、交流、报告和发布平台，增强应急信息传输效率和质量，确保各职能部门第一时间掌握最新的应急信息，并第一时间做出相应的处置，从而实现应急信息处理能力高效化。

3.4 构建快速的决策能力子系统

要重视应急管理人才，依托应急管理人才的决策辅助作用，构建快速的突发事件应急预警决策能力的组织体系，提升整体突发事件应急预警决策能力；要依据突发事件可能造成的危害程度、紧急程度和发展势态，明确预警级别及相应预警决策职权；要明确职能部门责任，加强职能部门间的协同合作，增强突发事件应急预警决策响应综合协调能力。

3.5 构建迅速的执行能力子系统

要建立科学的应急决策信息发布制度，完善应急决策信息发布机制的主体、渠道、传送、发布方式，增强预警信息发布能力；要依托专业应急执行人员的专业技能与作用，建立科学的预警决策实施系统，提升预警决策实施能力。通过构建由科学的应急决策信息发布制度和预警决策实施系统组成迅速的执行能力子系统，增强预警决策执行力。

4. 基于系统论的突发事件应急预警能力评价模型设计

4.1 应急预警能力评价指标体系的基本构成

建立基于系统论的突发事件应急预警能力评价指标体系是实现突发事件应急预警能力评价工作的重要环节。不同的指标体系，可能得出不同的评价结论，从而影响到决策的科学性和正确性。因此，建立科学的、合理的、适用的评价指标体系，是保证突发事件应急预警能力评价质量的基本前提[7]。

本文根据突发事件应急预警能力评价指标体系建立所遵循的客观科学性、全面性、可行性、可操作性的原则，经过反复分析和推敲，选取了应急预警监测能力（U_1）、应急预警研判能力（U_2）、应急信息处理能力（U_3）、应急预警决策能力（U_4）、应急预警执行能力（U_5）5个基本指标作为突发事件应急预警能力评价指标的一级指标，建立相应的评价指标体系，每项一级指标下有相应的二级指标，共包含5项一级指标和15项二级指标，具体内容如下。

应急监测能力包括：应急准备能力、应急监控能力、应急预测能力等；应急预警研判能力包括：应急预警研究能力、应急预警分析能力、应急预警判断能力等；应急信息处理能力包括：应急信息传送能力、应急信息交流能力、应急信息报告和发布能力等；应急预警决策能力包括：应急预警响应能力、应急预警协调能力、应急预警指挥能力等；应急预警执行能力包括：应急预警决策实施能力、应急预警执行协调能力、应急预警执行反馈能力等，如图4所示。

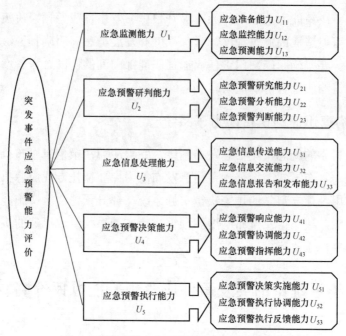

图 4　突发事件应急预警能力评价指标体系

4.2　应急预警能力熵权模糊综合评价模型设计

4.2.1　熵权计算模型

为了避免传统的赋权法对指标赋权结果具有主观性和一定的发散性，能在主观赋权的基础上得到更能反映客观要求的权重，本文采取了熵权模糊综合评价模型对主观赋权的结果进行客观化分析和处理，即通过各指标之间的内在联系计算出各个指标相对于上层指标的权重，这种方法将主观判断与客观计算相结合，增强了权重的可信度。具体计算方法如下[8-9]。

设 m 个评分人、n 个评价指标，y_{ij} 为评分人 i 对评价指标 j 的打分，则评分矩阵为：

$$Y = \begin{bmatrix} y_{11} & y_{12} & \cdots & y_{1n} \\ y_{21} & y_{21} & \cdots & y_{2n} \\ & & \vdots & \\ y_{m1} & y_{m1} & \cdots & y_{mn} \end{bmatrix}$$

其中，y_j^* 是评价指标 j 的最高分，在本文中是评价各个指标的能力值，要求能力越大越好，所以 y_{ij} 与 y_j^* 的接近度可以表示为

$$d_{ij} = y_{ij} / y_j^* \tag{1}$$

根据熵的定义，m 个评分人、n 个指标的熵为 $H = -\sum_{j=1}^{n}\sum_{i=1}^{m} d_{ij} \ln d_{ij}$，评价指标的不确定性由下列条件熵确定：

$$H' = -\sum_{i=1}^{m} \frac{d_{ij}}{d_j} \ln \frac{d_{ij}}{d_j}, \quad d_j = \sum_{i=1}^{m} d_{ij} \tag{2}$$

当 $\dfrac{d_{ij}}{d_j}$ 相等时，条件熵最大，即 $H'_{\max} = \ln m$，用 $H'_{\max}$ 对条件熵进行归一化处理，则评价指标的评价决策重要性的熵为 $e(d_j) = \dfrac{1}{\ln m} H'$；评价指标的权值可以表示为

$$w_j = \frac{1 - e(d_j)}{\sum_{j=1}^{n}[1 - e(d_j)]}$$

式中，$0 \leqslant w_j \leqslant 1$，且

$$\sum_{j=1}^{n} w_j = 1 \tag{3}$$

4.2.2 熵权模糊综合评价模型构建

熵权模糊综合评判就是运用熵技术对指标权重进行修正，从而使权重的确定更具有合理性，然后结合模糊综合评判法进行评价。突发事件应急预警能力评价计算步骤如下[15,16]。

1）确定评价指标集

设 W 表示目标层突发事件应急预警能力评价综合值。U 表示准则层一级评价指标 U_i 所组成的集合，记为 $U=\{U_1, \cdots, U_m\}$，分别代表公众应急准备能力、公众应急反应能力、公众应急应对能力、公众应急提升能力；U_i 表示指标层二级评价指标 U_{ij} 集合，记为 $U_i=\{U_{i1}, U_{i2}, \cdots, U_{ij}\}$，其中，$m=1, 2, 3, 4, 5$，表示 5 个主因素，$j$ 为第 i 类因素的第 j 个子因素，如图 4 所示。

2）确定评价对象的评语集

评语集是对各层次因素状态的直接描述和表征方式，可采用等级评价。本文将公众危机应对综合能力评价等级划分为 5 级：优秀、良好、中等、较差、差，并设评语集为 $V=\{V_1, V_2, V_3, V_4, V_5\}$，其中，$V_1, V_2, V_3, V_4, V_5$ 分别表示的评语为优秀、良好、中等、较差、差，对应的应急管理能力程度分别为高、较高、中等、较低、低，并对评语集各元素赋值，其中：V_1 代表高，分值是 80~100；V_2 代表较高，分值是 60~80；V_3 代表中等，分值是 40~60；V_4 代表较差，分值是 20~40；V_5 代表差，分值是 0~20。

3）确定指标权重

采用商值法确定主因素层指标集相应的权重集为：$w=(w_1, w_2, w_3, w_4)$，子因素层指标集相应的权重集为 $w_i=(w_{i1}, w_{i2}, \cdots, w_{ij})$，其确定过程如本文 4.2.1 所述。

4）确定评价矩阵

设从 U_{ij} 到 V 的模糊评价矩阵为

$$R_j = \begin{bmatrix} r_{i11} & r_{i12} & \cdots & r_{i15} \\ r_{i21} & r_{i22} & \cdots & r_{i25} \\ & & \vdots & \\ r_{ij1} & r_{ij2} & \cdots & r_{ij5} \end{bmatrix}$$

其中，r_{ijp} 表示子因素指标 U_{ij} 对于第 p 级评语 V_p 的隶属度，r_{ijp} 的值按如下方法确定：对专家评分结果进行统计整理，得到对于指标 U_{ij} 有 m_{ij1} 个 V 级评语、m_{ij2} 个 V_2 级评语、$\cdots$，m_{ij5} 个 V_5 级评语，则：

$$r_{ijp} = \frac{m_{ijp}}{\sum_{p=1}^{5} m_{ijp}} \tag{4}$$

5）第一级模糊综合评价

先对子因素层指标 U_{ij} 的评价矩阵 R_i 做模糊矩阵运算，得到主因素层 U_i 对于评语集 V 的隶属向量 C_i，$C_i = w_i \cdot R_i$，$C_i = (c_{i1}, c_{i2}, c_{i3}, c_{i4}, c_{i5})$，其中 $c_{ip} = \min\left\{1, \sum_{j=1}^{k} w_{ij} r_{ijp}\right\}$，$(p=1, 2, \cdots, 5)$。

6）第二级模糊综合评价

由上步得到的主因素层各指标的隶属向量可构成一个总的评价矩阵：

$$R = \begin{bmatrix} C_1 \\ C_2 \\ \vdots \\ C_4 \end{bmatrix} = \begin{bmatrix} c_{11} & c_{12} & \cdots & c_{15} \\ c_{21} & c_{22} & \cdots & c_{25} \\ & & \vdots & \\ c_{41} & c_{42} & \cdots & c_{45} \end{bmatrix}$$

再对其进行模糊矩阵运算，即得到目标层对于评语集 V 的隶属向量 C，

$$C = w \cdot R = (w_1, w_2, w_3, w_4) \cdot \begin{bmatrix} C_1 \\ C_2 \\ \vdots \\ C_4 \end{bmatrix} = (c_1, c_2, c_3, c_4, c_5)$$，其中 $c_p = \min\left\{1, \sum_{i=1}^{4} w_i c_{ip}\right\}$，$(p=1,$

2，…，5）；$\sum_{p=1}^{5} c_p \neq 1$ 时，可进行归一化处理，使 $\sum_{p=1}^{5} \hat{c}_p = 1$，令 $\hat{c}_p = \dfrac{c_p}{\sum_{p=1}^{5} c_p}$，得到 $\hat{C} = (\hat{c}_1, \hat{c}_2, \hat{c}_3, \hat{c}_4, \hat{c}_5)$；计算模糊综合评判值：

$$U = 90 \times \hat{c}_1 + 70 \times \hat{c}_2 + 50 \times \hat{c}_3 + 30 \times \hat{c}_4 + 10 \times \hat{c}_5$$

5. 结束语

随着经济社会不断加快发展，我国的社会结构进入了转型期，各种社会矛盾交织在一起并不断激化，造成了突发事件频频发生，对突发事件应急管理能力建设，特别是突发事件预警能力建设提出了新的要求[10]。为此，本文运用系统论原理，探讨构建基于系统论的突发事件应急预警能力体系，建立基于系统论的应急预警能力评价指标体系和熵权模糊综合评价模型，为开展突发事件应急预警能力评价提供科学依据，以期加强应急预警能力体系建设，进一步提升系统性的应急预警能力，有效地预防突发事件发生或减少突发事件造成的各种损失。

参考文献

［1］吴竹. 群体性事件预警指标体系研究［J］. 政法学刊，2007（6）.

［2］魏宏森. 系统论：系统科学哲学［J］. 清华大学学术专著，1995（6）.

［3］宋英华. 突发公共事件应急管理导论［M］. 北京：中国经济出版社，2009.

［4］刘莉. 社会转型期群体性突发事件成因及对策研究［D］. 北京：人民大学，2008.

［5］宋英华，王容天. 基于危机周期的我国突发事件应急管理机制研究［J］. 华中农业大学学报，2009（10）.

［6］郑双忠，邓云峰，江田汉. 城市应急能力评估指标体系核心项处理方法研究［J］. 中国安全生产科学技术，2006，10：20－23.

［7］邓云峰，郑双忠，刘铁民. 突发灾害应急能力评估及应急特点［J］. 中国安全生产科学技术，2005，1（5）：56－58.

［8］吴宗之，黄典剑. 基于模糊集值理论的城市应急避难所应急适应能力评价方法研究［J］. 安全与环境学报，2005（12）：100－103.

［9］赵玲，聂锦砚. 模糊模式识别模型在城市灾害应急能力评价中的应用［J］. 中国公共安全（学术版），2008，13（9）：2－3.

［10］杨青，田依林，宋英华. 基于过程管理的城市灾害应急管理综合能力评价体系研究［J］. 中国行政管理，2007，3：103－106.

新闻媒体报道突发事件应急管理能力评价研究

黄宏纯

广西财经学院　广西　南宁　530030

[摘要]本文构建了新闻媒体报道突发事件应急管理能力评价指标体系和评价模型，运用模糊层次分析法，对新闻媒体报道突发事件应急管理能力进行评价，以期为今后加强新闻媒体报道突发事件应急管理能力体系建设，增强新闻媒体报道突发事件应急管理能力提供有益借鉴。

[关键词]新闻媒体；应急管理能力；层次分析法（AHP）；评价模型

中图分类号：D625　　　文献标识码：A

近年来突发事件频频发生，给国家、社会与民众造成巨大损失，也不利于经济社会稳定与发展，因此提升公共应急管理能力，科学高效应对突发事件，减少各种社会损失极为重要。因在应对突发事件之中，大众传媒角色与作用尤为重要，它不仅发挥信息枢纽和沟通渠道作用，同时，最重要的是它对突发事态舆论引导，消除流言，稳定民心，维持社会稳定与发展作用巨大，所以提升作为应急救援力量中重要组成部分——新闻媒体公开报道突发事件应急管理综合能力，增强公共应急管理能力有着非常重要的现实意义。据此，本文深入开展新闻媒体公开报道突发事件应急管理综合能力评价研究，科学构建新闻媒体公开报道突发事件应急管理综合能力评价体系，将从学术上有利于深化新闻媒体公开报道突发事件应急管理综合能力研究，同时对社会采取有效措施提升新闻媒体公开报道突发事件应急管理综合能力具有建议参考，现实意义甚大。

1. 研究综述

近几年来，国内众多新闻媒体管理专家、学者重视对新闻媒体公开报道突发事件管理相关研究，产生了许多研究成果。林海指出新闻媒体公开报道突发事件要做好信息传递的及时性和客观性。[1]李文明指出新闻媒体公开报道突发事件第一准则是努力减少危机对社会和公众的危害。[2] 陈秀梅认为新闻媒体公开报道突发事件要重点把握报道议题的科学性。[3] 肖怀远认为新媒体平台对突发事件信息管理非常重要，要采取区别于传统的方法加以管理、规范。[4] 燕道成指出加强新闻媒体报道突发事件信息管理中培养网络意见领袖极为重要。[5] 吴亮亮对新闻媒体在突发事件报道中的责任与义务进行了深入研究。[6] 张洪蛟研究了新闻媒体在突发事件信息管理中的角色与作用。[7] 卓立筑就新闻媒体报道突发事件的应对策略进行了研究。[8] 王君超科学分析了党报舆论引导的动因并提出其舆论引导价值。[9] 黄富峰研究了新闻媒体的功能和特征。[10] 周世明有效解决了公共危机事件的关键政府与媒体建立良性互动关系的问题。综合上述有关新闻媒体报道突发事件管理研究可知，目前还没有新闻媒体报道突发事件应急管理能力评价的系统研究。因此，本文在国内外既有研究的基础上构建新闻媒体报道突发事件应急管理能力评价模型和评价指标体系，运用模糊层次分析法对新闻媒体报道突发事件应急管理能力进行评价，可为今后加强新闻媒体报道突发事件应急管理能力建设提供有益借鉴。

2. 新闻媒体报道突发事件应急管理能力评价的评价指标体系

本文经咨询国内许多新闻媒体报道方面的专家，通过科学分析，确定从信息处理能力、综合沟通能力、舆论导向能力和社会责任能力4个方面对新闻媒体报道突发事件应急管理能力进行分析，建立相应的评价指标体系，具体内容如下。

信息处理能力包括：信息发布能力、信息传播能力、保障信息客观能力、信息影响能力等；综合沟通能力包括：与政府沟通能力、与社会沟通能力、与公众沟通能力、与同行沟通协调能力等；舆论导向能力包括：制止流言能力、引导舆论能力、稳定公众情绪能力、舆论监督能力等；社会责任能力包括：保障公众危机知情权能力、保障公众危机参与权能力、人道主义救助能力、危机社会反思能力等，如图1所示。

3. 新闻媒体报道突发事件应急管理能力综合评价模型

本文的新闻媒体报道突发事件应急管理能力评价因素集如图1所示。设 W 表示目标层新闻媒体报道突发事件应急管理能力评价综合值。U 表示准则层一级评价指标 U_i 所组成的集合，记为 $U=\{U_1, \cdots, U_m\}$，分别代表信息发布能力、信息传播能力、保障信息客观能力和信息影响能力；U_i 表示指标层二级评价指标 U_{ij} 集合，记为 $U_i=\{U_{i1}, U_{i2}, \cdots, U_{ij}\}$，其中，$j$ 为第 i 类因素的第 j 个子因素，如图1所示。

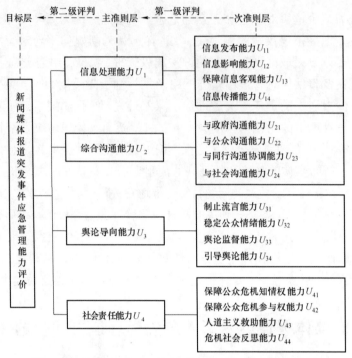

图 1 新闻媒体报道突发事件应急管理能力评价指标体系

3.1 确定权重和隶属度

依据建立的评价模型，首先通过两两比较指标间重要程度，采用判断矩阵标度的"1~9"标度法得到主因素层的判断矩阵 A，如表 1 所示；计算判断矩阵 A 每行元素的乘积 M_i，计算 M_i 的 4 次方根 $\overline{W_i}$，然后对向量 $\overline{W}=(\overline{W}_1,\overline{W}_2,\overline{W}_3,\overline{W}_4)$ 做归一化处理，$W_i=\overline{W}_i/\sum_{j=1}^{4}\overline{W}_j$，则 $W=(W_1,W_2,W_3,W_4)=(0.095\,2, 0.156\,3, 0.277\,6, 0.466\,9)$ 即为所求的特征向量，并且 $CR=0.009\,4<0.1$，表明判断矩阵 A 具有满意的一致性，因此 $W=(W_1,W_2,W_3,W_4)$ 的各个分量可以作为 $U=\{U_1, U_2, U_3, U_4\}$ 的权重系数。按上述方法计算子因素层的权重集，如表 2 所示。

表 1 主因素层的判断矩阵 A

U	U_1	U_2	U_3	U_4
U_1	1	1/2	1/3	1/4
U_2	2	1	1/2	1/3
U_3	3	2	1	1/2
U_4	4	3	2	1

通过发放调查问卷、电话咨询、直接访谈等方式组织 40 位国内具有丰富的应急管理经验的专家、学者对每个二级指标的执行情况进行隶属度评价，并进行归一化处理，其统计结果如表 2 所示。

表 2　各指标权重及隶属度评价

一级评价指标	权重 W	二级评价指标	权重 a_{ij}	指标模糊评价隶属度				
				优秀	良好	中等	较差	差
信息处理能力 U_1	0.095 2	信息发布能力 U_{11}	0.166 7	0.30	0.30	0.25	0.15	0
		信息影响能力 U_{12}	0.333 3	0.20	0.30	0.30	0.10	0.10
		保障信息客观能力 U_{13}	0.166 7	0.15	0.40	0.30	0.15	0
		信息传播能力 U_{14}	0.333 3	0.20	0.35	0.30	0.15	0
综合沟通能力 U_2	0.156 3	与政府沟通能力 U_{21}	0.354 5	0.30	0.30	0.25	0.15	0
		与公众沟通能力 U_{22}	0.354 5	0.10	0.25	0.35	0.15	0.15
		与同行沟通协调能力 U_{23}	0.130 8	0.20	0.40	0.30	0.10	0
		与社会沟通能力 U_{24}	0.160 2	0.15	0.25	0.35	0.15	0.10
舆论导向能力 U_3	0.277 6	制止流言能力 U_{31}	0.141 1	0.40	0.30	0.20	0.10	0
		稳定公众情绪能力 U_{32}	0.141 1	0.35	0.30	0.20	0.15	0
		舆论监督能力 U_{33}	0.262 7	0.15	0.20	0.50	0.10	0.05
		引导舆论能力 U_{34}	0.455 0	0.20	0.40	0.30	0.05	0.05
社会责任能力 U_4	0.466 9	保障公众危机知情权能力 U_{41}	0.125	0.20	0.30	0.35	0.10	0.05
		保障公众危机参与权能力 U_{42}	0.125	0.20	0.25	0.45	0.10	0
		人道主义救助能力 U_{43}	0.250	0.10	0.15	0.35	0.20	0.20
		危机社会反思能力 U_{44}	0.500	0.10	0.15	0.30	0.20	0.25

新闻媒体报道突发事件应急管理能力评价指标体系

3.2　模糊综合评价结果及分析

3.2.1　模糊综合评价

根据表 2 确定的指标权重和隶属度进行一级模糊综合评判结果为：

$B_1 = W_1 \circ R_1 = $（0.208 4，0.333 4，0.291 7，0.133 3，0.033 3）

$$B_2 = W_2 \circ R_2 = (0.192\,0,\ 0.287\,3,\ 0.308\,0,\ 0.143\,5,\ 0.069\,2)$$
$$B_3 = W_3 \circ R_3 = (0.236\,2,\ 0.319\,2,\ 0.324\,3,\ 0.084\,4,\ 0.035\,9)$$
$$B_4 = W_4 \circ R_4 = (0.125,\ 0.181\,3,\ 0.337\,5,\ 0.175\,0,\ 0.181\,3)$$

则可得，
$$R = \begin{bmatrix} B_1 \\ B_2 \\ B_3 \\ B_4 \end{bmatrix} = \begin{bmatrix} 0.208\,4 & 0.333\,4 & 0.291\,7 & 0.133\,3 & 0.033\,3 \\ 0.192\,0 & 0.287\,3 & 0.308\,0 & 0.143\,5 & 0.069\,2 \\ 0.236\,2 & 0.319\,2 & 0.324\,3 & 0.084\,4 & 0.035\,9 \\ 0.125 & 0.181\,3 & 0.337\,5 & 0.175\,0 & 0.181\,3 \end{bmatrix}$$

由表 2 得知 $W = (0.095\,2,\ 0.156\,3,\ 0.277\,6,\ 0.466\,9)$

所以，可得新闻媒体报道突发事件应急管理能力模糊综合评价结果：

$$B = W \circ R = (0.173\,8,\ 0.249\,8,\ 0.323\,5,\ 0.140\,2,\ 0.108\,6)$$

根据最大隶属度原则，新闻媒体报道突发事件应急管理能力模糊综合评价为中等级。

3.2.2 结果分析

1) 根据 AHP 的评价结果分析

根据 AHP 法分析，我们可知，社会责任能力和舆论导向能力所占比重很大，分别为 46.69%、27.76%；其次是综合沟通能力，所占比重为 15.63%；信息处理能力所占比重最小，为 9.52%。即在新闻媒体报道突发事件应急管理能力体系中，社会责任能力和舆论导向能力相对来说占有较大比重，所以应该将社会责任能力和舆论导向能力的建设放在重要位置，加强这两方面的建设；其次，综合沟通能力和信息处理能力也占有一定比重，这两方面的建设也不容忽视。

2) 根据 AHP–模糊综合评价法的评价结果分析

根据 AHP–模糊综合评价法的评价结果分析，认为新闻媒体报道突发事件应急管理能力体系优秀的占 17.38%，认为其良好的占 24.98%，认为其中等的占 32.35%，认为其较差的占 14.02%，认为其差的占 10.86%。根据最大隶属度原则，认为突发事件应急管理战略体系属于中等水平。

根据 $V = \{v_1, v_2, v_3, v_4, v_5\} = \{优秀，良好，中等，较差，差\} = \{100, 80, 60, 40, 20\}$，我们将优秀量化为 100 分，良好量化为 80 分，中等量化为 60 分，较差量化为 40 分，差量化为 20 分，则新闻媒体报道突发事件应急管理能力评价的综合得分为

$$V' = \frac{\sum_{j=1}^{n} b_j v_j}{\sum_{j=1}^{n} b_j} = 0.173\,8 \times 100 + 0.249\,8 \times 80 + 0.323\,5 \times 60 + 0.140\,2 \times 40 + 0.108\,6 \times 20$$

$$= 64.554$$

新闻媒体报道突发事件应急管理能力评价综合得分为 64.554，评价结论为中等等级，这是由于近年来国家和社会高度重视新闻媒体报道突发事件应急管理能力建设，从中央到地方各级政府都建立科学、统一的新闻发布机制和新闻发布平台，加强与新闻媒体、公众的信息沟通，同时，各级政府建立了完善的新闻报道管理制度，加强新闻媒体报道管理工作；而在新闻媒体方面，则加强自律自检，规范自身新闻报道行为，增强新闻媒体报道的社会责任和危机救助能力。但由于从总体上讲，当前我国仍然存在规范新闻媒体报道突发事件的法律体系建设不健全、新闻媒体管理组织体系建制不科学、新闻媒体报道突发事件的应急管理预案体系或缺失或不科学、可操作性不强等问题，加上国家未真正意识到新闻媒体报道突发事件应急管理能力建设尤其是新闻媒体的危机社会反思能力和人道主义救助能力建设的重要性，没有真正从国家可持续发展战略层面来科学规划新闻媒体报道突发事件应急管理能力建设及优化应急管理资源配置，重点突出新闻媒体报道突发事件的社会责任能力，由目前的舆论导向型新闻媒体向社会责任型新闻媒体转变，所以从国家可持续发展层面来科学规划新闻媒体报道突发事件应急管理能力建设还需进一步加强。

4. 结束语

本文以新闻媒体报道突发事件应急管理能力系统为评价对象，构造评价指标体系，建立评价模型，运用 AHP - 模糊综合评价法进行综合评价，不断完善新闻媒体报道突发事件应急管理能力系统。评价结果表明，运用 AHP - 模糊综合评价法对新闻媒体报道突发事件应急管理能力进行评价具有科学性及可行性，为加强新闻媒体报道突发事件应急管理能力建设提供参考依据。[11]

参考文献

[1] 林海. 论突发性公共事件报道的舆论导向 [J]. 当代电视，2009（9）：66 - 67.

[2] 李文明，王晶晶. 突发事件报道中的媒体责任 [J]. 青年记者，2009（4）：34 - 35.

[3] 陈秀梅. 群体性事件中的舆论引导艺术 [J]. 领导科学，2010（3）：32 - 33.

[4] 肖怀远. 提高舆论引导能力掌握舆论主导权 [J]. 求是，2009（12）：36 - 38.

[5] 燕道成. 国外网络舆论管理及启示 [J]. 南通大学学报，2007（2）：135 - 140.

[6] 吴亮亮. 从危机传播看政府、媒体、公民的责任 [D]. 南昌：江西师范大学，2010.

[7] 张洪蛟. 公共危机管理中的媒体角色与政府应对 [D]. 苏州：苏州大学，2008.

[8] 卓立筑. 危机管理新形势下公共危机预防与处理对策 [M]. 北京：中共中央党校出版社，2011.

［9］王君超. 党报舆论引导的动因及舆论引导价值 [J]. 新闻与写作，2009（2）：23－25.

［10］黄富峰. 大众传媒的功能和媒体社会的特征 [J]. 山东工商学院学报，2007, 10, 21（5）: 108－115.

［11］黄玖，宋英华. 突发公共事件管理中政府与新闻媒体互动关系研究 [J]. 当代经济，2006（9）：85－89.

科学定位应急管理专家角色充分发挥应急管理专家专业能力

黄宏纯

广西财经学院　广西　南宁 530030

[摘要] 本文从分析应急管理专家在突发事件应急管理中的地位与作用相互关系入手，在指出当前政府对应急管理专家的地位与作用存在的误区和分析国外政府充分发挥应急管理专家专业能力与作用的经验借鉴的基础上，提出了构建重视应急管理专家的应急管理型政府的建议，以期为我国政府科学定位应急管理专家的地位与作用、增强应急管理能力提供借鉴。

[关键词] 应急管理；专家；地位；作用

当前，我国已经进入突发事件发生的"突发期"，突发事件频频发生，给国家和社会带来了巨大的灾害，造成了不可计量的直接或间接的经济损失，也给民众带来了巨大的财产损失[1]。国家已经非常重视突发事件应急管理，从中央到地方，建立了科学、统一的应急管理机构，完善应急预警机制和应急管理机制，增强了应急预警机制和应急处置能力，但目前国家对应急管理专家和应急管理人才的地位定位不科学，作用认识不清，未能充分发挥应急管理专家和应急管理人才在突发事件应急管理中的作用，使得应急预警、应急决策、应急处置不科学、低效，造成整体应急管理能力不强[2]。为此，本文对应急管理专家的地位与作用开展深入研究，以期为我国政府科学定位应急管理专家的地位与作用、增强应急管理能力提供借鉴。

1. 对应急管理专家在突发事件应急管理中地位与作用的科学认识

1.1 应急管理专家在突发事件应急管理中的地位与作用具有正向演化关系

从科学角度来看，应急管理专家在突发事件应急管理中的地位与作用演化关系具有正向性，应急管理专家在突发事件应急管理中的地位随着社会发展对应急管理的需要按低级向高级方向由专家咨询—决策辅助—参与决策应急—参与决策领导预防方向演化；相应地，应急管理专家在突发事件应急管理中的作用也是随着社会发展对应急管理的需要按小到大、轻到重方向由咨询作用—执行辅助—决策辅助—参与决策应急方向发展的。

1.2 应急管理专家在突发事件应急管理中的地位与作用具有正向关联度

从科学角度来看，应急管理专家在突发事件应急管理中的地位与作用具有正向关联度，应急管理专家地位的高低对其作用产生同向影响，即应急管理专家地位越高，其发挥的作用越大，应急管理专家地位越低，其发挥的作用越小。同样地，应急管理专家作用的大小科学反映了应急管理专家的真实地位，应急管理专家发挥的作用越大，其地位就越高，应急管理专家发挥的作用越小，其地位就越低。

2. 当前政府对应急管理专家的地位与作用认识存在的误区

2.1 重视应急管理专家的思想观念薄弱

政府一直以来存在着重科技、轻应急管理专家的思想误区，一直以来只重视应急管理体系设施建设，只是重视依靠科技力量提高应急决策、应急处置水平，忽略了应急管理专家能力，对应急管理专家的地位与作用没有全面的认识。

2.2 对应急管理专家的地位定位不准确

认为应急管理专家是一群决策咨询专家，在突发事件应急管理中只居于决策咨询层面，他们具有的应急管理专业知识只是给决策者提供决策咨询、决策辅助，并没有真正参与实施决策，况且，他们提供的决策建议并不一定能真正解决问题。

2.3 对应急管理专家的作用没有明确认识

认为应急管理专家只是起到决策咨询、决策辅助的作用，并没有对突发事件应急管理决策、处置产生决定性的作用，并且由于应急管理专家只是具有应急管理专业知识而缺乏具体操作实践，所以他们的决策咨询、决策辅助作用不是很重要。

2.4 应急管理专家的地位与作用关联度不强

一直以来，由于对应急管理专家的地位定位和作用明确不科学，所以社会普遍认为应急管理专家的地位与作用缺乏紧密联系，并没有成正向关系，应急管理专家地位的高低不会对其作用产生影响，而同样的，应急管理专家作用的大小并不能科学反映应急管理专家的真实地位。

3. 国外政府充分发挥应急管理专家专业能力与作用的经验借鉴

近几十年来，许多国家，特别是发达国家遭受的飓风、洪水和恐怖袭击等重大灾害事件，给社会带来了重大的财产损失和人员伤亡。为了减少重大灾害事件造成的损失，国外许多国家在构建较完善的应急管理体系外，还高度重视应急管理专家与应急管理救援人才的作用，出台相关法律、政策措施，给予应急管理专家充分发挥专业能力和作用的平台，使应急管理专家与应急管理救援人才在应对突发灾害事件中能够充分发挥专业能力和作用，为应对突发灾害事件做出应有的贡献[3]。我们总结政府充分发挥应急管理专家专业能力与作用的经验并加以借鉴，对我国构建重视应急管理专家的应急管理型政府具有非常重要的意义。

3.1 高度重视应急管理专家及应急管理专业人才

一直以来，西方主要发达国家都在不断运用应急管理新理论来加强应急管理体系建设，同时，高度重视应急管理专家及应急管理专业人才队伍建设，科学定位应急管理专家的地位与作用，在全社会营造了重视并充分发挥应急管理专家专业能力、增强应对突发事件的整体能力的良好氛围。目前，西方各国均建成了较完善的应急管理体系，应急管理专家及应急管理专业人才的专业知识与技能在应急管理中的应急预警、应急决策与处置、应急保障及善后恢复处置四个环节中得到了广泛运用，并产生了良好的效果。

3.2 建立支撑应急管理专家的相关法律，完善配套政策措施

许多发达国家都建立了支撑应急管理专家及应急管理专业人才充分发挥专业知识与技能的各个层次的法律和制度，在法律上对应急管理专家及应急管理专业人才的地位与作用予以明确，为在应急管理中应急管理专家及应急管理专业人才能够充分发挥专业知识与技能提供全方位的制度保障。同时，许多发达国家通过给予财政、税收、金融方面的政策支持，建立了一个支持应急管理专家的法律体系。

3.3 给予应急管理专家充分发挥专业能力和作用的平台

目前，许多发达国家都实现了应急机构人员的专门化、专业化。许多发达国

家从中央到地方都设立了专门应对突发事件的应急管理机构，并匹配了专门化、专业化应急管理人才，建立了多层次、多领域的应急管理专家库，为应急管理专家及应急管理人才在应对突发事件中发挥专业能力和作用提供了广阔的平台。例如在加拿大，从联邦到地方都设立了专门的机构进行紧急事态的处理工作，其核心机构就是关键基础设施保护与危机准备局。又如美国自"9·11事件"以后，在危机应对机构设置方面出现了新的趋势，即在中央设立了更高层次的、统一的、实体性的危机管理机构（如国土安全部）。应急管理人员的专业化是与应急管理机构的专门化紧密联系在一起的。例如瑞士国家应急中心（National Emergency Operations Center，NEOC）是联邦应对各种类型突发事件的专门技术中心，现有人员都具有某一方面的专业技术特长，如是物理、化学、地理、测量、气象、能源或通信等方面的专家。[4]

3.4 加大对重视应急管理专家及应急管理专业人才的社会宣传力度，形成全社会重视应急管理人才良好的社会氛围

发达国家除了通过立法形式建立了支持应急管理专家相关法律支撑体系，并在应急管理实践中充分发挥应急管理专家及应急管理专业人才的专业知识与技能外，为了在全社会上形成重视应急管理人才良好的社会氛围，进一步调动应急管理专家及应急管理专业人才的积极性和主动性，实现应急管理建设与发展的新突破。许多国家通过新闻媒体、报刊、电台、广播等宣传形式，加大对应急管理专家及应急管理专业人才的社会宣传力度，使得民众对应急管理专家及应急管理专业人才有较全面的了解，塑造人人重应急管理、人人重应急管理专家的社会意识。

4. 构建重视应急管理专家的应急管理型政府的建议

4.1 政府理应转变应急管理指导思想，创新科学的应急管理指导思想

政府应转变一直以来轻应急预防、重应急处置的片面观念，创新应急管理理念，树立重预防、兼顾应急处置，重应急管理专家专业能力的应急管理新理念，把应急管理指导思想转到重预防、兼顾应急处置，应急管理专家由辅助应急到参与应急决策的科学发展轨道上。

4.2 政府要实现应急管理专家人才地位与作用的法制化、制度化和规范化

根据我国应急管理事业的需要，政府应从国家应急管理全局出发，妥当地修改《危机应对法》，加入重应急预防、兼顾应急处置的指导思想，同时科学确定应

急管理专家和应急管理人才的地位与作用，使得他们的才能获得法律的保障，参与应急决策有法可依。

4.3　政府加强对应急管理专家和应急管理人才的科学重视

政府应根据我国应急管理发展的需要，应急管理事业对应急管理专家和应急管理人才的需求，科学地制定我国应急管理专家人才的发展纲要和发展规划，重点编制高素质的综合型应急管理专家发展分规划、高素质的行业型应急管理专家发展分规划、高素质的专业型应急管理专家发展分规划，形成一个由专业化到综合性、由辅助应急到参与应急决策，涵盖我国政治、经济、教育、文化等各个领域的应急管理专家体系。政府在应急管理专家人才的起用上要有所突破，改变现在应急管理专家应急决策的辅助地位，给予应急管理专家参与应急决策的地位。同时，在财力和政策上要有完备的保障，为应急管理专家积极发挥应急管理能力提供良好的生活和工作环境。重要的是，政府应根据国家应急管理全局的需要，大胆起用应急管理领域的权威性资深专家和学者进入政府，真正发挥他们参与应急决策、参与制定应急决策的作用。随着应急管理事业发展的需要，国内国外应急管理工作动态变化，逐步实现应急管理专家地位与作用的巨大转变：应急管理咨询—应急决策辅助—参与应急决策。

4.4　政府要加大重应急预防、兼顾应急处置的观念和做法的宣传力度

政府应投入大量财力、物力，大力宣传政府重应急预防、兼顾应急处置的观念，宣传政府重应急管理专家、用应急管理专家的做法，同时，逐步完善各项配套设施建设。在全社会上形成国民人人重应急预防、人人重应急处置，人人重应急管理专家、人人学应急管理的良好社会风气，逐步构建全民应急型社会。

5. 结束语

突发事件应急管理是一项复杂的系统工程，需要一个科学合理、协调有力的运行体系——应急管理体系，而应急管理专家的角色科学定位是保证应急管理体系高效运行的核心，应急管理专家的作用明确与充分发挥是应急管理体系高效运行的关键，是突发事件应急管理科学应对的保证[5]。所以，要科学定位应急管理专家的地位，充分发挥应急管理专家的作用，实施科学的应急管理方式，推进应急管理体系高效运行，科学、有效地应对突发事件。

参考文献

[1] 宋英华. 突发公共事件应急管理导论[M]. 北京：中国经济出版社，2009：11-12.

［2］黄宏纯（黄玖）. 突发公共事件管理中政府与新闻媒体互动关系研究［J］. 当代经济，2006（20）：36-38.

［3］宋英华. 基于成本—损失边际分析的突发事件应急管理对策研究［J］. 军事经济研究，2009（4）：39-41.

［4］莫于川. 国外应急法制的七个特点［J］. 中国应急管理，2007（1）：25-27.

［5］宋英华. 突发公共事件与政府应急管理的制度完善［J］. 上海城市管理职业技术学院学报，2008（5）：8-12.